# मध्य भारत की रामायण

## मूर्तिकला (शिल्प) एव भित्तिचित्र

संरक्षण

**योगी आदित्यनाथ**

*माननीय मुख्यमंत्री, उत्तर प्रदेश*

मार्गदर्शन

**श्री जयवीर सिंह**

*माननीय मंत्री, संस्कृति एवं पर्यटन विभाग, उत्तर प्रदेश*

निर्देशन

**श्री मुकेश कुमार मेश्राम**

*प्रमुख सचिव, संस्कृति एवं पर्यटन विभाग, उत्तर प्रदेश*

*अध्यक्ष-संस्थान*

**श्री शिशिर**

*निदेशक, संस्कृति निदेशालय, उत्तर प्रदेश*

*उपाध्यक्ष-संस्थान*

*कार्यकारी संपादक*

**डॉ. लवकुश द्विवेदी**

# मध्य भारत की रामायण

## मूर्तिकला (शिल्प) एव भित्तिचित्र

डॉ. श्रीकृष्ण काकडे

वाणी प्रकाशन

अयोध्या शोध संस्थान

सजिल्द प्रथम संस्करण : 2023

**वाणी प्रकाशन**

*4695, 21-ए, दरियागंज, नयी दिल्ली-110 002*

*फ़ोन :* +91 11 23273167, 23275710

**शाखाएँ**

*अशोक राजपथ, पटना 800 004, बिहार*

*कॉफ़ी हाउस कैम्पस, महात्मा गांधी मार्ग, इलाहाबाद 211 001, उत्तर प्रदेश*

*महात्मा गांधी अन्तरराष्ट्रीय हिन्दी विश्वविद्यालय, वर्धा 442 001, महाराष्ट्र*

*36/ए, शेक्सपीयर सरणी, रानी बिरला गर्ल्स कॉलेज के पास, कोलकाता 700 017, प. बंगाल*

sales@vaniprakashan.in

vaniprakashan@gmail.com

*In Association with*

ESTD.-1986

Ayodhya Shodh Sansthan

*presents*

Madhya Bharat ki Ramayan
Murtikala (Shilp) Evam Bhittichitra

*by* Dr. Shrikrishna Kakde

ISBN : 978-93-5775-932-8
Religion/Culture



मूल्य : ₹ 3000



*आर.के. ऑफ़सेट, शाहदरा, दिल्ली-110 032 में मुद्रित*

*वाणी प्रकाशन का लोगो मक़बूल फ़िदा हुसेन की कूची से*

# 'बंदउँ सीता राम पद...'

भारतीय संस्कृति के प्रतीक श्रीराम लोकमानस में प्रत्येक जगह विद्यमान हैं। सहस्त्रों वर्ष पूर्व से वह मानवीय जीवन में नित्य नूतन रूपों में परिलक्षित होते रहे हैं। श्रीराम यहाँ के कण-कण में राम बसे हैं। कई युग बीत गए लेकिन भारतीय जनमानस पर रामायण का प्रभाव कम नहीं हुआ है। केवल रामनाम के उच्चारण मात्र से देह का उद्धार होता है, ऐसी धारणा लोक में प्रचलित है। श्रीराम के अवतार का मुख्य प्रयोजन आसुरी शक्तियों का विनाश करना था। राम जब पहली बार विश्वामित्र के साथ आश्रम गए तो उन्होंने असुरों से ऋषियों के यज्ञों की रक्षा की जहाँ ताड़का और सुबाहु का वध किया। आगे जनकपुरी पहुंचकर जनकनन्दिनी सीता जी से उनका विवाह हुआ।

राम वनगमन में श्रीराम की दूसरी यात्रा दक्षिण की ओर हुई। पितृ-आज्ञा का पालन एवं राक्षसों का समूल नाश ऐसे उद्‌देश्यों से श्रीराम, लक्ष्मण एवं सीता जी के साथ वनवास को निकल पड़े थे। इस दौरान उन्होंने कई भक्तों का उद्धार किया। ऋषि-मुनियों को असुरों के चंगुल से छुड़ाया तथा उनसे अलौकिक शक्ति, अस्त्र-शस्त्र प्राप्त किये। सामाजिक समरसता का उत्कृष्ट उदाहरण प्रस्तुत करते हुए श्रीराम ने सामाजिक वर्जनाओं से ऊपर उठकर केवट को गले लगाया, शबरी के हाथों झूठे बेर खाए, माता अहिल्या का उद्धार कर उन्होंने महिलाओं का सम्मान बढ़ाया। इस प्रकार श्रीराम ने सभी वर्गों के बीच अद्‌भुत सामंजस्य स्थापित किया। अपने चौदह वर्षों के वनवास में वह विभिन्न आदिवासी समुदायों के मध्य रहकर उन्हें एकजुट और संस्कारित करने का पुनीत कार्य किया। उन्होंने सभी को साथ लेकर मजबूत संगठन बनाया और रावण जैसे आसुरी शक्ति का विनाश कर दिया। राम वनगमन में अयोध्या से लेकर लंका तक श्रीराम, लक्ष्मण तथा सीताजी ने एक लंबा सफर तय किया जिसके बीच में वह कई स्थानों पर रुके। जहाँ-जहाँ राम गए, उनके चिन्ह आज भी उस जगह किसी न किसी रूप में विद्यमान हैं। रामायण काल से अभी तक कई सदियाँ गुजर गई लेकिन भारतीय जनमानस पर रामनाम की महिमा अभी भी पूर्ववत कायम है जिसके प्रमाण वैश्विक स्तर पर कला, साहित्य एवं संस्कृति के विभिन्न उपादानों में आज भी विद्यमान हैं ।

मध्य भारत के जनमानस ने श्रीराम को अपनी संस्कृति के अनुरूप ढाल लिया था। यहां श्रीराम से संबंधित अनगिनत स्थल, पर्वत, कुंड, मूर्तियां एवं भित्ति चित्र बने हैं जो श्रीराम की उपस्थिति का साक्षात प्रमाण प्रस्तुत करते हैं। भारतीय उपमहाद्वीप में रामायण विषयक मूर्तियाँ प्राचीन काल से बनती आ रही हैं जिसका प्रारंभ गुप्त काल से दृष्टिगोचर होने लगता है। अधिकांश मंदिरों के प्रवेश द्वारों पर गंगा-यमुना की मूर्तियाँ तथा मंदिर के गर्भगृह में श्रीराम, सीता, लक्ष्मण की मूर्तियां स्थापित हैं । उनके सामने हनुमान जी कभी खड़े तो कभी बैठे हुये दिखाई पड़ते हैं। कुछ मंदिरों में द्वार रक्षा हेतु द्वारपाल, यक्षों तथा नवग्रहों को स्थापित किया गया है। इन मूर्तियों का निर्माण बलुआ, काले, संगमरमरी पाषाणों से किया गया है जो तत्कालीन मूर्ति कला के अनगिनत आयाम स्पष्ट करती हैं। इन मूर्तियों में शैव तथा वैष्णव परंपरा का अनूठा संगम है। बहुधा, श्रीराम, लक्ष्मण, सीता की मूर्तियां मानवाकार में उत्कीर्ण हुई हैं वहीं रावण को दसमुखी बनाया गया है; कहीं-कहीं उसका एक मुख गधे का दिखाई देता है। महाराष्ट्र के एलोरा, एलिफेंटा तथा कर्नाटक की हम्पी आदि प्राचीन गुफाओं की रामायण मूर्तियाँ काफी आकर्षक हैं। एलोरा के कैलाश मंदिर में एक ही चट्टान पर रामकथा के प्रसंग उत्कीर्ण किए गए हैं। हम्पी में बने रामायण विषयक शिल्प हमारी मूर्तिकला के अमूल्य धरोहर के रूप में जीवन्त हैं। इसी प्रकार कई मूर्तियां जांजगीर, मार्कंडा मंदिर समूहों में भी दिखाई देती हैं जो रामायण के विभिन्न परिदृश्यों को सहस्त्रों वर्षों से प्रदर्शित करती आ रही हैं। इनमें कई जगह रामायण विषयक मूर्तियां नखशिखान्त अलंकृत हैं जिसमें वस्त्र - आवरण, आभूषण, मुकुट तथा सौंदर्य - अभिव्यक्ति के श्रृंगारिक वर्णन उत्कीर्ण हैं। रामायण से संबधित पात्रों के साथ अन्य देवी देवता, मदनिकाओं, अनुचरों, स्त्री-पुरुष प्रतिमाएं, सेविकाएं, गंधर्व, कीचक, गण, वानरों, असुरों, पशु-पक्षी, काल्पनिक प्राणियों को भी उत्कीर्ण किया गया है जिन्हें कई अलंकरणों से सजाया गया है। ऐसी सभी मूर्तियां हमारी भारतीय संस्कृति की पहचान हैं।

मध्य भारत में रामायण से संबंधित भित्ति चित्र भी हमारी संस्कृति की अनमोल धरोहर हैं। मध्य भारत के कई मंदिरों, मठों, हवेलियों, समाधि एवं छतरियों पर रामायण विषयक भित्ति चित्र लगभग तीन सौ सालों से विद्यमान हैं। इन चित्रों में अयोध्या दरबार, सीता स्वयंवर, राम वनगमन, सीता हरण, राम-हनुमान भेंट, लंका दहन, राम रावण युद्ध, राम राज्याभिषेक एवं उत्तर रामायण की घटनाएं अंकित हुई हैं। कई जगह राम-सीता के साथ-साथ ब्रह्मा, विष्णु, महेश, पार्वती, लक्ष्मी, गणेश, मंदिर, स्वर्ग-नरक, ऋषि-मुनि, संत-सज्जनों को अंकित किया गया है। साथ में अयोध्या नगरी, राज प्रासाद, बाग-बगीचे, जंगल-नदियाँ, पहाड़ियां, पशु-पक्षी, पेड़-पौधे तथा ज्यामितीय अंकन अलग-अलग रंग-रूपों में अंकित किए गए हैं।

रामायण विषयक प्रतिमाओं की भावमुद्राएं अनेक रूपों में छलकती हैं। इन चित्रों में नव - रसों के अनुकूल भावों का चित्रण अभिव्यक्त होता है। साथ ही सुंदर रंग योजना, प्राकृतिक सौंदर्य, साज-श्रृंगार, नक्काशी, बेल-बूटों की सजावट, कमल पुष्प, दीपमालाएँ आदि घटक इन चित्रों की

सुंदरता प्रकट करते हैं। चित्रों में तत्कालीन समाज में प्रचलित वस्त्र-आभूषण, अलंकार तथा रत्नजड़ित आभूषणों को दर्शाया गया है। इस प्रकार इन अंकनों में प्रकृति के कई रूप प्रकट होते हैं । यह भित्ति चित्र कलाकारों की कल्पनाशक्ति का बेहतरीन नमूना है। इन चित्रों का निर्माण नैसर्गिक रंगों से दक्कन, राजपूत, मालवी, मांडू, बुंदेली, निमाड़ी, मराठा एवं तंजौर शैली में हुआ है जिसमें फ्रेस्को, सेस्को आदि दो प्रणालियाँ प्रयोग में लायी गई हैं। मध्य भारत के ग्वालियर, उज्जैन, इंदौर, दतिया, ओरछा, पुणे, नासिक, येवला तथा बाई के मंदिरों में स्थित रामायण के भित्ति चित्र अद्‌भुत एवं अतुलनीय हैं। इनमें से ज्यादातर भित्ति चित्र मराठा काल में बने हैं। भित्ति चित्र के संदर्भ में दीवारों एवं छतों पर अंकित चित्रों का यहाँ समुचित विचार किया गया है। हालांकि समय के साथ कई भित्ति चित्र तेजी से नष्ट हो रहे हैं जिनको सहेजना एवं सुरक्षित रखना अत्यन्त आवश्यक है।

'मध्य भारत की रामायण मूर्तिकला ( शिल्प) एवं भित्तिचित्र' के माध्यम से डॉ. श्रीकृष्ण काकड़े ने अत्यन्त श्रमसाध्य कार्य करते हुए ग्रंथ की योजना को संस्थान के संकल्पों के अनुरूप मूर्तरूप में प्रस्तुत कर रामायण सम्बन्धी मूर्ति एवं चित्रांकन कला को जीवन्तता प्रदान करने का अनूठा कार्य किया है जो प्रस्तुत ग्रंथ के रूप में आप सभी सुधी पाठकों एवं शोध जिज्ञासुओं के समक्ष प्रस्तुत है। इस ग्रंथ को वाणी प्रकाशन, नई दिल्ली ने अत्यन्त रूचि के साथ प्रकाशित किया है। प्रो. मौलि कौशल, पूर्व मिशन निदेशक, आई.जी.एन.सी.ए., नई दिल्ली का संस्थान अत्यन्त आभारी रहेगा जिन्होंने इस महनीय कार्य हेतु डॉ० काकड़े का नाम सुझाव के रूप में देते हुए संस्थान को इस दिशा में कार्य करने के लिए प्रेरित किया। आश है, यह कृति आपकी जिज्ञासाओं का समुचित समाधान प्रस्तुत करते हुए मध्य भारत की रामायण मूर्तिकला एवं भित्ति चित्रों पर प्रामाणिक जानकारी प्रस्तुत कर सकेगी।

**डॉ. लवकुश द्विवेदी**
निदेशक अयोध्या शोध संस्थान

# भूमिका

विराट जनचेतना के प्रतीक राम, जनमानस में हर जगह विद्यमान हैं। हजारों सालों से वह मानवी जीवन में नित्यनुतन रूपों में कई तरहसे परिलक्षित होते रहे हैं। रामचरित्र इतना लोकोन्मुख है, की उसे कोई सीमा बांधे नहीं सकती। प्राचीन भारतीय संस्कृति में राम का दर्शन कई रूपों में जगह जगह होता है, जिसकी परंपरा हजारों सालों से निरन्तर चल रही है। रामायण का विश्लेषित अर्थ है, राम का अयन। (यात्रा पथ) रामकथा की सबसे पहली श्रोता थी, माता पार्वती। एक बार कैलाश पर विराजमान भगवान शिव से माता पार्वती ने पुंछा, "हे प्रभू आपकी महिमा तीनों लोकों में है। आप मुझे रामकथा बताकर मेरा अज्ञान दूर कीजिए।" तब माता पार्वती के आग्रह पर शिव मुदित हो गए। उन्होंने माता पार्वती से कहा, "तुमने रामजी का प्रसंग पूछ कर अच्छा किया। तुम सब लोगों को पवित्र कर देनेवाली गंगा के समान रामकथा की हेतु बनी हो।" इस तरह शिव-पार्वती संवाद के साथ रामकथा का उन्नयन होता गया। जो आगे कई रूपों परिलक्षित होकर धरती पर नवोन्मेष के साथ अभिव्यक्त होती रही। जनमानस में प्रचलित रामकथा के अनुसार भगवान विष्णु नें अपना रामावतार अयोध्या नरेश राजा दशरथ के यहाँ लिया। जिसके कई प्रयोजन थे। उत्तर भारत में बसी अयोध्या सरयू नदी के तटपर स्थित है। पौराणिक मतानुसार की इस नगर की स्थापना ब्रह्मा के मानस पुत्र मनु ने की थी। मनु पुत्र इक्ष्वाकु सें रघुकुल में राजसत्ता का प्रारम्भ हुआ। प्राचीन ग्रंथों में इसका प्रारम्भ ई.पू.2200 के आसपास माना गया है। इसी कुल में आगे 63 वे शासक राजा दशरथ थे, जिनकी कौशल्या, सुमित्रा, कैकई ऐसी तीन रानियाँ थी। इसी कुल में राम का जन्म हुआ। अयोध्या का समावेश प्राचीन सप्तपुरीयों प्रथम स्थान पर किया जाता है। यह नगरी बौद्ध तथा जैन धर्मों के लिए भी महत्त्वपूर्ण है। बौध्द मतों के अनुसार भगवान बुद्ध ने अयोध्या अथवा साकेत में सोंलह सालों तक निवास किया था। जैन धर्म के आदिनाथ सहित पांच तीर्थकरों का जन्म यही हुआ था। प्राचीन अभिलेखों से पता चलता है कि गुप्तवंशीय राजा चंद्रगुप्त द्वितीय के समय और तत्पश्चात अयोध्या काफी समय तक गुप्त साम्राज्य की राजधानी थी।

राम अवतार का प्रयोजन दृष्ट-असुर शक्तियों का विनाश करना था। राम का वनगमन दो बार अलग-अलग उद्देश्यों से भिन्न-भिन्न दिशाओं की ओर हुआ था। उनकी पहली यात्रा विश्वामित्र के साथ जनकपुरी की ओर हुई थी। जिसमें ऋषियों के यज्ञों की रक्षा, ताड़का और सुबाहु का वध राम द्वारा किया गया। ऋषि विश्वामित्र ने उन्हें अस्त्र, शस्त्र, विद्या और शक्तियों का पाठ पढ़ाया, जीवन का सही मर्मज्ञान प्रदान किया। सभी क्षेत्रों में वह महारथ हासिल करे ऐसा आशीर्वाद दिया। आगे उन्होंने जनकपुरी पहुँचकर भगवान शिव का महाधनुष तोड़ा। स्वयंवर में जनकपुत्री सीता से उनका विवाह हुआ, तो लक्ष्मण ने उर्मिला को अपनी पत्नी बनाया। राम के जीवन में यह काल प्रेम-संयोग, हास-उपहास, आनंद-उत्साह, वैज्ञानिक शक्तियों एवं विद्याप्राप्ती से परिपूर्ण था। उसके पश्चात राम के वन गमन की दूसरी यात्रा दक्षिण की ओर हुयी। पितृ आज्ञा का पालन, ऋषि-मुनियों की रक्षा तथा राक्षसों का निप्पात, ऐसे उद्देश्यों से राम-सीता, लक्ष्मण वन गमन को निकले। जिसके कई पाडाव थे। इस दौरान उन्होंने अपने भक्तों का उद्धार किया, अनेक ऋषि-मुनियों के आश्रम जाकर आशीर्वाद प्राप्त किये। उनसे अलौकिक शक्ति, अस्त्र-शस्त्र प्राप्त किये, जिससें राक्षसों से युद्ध में निपटा जा सके। राम की पहली भेंट निषाद राज से हुयी थी, उन्होंने अपने प्रजाजनों एवं साथियों के साथ राम का यथोचित सन्मान किया। चौंदह वर्षो तक वनगमन के दौरान उनकी कई समूहों तथा जनजातियों से मित्रता हुई। हनुमान, सुग्रीव, अंगद, नल-नील, जामवंत को साथ लेकर उन्होंने वानर सेना बनायी। माता अहिल्या, शबरी, चंद्रसेना जैसे भक्तों का उद्धार किया। राम ने सबको अपना माना।

राम वनगमन पथ में अयोध्या से लेकर लंका तक कई स्थल राम के पदस्पर्शो से पुनित हुए। दर असल ऐसा माना जाता है कि अयोध्या से लंका तक राम-सीता, लक्ष्मण ने कई किलोमीटर सफर तय किया। इस बीच वे कई स्थानों पर रूके, विश्राम किया। जहाँ जहाँ राम गये, उसके चिन्ह आज भी उस जगह किसी ना किसी रूप में विद्यमान है। राम जब अयोध्या से निकले तो उनका पहला पड़ाव अयोध्या से बीस किलोमीटर दुरी पर तमसा नदी के पास रामचौरा था, वहाँ से वे गोमती नदी पार कर प्रयागराज से श्रृंगवेरपुर पहुचे थे। वहाँ निषादराज गुह का राज्य था। इलाहाबाद से गंगा पार कुरई नामक स्थल है, जहाँ उन्होंने एक मन्दिर में कुछ देर विश्राम किया। वहाँ से आगे वह प्रयाग पहुँचे। संगम के समीप यमुना नदी पार कर चित्रकूट गए। जहाँ वाल्मिक आश्रम, मांडव्य आश्रम, भरतकूप आदि स्थल बने है। चित्रकूट में राम को मनाने के भरत अपनी सेना के साथ पहुँचे थे। यहीं से वह राम की चरण पादुका लेकर अयोध्या लौटे। यही अंत्री ऋषि का आश्रम था। अंत्री ऋषि की पत्नी अनुसूया ने माता सीता को दिव्य वस्त्र प्रदान किये थे। आगे पन्ना, शहडोल, जबलपुर, विदिशा के वन क्षेत्रों से होते हुए राम दंडकारण्य चले गए। सीताकुंड से अमरकंटक में कुछ वक्त उन्होंने गुजारा था। कोरिया जिले का

सीतामढ़ी-हरचौका राम वनवास का अगला पड़ाव था। यहाँ बनी गुफाओं में कुल सत्रह कक्ष है, इसे सीता रसोई के नाम से जाना जाता है। जहाँ माता सीता स्वयं भोजन बनाती थी। आगे सरगुजा जिले में रामगढ़ की पहाड़ियों में स्थित सीता-बेंगरा गुफा है। जिसे देश की सबसे पुरानी नाट्यशाला माना जाता है। राम अपने वनवास काल के दौरान यहाँ भी पहुँचे थे। दक्षिण कोशल के लोग मानते हैं कि रामने जांजगीर-चांपा जिले के शिवरी नारायण स्थान पर रूकते हुए शबरी के हाथों झूठे बेर खाए थे। यहाँ जोक, महानदी और शिवनाथ नदी का संगम है। जहाँ पर नर-नारायण तथा शबरी का मन्दिर बना है। इस मन्दिर के पास ऐसा वट वृक्ष है, जिसके पत्ते दोने के आकार के हैं। जहाँ राम से जुड़ी बहोत यादें है। जनश्रुतीयों के अनुसार बलौदा बाजार के तुरतुरिया में महर्षि वाल्मीकि का आश्रम था। जो लव-कुश की जन्म स्थली माना जाता है। यहाँ बलभद्री नाले का पानी चट्टानों के बीच से निकालता है, जिसकी तुर तुर ध्वनी निकलती है। इससे स्थल का नाम तुरतुरियाँ पड़ा है। चंद्रखुरी माता कौशल्या का मायका है। यहाँ जलसेन तालाब के बीच कौशल्या माता का मन्दिर बना है। यह स्थल राम का ननिहाल कहलाता है। आगे राजीम में राम ने अपने कुलदेवता महादेव की पूजा की थी। इसलिए यहाँ कुलेश्वर मन्दिर बना है। आगे सिंहावा की पहाड़ियों में में बने मुचकुंद आश्रम, अगस्ति आश्रम, अंगिरा आश्रम, श्रृंगी आश्रम, कंकर आश्रम, शरभंग आश्रम एवं गौतम ऋषि आश्रम में राम पहुँचे थे। वहाँ उन्होंने अपना कुछ समय व्यतीत किया था। आगे राम बस्तर क्षेत्र से रामटेक, सालबर्डी, पंचाप्सर सरोवर के रास्ते पंचवटी पहुचे थे। वहाँ कुटिया बनाकर रहने लगे। वहाँ से वे अगस्ति मुनि आश्रम गए। फिर गोदावरी के उगमस्थान त्र्यंबकेश्वर में जाकर कृशावर्त तीर्थ में राम ने राजा दशरथ का श्राद्ध किया था। पंचवटी से ही रावण ने माता सीता का हरण कर लिया। रामने यहाँ से कुछ दूरीपर स्थित मृगव्याधेश्वर में मारीच का वध किया था। इगतपुरी तहसील के ताकेड़ गांव में रावण का जटायु से संघर्ष हुआ। जहाँ जटायु का समाधि स्थल बना है। फिर रामलिंग तुलजापूर की देवी राम वरदायनी भवानी का आशीर्वाद लेकर राम-लक्ष्मण दक्षिण दिशा में चले गए। कुछ लोग मानते हैं कि गोदावरी तट पर बसे भद्राचलम में भद्रगिरी पर्वत पर राम-सीता ने कुछ दिन बिताए थे। यहीं पर रावण ने अपना विमान उतारकर सीता को पुष्पक विमान में बिठाया था। फिर तुंगभद्रा और कावेरी नदी पार करते हुए राम-लक्ष्मण सीता खोज में पंपा सरोवर पहुँचे। कुछ लोग मानते हैं कि यही पर शबरी का आश्रम था, जो केरल में पंपा नदी के किनारे स्थित है। मलय पर्वत और चंदन वनों को पार करते हुए राम-लक्ष्मण ऋषमूक पर्वत पर पहुँचे, जहाँ उनकी मुलाकात हनुमान एवं सुग्रीव से हुई थी। यहाँ स्थित किष्किंधा में राम द्वारा बाली वध किया गया। जो कर्नाटक के बेल्लारी जिले में स्थित है। किष्किंधा में हनुमान और सुग्रीव से भेंट के बाद राम ने वानर सेना का गठन किया। फिर कोड़ीकरई समुद्र तटपर वानर सेना को एकत्रित कर

शिविर लगाया था। उसके बाद राम सेना ने रामेश्वरम समुद्र तटपर शिवलिंग स्थापन कर भगवान शिव की पूजा की थी। यही धनुषकोड़ी है, जहाँ नल और नील की मदद से सेतु निर्माण किया गया। जो सेतु लंका के नुवारा एलिया पर्वत श्रृंखला को जोड़ा गया था। वहाँ से कुछ दुरीपर बाद्रवेला की तरफ रावण का महल स्थित था। जहाँ राम नें रावण से युद्ध करके लंका पर विजय हासिल की थी और माता सीता को उसके चंगुल से छुड़ाया था। फिर राम-सीता, लक्ष्मण दक्षिण भारत से होकर अयोध्या पहुँचे थे, जहाँ राम राज्याभिषेक हुआ था। उसके साथ ही रामराज्य की शुरुआत हुई थी। रामायण काल सें लेकर अभी तक कई सदियाँ गुजर गई, तभी से जनमानस नें अविरत रामभक्ति की ज्वाला प्रज्वलित है। कला, साहित्य, संस्कृति के जरिये सदैव राम लोक हृदयस्थल में विराजमान है। हर काल के लोगों ने उनको अपना माना। उनके कई प्रतीक बनाये। कही उनके शिल्प, मन्दिर बने, तो कही तालाब, घाट, नहानी या बारव। रामकथा से सम्बन्धित भित्ति चित्र उसी का एक हिस्सा है। ऐसे कई स्थल राम की तीर्थस्थली बन चुके हैं, जो हजारों सालों से प्रवाहित राम भक्ति के गवाह बने हैं।

मध्य भारत का राम से करीबी नाता रहा है, क्योंकि राम की दक्षिण यात्रा यही सें हुयी थी। रावण वध के पश्चात राम-लक्ष्मण मध्य भारत के रास्ते दोबारा अयोध्या पहुँचे थे। युग बीतते गये, समय गुजरता गया, लेकिन रामनाम का महिमा कम नही हुआ। रामायण काल के पश्चात इस क्षेत्र पर कई सत्तायें आयी। मतांतरण हुये, आक्रांताओं ने विध्वंस मचाया। लेकिन जनमानस में राम के प्रति प्रेम कम नही हुआ। मध्य भारत का क्षेत्र भारत के हृदयस्थल में बसा है। जिसकी सीमाएँ तय करना बड़ा चुनौतीपूर्ण तथा कठीण कार्य है। क्यों की इस प्रदेश की सीमाएँ हर काल में परावर्तित होती रही है। फिर भी बुंदेलखंड, मालवा, निमाड़, विदर्भ, खान्देश, पश्चिम महाराष्ट्र का कुछ हिस्सा इस क्षेत्र में सम्मिलित है। चंबल, बेतवा, क्षिप्रा, नर्मदा, ताप्ति, पूर्णा, गोदावरी, कावेरी, पैनगंगा, वैनगंगा जैसी नदियाँ यहाँ की जीवन वाहिनीयाँ है। जो निरन्तर लोक के साथ संस्कृति को प्रवाहित करती रही है।

मध्य भारत में रामकथा का विस्तार कला, साहित्य एवं संस्कृति द्वारा विभिन्न रूपों में हुआ है। यहाँ के जनमानस नें राम को अपनी संस्कृति के अनुरूप ढ़ाल लिया है। यहाँ राम से सम्बन्धित अनगिनत स्थल, पर्वत, शिला, कुंड, मुर्तियाँ, भित्ति चित्र एवं स्थापत्य दिखाई देते हैं। जहाँ हर वक्त श्रद्धालुओं का ताता लगा रहता है। लोग बड़े प्रेमभाव से यहाँ आकर रामनाम का गुणगान करते हैं, उनके सामने नतमस्तक होते हैं। एलोरा, एलिफेंटा, हम्पी आदि प्राचीन गुफाओं की मूर्तियाँ तथा दतिया, ओरछा के मन्दिरों में स्थित रामायण के परिदृश्य अद्‌भुत एवं अतुलनीय है। मध्यभारत में लगभग पांचवीं शताब्दी के आगे रामायण से सम्बन्धित मूर्तियाँ (शिल्प) दिखाई देती है। इसमें सबसे महत्वपूर्ण है, एलोरा का कैलाश मन्दिर। जहाँ एक ही चट्‌टान पर रामकथा के प्रसंग शिल्पित किये गए हैं। ऐसे

ही कुछ मूर्तियाँ विष्णु मन्दिर जांजगीर, मार्कंडा मन्दिर समूहों में उत्किर्ण हैं। विजयनगर साम्राज्य में मध्यकाल के दौरान कई जगह राम मन्दिर तथा शिल्पों का निर्माण हुआ है। जिसमें हम्पी जैसे स्थल प्रमुख है। ऐसी मूर्तिकला की विरासत हमारे देश में बिखरी पड़ी है।

रामायण से सम्बन्धित भित्ति चित्र भी हमारे संस्कृति की अनमोल धरोहर है। मध्यभारत के विभिन्न मन्दिरों, प्रासादों, हवेलियों, आवास-स्थानों, समाधि एवं छतरियों पर रामायण विषयक भित्ति चित्रों की समृद्ध परंपरा लगभग तीनसौं सालों से विद्यमान है। रामायण चित्रों का सृजनबोध समान नहीं है, उसने काफी सारी भिन्नताएँ है। मुगल तथा मध्ययुगीन काल में विकसित दख्खन, राजपूत, मालवी, मांडू, बुंदेली, निमाड़ी, मराठा, तंजावूरी शैली में निर्मित रामायण विषयक भित्ति चित्र हमारे संस्कृति का महत्वपूर्ण आरेखन है। ग्वालियर, दतिया, ओरछा, इंदौर, उज्जैन, बुरहानपुर, नागपूर, नासिक एवं येवला में बने भित्ति चित्र इसके बेहतरीन नमूने है। हालांकि उसपर प्रादेशिक संस्कृति का गहरा असर दिखाई देता है।

भित्ति चित्रों के परिधि में तो सभी अंकन आते हैं, जो भित्तियों पर अंकित किये गए हो। जिसमें मांडने, पिठौरा आदि प्रकार होते है।किन्तु सबका विवरण यहाँ नही दिया गया है। सिर्फ दीवारों पर अंकित चित्रों का समुचित विचार किया गया है। यही बात रामायण मूर्ति शिल्पों के बारे में कहनी होगी। यहाँ केवल पाषाणों से बनी मूर्तियों का विचार किया गया है। ऐतिहासिक दृष्टि से महत्त्वपूर्ण रामायण विषयक मूर्ति शिल्प एवं भित्ति चित्रों का स्थानवार सर्वेक्षण करते हुए विवरण प्रस्तुत किया गया है। हालांकि समय के साथ कई भित्ति चित्र तेजी नष्ट हो रहे है, कुछ धूमिल हो रहे हैं। जिसको सहजनें एवं संरक्षित करना बहोत जरूरी है। लेकिन इस विरासत पर अभी तक किसी का ध्यान नहीं गया। किसीने दुर्भाग्यवश इन्हे न तो तवज्जों दी, न ही इसका इतिहास देखने का पर्याप्त प्रयास किया। लेकिन इतना वक्त गुजरने के बाद भी भित्ति चित्रों की समृद्ध परंपरा अक्षुण्ण है, यह हम सबके अच्छी बात है। इस परियोजना को पूरा करने हेतु अयोध्या शोध संस्थान के निदेशक मा.लवकुश द्विवेदी, पुरातत्वविद् डॉ मौली कौशल, डॉ महेंद्र कुमार मिश्रा, डॉ.धर्मेंद्र पारे, ललित शर्मा रायपूर, प्राचार्य हिंगणे, प्रसाद पुराणिक, सहधर्मचारिणी रूपाली काकडे इनका सहयोग काफी महत्त्वपूर्ण रहा। साथही छायाचित्र लेने की अनुमति प्रदान करने वाली केंद्र तथा राज्य सरकार के संग्रहालय, ग्रंथालयों के अधिकारी, स्थानिय निवासी, पुजारी, महंत, अखाड़ा प्रमुख, पुरातत्व विभाग के अधिकारी, निरीक्षक एवं सहकर्मीयों का शत: शत: आभार। इस पुस्तक को प्रकाशित करने हेतु सदा मार्गदर्शन करनेवाले वाणी प्रकाशन नई दिल्ली के अरुण माहेश्वरी इनका आभार व्यक्त करता हुँ। आप सभी इस पुस्तक का स्वागत करेंगे, इसी अपेक्षा के साथ।

**—डॉ श्रीकृष्ण काकडे**

# मूलपृष्ठ

भारतीय उपमहाद्वीप में रामायण से सम्बन्धित कई पुरातन मूर्तियाँ, शिल्प, मन्दिर और गुफाओं में साझा विरासत बिखरी पड़ी है। जिसमें हम्पी, एलोरा, एलिफेंटा आदि गुफाओं तथा देवगढ़, नचना, मार्कंडा जैसे मन्दिरों में बनी प्रतिमाएं अद्भुत एवं अतुलनीय है। लगभग गुप्तकाल से चली आ रही यह सुनहरी परंपरा रामायण की वैश्विक पारिभाषिकता दर्शाती है। कलाओं का आयाम माने जाने वाले भित्ति चित्रों की बात करें तो राजस्थानी, पहाड़ी, मिथिला, तंजावुर और मराठा शैली में बने भित्ति चित्र हमारे संस्कृति की अनमोल धरोहर है। इन चित्रों में परिलक्षित रामायण के प्रसंग अनोखे एवं आकर्षक है। जिनको तत्कालीन संस्कृति का परिचायक भी माना जाता है। यह पुस्तक मध्य भारत की रामायण मूर्तिकला (शिल्प) एवं भित्ति चित्रों को अनोखे ढंग से प्रस्तुत करने का प्रयास करता है।

# अनुक्रम

# भारतीय मूर्तिकला (शिल्प) का परिप्रेक्ष्य

मानवी जीवन का कलाओं से सदा अटूट संबंध रहा है, कलायें मानवी जीवन को सदा आनंद विभोर करती रही है। उनका इतिहास उतना ही प्राचीन है, जितनी की मानवी सभ्यता तथा संस्कृति। नीतिशतक ग्रंथ में भर्तूहरि लिखते है, " साहित्य संगीत कला विहीन: साक्षात पशु पुच्छ विशान हिन: । " ( साहित्य, संगीत तथा कला से हीन मनुष्य पुछ तथा सींग से रहित साक्षात पशु के समान है। ) कलाओं के कई रूप है, जिनको परिभाषित करना कठिन है। कलाओं को उपयोगी एवं ललित कलाओं में वर्गीकृत किया जाता है। उसमें भी मूर्ति शिल्प कला सबसे महत्वपूर्ण मानी जाती है। क्योंकि इसमें हमारी धार्मिक, दार्शनिक एवं सांस्कृतिक परंपराएं समाहित है। ऐसा माना जाता है की उसके जरिए धर्म, अर्थ, काम एवं मोक्ष का मार्ग मिल जाता है। भारतीय उपमहाद्वीप में प्राचीन काल से ही मानवी जीवन में मन्दिरों की भूमिका प्रमुख रही है। अपने इष्ट देव के प्रति अटूट श्रद्धा एवं उसका उच्चतम स्थान सदा बना रहे, इसीलिए मन्दिरों में देवताओं की मूर्तियाँ स्थापित की गई। प्राचीन काल में मन्दिर केवल पूजा गृह नहीं बल्कि सामाजिक और सांस्कृतिक जीवन के केंद्र बिंदु थे। मन्दिरों के चारों ओर गांव और पूर बसे थे। मन्दिरों से ही उनकी गतिविधियां संचालित होती थी। धार्मिक अनुष्ठान के साथ-साथ सामाजिक जीवन के कई आयाम मन्दिरों से ही समाज तक पहुँचाए जाते थे। मन्दिरों में स्थापित मूर्तियाँ जन आस्था का प्रतीक होती थी। मूर्तियों में भगवान का स्वरूप प्रतिबिंबित होता था। मृण्मयी, धातु, पाषाण आदि से मूर्तियों का निर्माण होता था। मूर्तिकला निर्माण के प्रारम्भ से दो मुख्य उद्देश्य रहे हैं, एक तो किसी की स्मृति को या अतीत को जीवित बनाए रखना। दूसरा अमूर्त को मूर्त रूप देना, या अव्यक्त को व्यक्त करना। जनमन उनके सामने नतमस्तक होकर पुण्य प्राप्त करते थे।

भारतीय मूर्तिकला का इतिहास लगभग दो हजार वर्ष से अधिक पूर्व है। मानवी सभ्यता के विकास में प्रागैतिहासिक काल सबसे महत्वपूर्ण है। क्योंकी तब आदिम मानव पत्थरों से औजार एवं हथियार बनाना सिखा था। वह अपनी भाव-भावनाओं, कल्पनाओं का परिशीलन गिरी-कंदराहो,

शिलाओं पर करता था। सिंधु या हड़प्पा सभ्यता इसका प्रमाण है, जिनका काल 2500-1800 ई.पू. तक माना जाता है। सिंधु सभ्यता का केंद्र पंजाब तथा सिंध क्षेत्र में था। कला की दृष्टि से यह काल उत्कर्ष का था। इस काल में बनी कलाकृतियाँ जीवन की सजीवता को प्रतिबिंबित करती है। यहाँ विभिन्न स्थलों से प्राप्त नगरों, भवनों, मूर्तियों, मुहरो, मिट्टी के बर्तनों, खिलौने एवं आभूषण इसकी गवाही देते हैं। जिनके निर्माण में विकसित सौंदर्य और तकनीकी दृष्टि महत्त्वपूर्ण है। यहाँ से हमें मातृदेवी की उपासना, शिव पशुपति जैसे देवताओं की धारणा, लिंग-पूजा, स्वस्तिक, चक्र आदि मांगलिक चिन्ह, मुहरों पर अंकित वृषभ की प्राप्ती होती है। भारतीय मूर्तिकला का उगम भी यहाँ से ही माना जाता है। सिंधु घाटी की खुदाई में प्रस्तर (पत्थर) से बनी कुल तेरह मुर्तियाँ प्राप्त हुए हैं। जिनमें ग्यारह मोहनजोदड़ो और दो हड़प्पा से मिली हैं। यहाँ मिली मूर्तियाँ लघु रूप में है। मोहनजोदड़ो से प्राप्त मूर्तियों में चार मनुष्य के सिर की आकृतियां तो कुछ आकृतियाँ बैठे हुए रूप में प्राप्त हुयी है। दो शिल्प पशुओं के भी है। हड़प्पा से मिली दो पत्थर की मूर्तियों में एक मनुष्य तथा एक स्त्री की है। हड़प्पा से प्राप्त तीन मूर्तियों में नृत्य पुरुष या नारी की मूर्ति विशेष उल्लेखनीय है। सिंधु सभ्यता के उत्खनन में कुछ धातुओं की मूर्तियाँ प्राप्त हुई है। साथही उस काल में मृण्मूर्तिया (मिट्टी) बनायी जाती थी। जिसमें स्त्री-पुरुष, पशु-पक्षी, जीव-जंतु एवं खिलौनों की मुर्तियाँ प्राप्त हुयी है, जो तत्कालीन संस्कृति को समझने हेतु महत्त्वपूर्ण है। (चित्र सं. 1.1) समय के साथ मुर्ति निर्माण में आगे निरन्तर प्रगति की जारी रही। ताम्र, कांस्य तथा लोहयुग में धातुओं का इस्तेमाल बखूबी से होने लगा। भारतीय मूर्तिकला की विषय वस्तु हमेशा देवी-देवताओं समेत मानव आकृतियाँ रही है। जिसमें सनातन, बौद्ध

*चित्र सं.1.1*

तथा जैन धर्म से सम्बन्धित प्रारूप प्रमुख है। उसमें भी सनातन धर्म से सम्बन्धित देवताओं के कल्पित स्वरूपों को प्रमुखता से उत्कीर्ण किया गया है। उनको आसानी से पहचान मिले इसलिए उनके सिर, भुजाएं, अस्त्र-शस्त्र विभिन्न रूपों और शक्तियों को दर्शाने के लिए कई बिंदू आवश्यक माने गए हैं।

भारतीय उपमहाद्वीप में इ.स.पूर्व ५ वीं ६ वीं शताब्दी सें मिट्टी, धातु, पाषाण आदि से मूर्तियाँ बननी शुरू हो गई थी। जैसी जैसी मानवी सभ्यता विकसित हुयी, वैसी वैसी मुर्तिकला भी विकसित होती गयी। सिंधु सभ्यता के बाद मौर्य काल तक मध्यवर्ती काल में कलाओं के संदर्भ में काफी कम साक्ष उपलब्ध है। ऐतिहासिक काल में विभिन्न राजवंशों का भारत भूमीपर शासन था। मौर्य, शुंग, कुषाण, सातवाहन तथा गुप्त आदि कालों में मूर्तिकला को गति प्राप्त हुई। यहाँ पूर्वकाल में बौद्ध एवं जैन धर्म के अनुयायी गुहा, स्तूप एवं चैत्यों का निर्माण करने लगे थे। यह दोनों धर्म सनातन धर्म की वर्ण एवं जाति व्यवस्था का विरोध करते थे, इसीलिए वह लोकप्रिय हो गए।

मौर्य काल में मगध एक शक्तिशाली राज्य के रूप में विकसित हो गया। जो भारत वर्ष का प्रथम सार्वभौमिक साम्राज्य था। मौर्य साम्राज्य की स्थापना चाणक्य ने चंद्रगुप्त मौर्य की सहायता से की थी। मौर्य साम्राज्य में चंद्रगुप्त मौर्य, बिंदुसार, सम्राट अशोक ऐसे महान शासक हुए। जिनका शासन 137 वर्षों तक चलता रहा। इस काल में सामाजिक, धार्मिक, आर्थिक, साहित्य एवं कला ऐसे सभी क्षेत्रों में प्रगति होती रही। यह काल धार्मिक सहिष्णुता एवं समन्वय का था। इस काल में सनातन, बौद्ध, जैन एवं शाक्त संप्रदायों में लोग विश्वास रखते थे। मौर्य सम्राटों में अशोक सबसे प्रभावशाली शासक थे। जो बौद्ध धर्म के अनुयायी थे। उन्होंनें बौद्ध धर्म के प्रचार-प्रसार के लिए कई कार्य किए। कलाओं के प्रति उनको काफी रूचि थी। इसीलिए इस काल में कला, संस्कृति और स्थापत्य का काफी विकास हुआ। पाटलिपुत्र, श्रीनगर, ललितपट्टन, देव पालन आदि नगरों की स्थापना हुई। पाटलिपुत्र मौर्य साम्राज्य की राजधानी थी। यहाँ का नगर नियोजन तथा राजप्रासाद काफी वैशिष्टपूर्ण थे। मौर्य काल में बने स्मारक, स्तूप, विहार एवं स्तंभ मील का पत्थर साबित हुए है। इसी समय से भवनों के निर्माण में पत्थरों का इस्तेमाल होने लगा। चट्टानों को काटकर गुफाएं और विशाल मूर्तियाँ बनायी गई। बौद्ध धर्म ग्रंथों के अनुसार तब कई सारे स्तूप, स्तंभ बनाए गए, उनपर शिलालेख उत्कीर्ण किये गए। सम्राट अशोक ने अनेक स्तंभ स्थापित करवाये थे। स्तंभों की चोटी पर सिंह, वृषभ, गज, अश्व आदि पशुओं की आकृतियां उकेरी गयी। कमल फूलों से वेदियाँ सजाई गई। इस काल में बने साँची, भारहुत, बोधगया, अमरावती और नागार्जुन कोंडा के स्तूप प्रसिद्ध है। अशोक के शासनकाल में बने स्तूपों में सांची का स्तूप सर्वाधिक प्रसिद्ध है। (चित्र सं 1.2) मौर्यकालीन सारनाथ में पाया गया स्तंभ सिंह शीर्ष के नाम से प्रसिद्ध है। इसकी गोलाकार वेदी पर दहाड़ते हुए चार शेरों की प्रतिमाएं उत्कीर्ण की गई है। जिसके निचले हिस्से में अश्व, वृषभ, हिरन आदि को गतिमान मुद्रा में उकेरा गया है। इसका निर्माण

*चित्र सं.1.2*

भगवान बुद्ध द्वारा धम्मचक्र प्रवर्तन यानी प्रथम उपदेश के स्मृति में अशोक सम्राट द्वारा किया गया था। इस काल में बनी ओड़िशा की धौली की हाथी प्रतिमा, शिलालेख एवं दीदारगंज में मिली यक्षिणी की मूर्ति मौर्यकालीन मूर्तिकला का उदाहरण है। तब पाटलिपुत्र, वैशाली, तक्षशिला, मथुरा, कौशांबी, सारनाथ जैसी जगहें मूर्तिकला का केंद्र हुआ करती थी। उस समय विदेशों के कई कारगिर भारत आकर अपने कौशल्य की पूर्तता किया करते थे।

दूसरी शताब्दी के बाद उत्तर भारत में शुंग, कण्व, कुशाण और गुप्त शासकों का तो दक्षिण पश्चिम में सातवाहन, इक्ष्वाकु और वाकाटकों का साम्राज्य स्थापित हो गया। पुष्यमित्र ने शुंग वंश की स्थापना की, जो ब्राह्मण जाति के थे। जिससे वैदिक संस्कृति को ओर भी बल मिला। सनातन धर्म एवं सामाजिक धार्मिक उन्नयन का पुनरुत्थान हुआ। साथ ही बौद्ध एवं जैन धर्म का प्रचलन पूर्ववत चलता रहा। इस काल में स्थापत्य कला में काफी प्रगति हुई। पत्थरों के स्तूपों की वेदिकाएँ एवं तोरण (द्वार) बनने लगे। भारहुत स्तूप एवं तोरणों का निर्माण हुआ। बोधगया के स्तूप के चारों और वेदिकाओं का निर्माण हुआ। अजंता की गुफा नं 9, नासिक, कार्ले के चैत्यगृह इसी काल में बने है। ऐसे ही दक्षिण भारत में सातवाहन राजवंश का शासन साढ़े चार सौ वर्ष तक शासन निरन्तर जारी था। जो सामाजिक, आर्थिक, कला, साहित्य, संस्कृति की दृष्टि से काफी महत्वपूर्ण साबित हुआ। इस काल में चैत्यों, विहारों, मूर्तियों का अभूतपूर्व विकास हुआ। अमरावती में महास्तूप का निर्माण हुआ। जिसके सूचियों पर कमल पुष्प उत्कीर्ण है। स्तूप के तोरण दारों पर बोधि वृक्ष, धर्मचक्र आदि उत्कीर्ण हुये। सातवाहनों के सामंत इक्ष्वाकू वंश के शासकों ने नागार्जुनी कोंडा में महास्तूप का निर्माण कराया। इस काल में सर्वाधिक गुफाएं निर्माण हुई। जिसमें भांजा, अजंता गुफा नं 10, जुन्नर एवं पितलखोरा (महाराष्ट्र) की गुफाएं एवं चैत्यगृह महत्त्वपूर्ण है। (चित्र सं.1.3) पूर्वी भारत में सातवाहन काल में उड़ीसा के उदयगिरि

*चित्र सं. 1.3*

पहाड़ी पर 19 गुफाओं तथा खंडगिरि में 16 गुफाओं का निर्माण हुआ।

कुषाण शासक पश्चिमी चीन के गोबी प्रदेश से यहाँ आए थे। जिन्होंने सबसे पहले उत्तर पश्चिमी भारत में प्रवेश किया। उनका सबसे महान शासक कनिष्क प्रथम था। कुषाण साम्राज्य में बाह्मण, बौद्ध, जैन एवं अन्य सामाजिक धर्मों में जीने वाले समुदाय रहते थे। तब धार्मिक सहिष्णुता बहुत थी। कुषाणों ने अपने सिक्कों पर सनातन देवी-देवताओं का अंकन करवाया था। कुषाण काल में बौद्ध तथा जैन धर्म भी प्रचलित था। कनिष्क प्रथम ने बौद्ध धर्म अपनाया था और उसके विस्तार में गति प्रदान की थी। उसके काल में कनिष्कपूर, मथुरा, तक्षशिला आदि स्थलों पर बुद्ध विहारो, स्तूपों एवं मूर्तियों का निर्माण करवाया था। इसी काल में मथुरा तथा गांधार मूर्तिकला शैली का विकास हुआ। भारत में मथुरा कला की दृष्टि से अत्यंत महत्वपूर्ण रही। तब मथुरा कला केंद्र के रूप में उभरा। इस शैली में बौद्ध, जैन एवं सनातन धर्मो से सम्बन्धित मूर्तियाँ बनी। तब सिकरी रूपबल के लाल चित्तीदार पत्थर का उपयोग करके विभिन्न धर्मों से सम्बन्धित प्रतिमाएँ बनायी जाती थी। जिनकी तकनीक पूर्णत: भारतीय थी। जिसका विस्तार उत्तर भारत के अन्य भागों में हुआ था। इस कला में बौद्ध, जैन, यक्ष, यक्षिणी, शैव, वैष्णव आदि देवी-देवताओं तथा मानवी मुर्तियाँ बड़ी मात्रा में बनी। मथुरा शैली में सनातन देवी देवताओं से सम्बन्धित शिव, विष्णु, सूर्य, अग्नि, ब्रह्मा, कार्तिकेय, इंद्र, कामदेव, दुर्गा, लक्ष्मी, मातृकाएँ आदि देवी-देवताओं की मूर्तियों का निर्माण हुआ। इस काल में सारनाथ और

कौशाम्बी मूर्तिकला के प्रमुख केंद्र थे। चौथी शताब्दी तक यह परंपरा निरन्तर जारी थी, लेकिन फिर उसमें परिवर्तन हो गया।

गांधार शैली का उगम भारत के पश्चिमोत्तर क्षेत्र में यूनानी कला से प्रभावित मूर्तिकला से हुआ था। तब गंधार एशिया एवं यूरोप के बीच महत्वपूर्ण दुआ था। जिसकी तकनीक यूनानी एवं विषय वस्तु भारतीय थी। इसका विस्तार अफगानिस्तान तक था। यह विशुद्ध रूप से बौद्ध धर्म से सम्बन्धित मूर्तिकला थी। जिसका उदय कनिष्क प्रथम के काल में हुआ था। जिसके तक्षशिला, कपिशा, बामियान केंद्र थे। इस शैली में भगवान बुध्द की मूर्तियाँ बनी, जिसमें बुद्ध की कई भाव भंगिमाओं को उत्तीर्ण किया गया था। प्रारम्भिक गांधार शैली के अंतर्गत मिट्टी, चुना, प्लास्टर से मूर्तियों का निर्माण किया जाता था। परवर्ती गांधार शैली में पाषाण का प्रयोग किये जाने लगा। जो तत्कालीन मूर्तिकला में प्रचलित प्रतीक चिन्ह, सुडौलता, विशालता, भव्यता दर्शाती है। इसमें स्वात घाटी (अफगानिस्तान) के भूरे रंग

*चित्र सं.1.4*

के पत्थर (स्लेटी) का इस्तेमाल होता था। हिंदूकुश पर्वत श्रृंखला की बामियान घाटी में बनी भगवान बुद्ध की दो भव्य मुर्तियाँ इसका शीर्षस्थ नमुना था। (चित्र सं.1.4)

गुप्त काल में भारत सामाजिक, आर्थिक एवं धार्मिक क्षेत्रों में तेजी से आगे बढ़ा। गुप्त राजवंश की स्थापना श्रीगुप्त ने तृतीय शताब्दी ई. में की थी। चंद्रगुप्त प्रथम, समुद्रगुप्त, चंद्रगुप्त विक्रमादित्य

जैसे महान शासक इस राजवंश में हुये। इसी कुल के चंद्रगुप्त प्रथम ने गुप्त सवंत की शुरुआत की। जिसका विवाह लिच्छवी की राजकुमारी कुमार देवी से हुआ था। जिसके कारण गुप्त साम्राज्य में बिहार तथा नेपाल का अंतर्भाव हो गया। इसी कुल का अगला शासक समुद्रगुप्त सनातन धर्म का अनुयायी एवं विष्णु भक्त था। उसने विक्रमांक तथा कविराज पदवी धारण की थी। उसके उपरांत राजा बने चंद्रगुप्त द्वितीय के दरबार में नौ विद्वान थे। उसने भी विक्रमादित्य पदवी धारण की थी। उसने ही शक शासकों के चंगुल से ध्रुवदेवी को छुड़ाया था और बाद में उससे शादी कर ली थी। उसी के पुत्र कुमारगुप्त ने गुप्त साम्राज्य का विस्तार हिमालय से दक्षिण में नर्मदा तक किया था। उसके ही कार्यकाल में नालंदा विश्वविद्यालय की स्थापना हुयी थी। उसके बाद राजा बना स्कंद गुप्त भी वैष्णव परंपरा का अनुयायी था। यह समय राजनीतिक स्थिरता, शांति, आर्थिक समृद्धि से परिपूर्ण था। जिसके कारण कला के क्षेत्र में अभूतपूर्व प्रगति हुई थी। सातवाहन काल में जिस ब्राह्मण धर्म का पुनरुत्थान हुआ था, वह गुप्त काल में अपनी पराकाष्ठा को प्राप्त कर चुका था। इसके वैष्णव तथा शैव ऐसे दो मार्ग बने थे। सनातन धर्म से सम्बन्धित देवी-देवताओं की उपासना, यज्ञ-कर्म, अनुष्ठान, पूजा इस काल में दृढ़ता से किये जाने लगे। विष्णु के वराह, नृसिंह, वामन, राम एवं कृष्ण अवतार इस काल में ओर लोकप्रिय हुए। गुप्त शासकों ने सनातन धर्म को राजधर्म बनाया और अपने सिक्कों पर लक्ष्मी तथा गरूड़ का अंकन

*चित्र सं.1.5*

करवाया था। गुप्त शासक शिव के भी उपासक थे। उन्होंने शिव के प्रति आस्था प्रकट करने हेतु अनेक मन्दिरों एवं मूर्तियों का निर्माण किया। (चित्र सं 1.5)

मूर्तिकला के संदर्भ में गुप्त काल स्वर्णिम युग माना जाता है। इस काल में भारतीय मूर्तिकला अपने चरमोत्कर्ष पर थी। तब सारनाथ, कौशांबी, मथुरा मूर्तिकला के केंद्र थे। गुप्त शासक सनातन धर्मीय होने के कारण इस काल में विष्णु की मूर्तियों का सबसे ज्यादा बनी। साथही अन्य देवी-देवताओं की मूर्तियाँ भी निर्माण हुई। साथही विष्णु के अवतारों से सम्बन्धित कथाओं और लीलाओं का शिल्पांकन सबसे ज्यादा हुआ। गुजरी महल ग्वालियर में स्थित नृसिंह की प्रतिमा, उदयगिरि की वराह प्रतिमा, देवगढ़, भीतरगांव, भूमरा, तिगवा आदि मन्दिरों से प्राप्त मूर्तियाँ इसका प्रमाण है। इन मन्दिरों में भगवान विष्णु के साथ शिव-लिंग, उमा-महेश्वर, रावणानुग्रह, शिव के गण, गणेश, कार्तिकेय, दुर्गा, पार्वती, लक्ष्मी, महिषासुरमर्दिनि आदि का अंकन है। इसी काल में शिव और शक्ति की संयुक्त मूर्तियाँ निर्माण होने लगी, जिसे अर्धनारीश्वर कहा गया। साथ ही शिव और विष्णु को संयुक्त रूप मानकर हरिहर की मूर्तियाँ भी बनी। गुप्त काल में त्रिमूर्ति के रूप में ब्रह्मा, विष्णु और महेश स्थापित किये जाने लगे। गुप्तकालीन मूर्तिकला में बौध्द, जैन मूर्तियों का भी अंकन बड़ी मात्रा में दिखाई देता है। इस काल में बनी अजंता, कनेरी से प्राप्त बौद्ध मूर्तियाँ मिली है। इस काल में जैन मूर्तिकला भी काफी विकसित

*चित्र सं. 1.6*

हुयी थी। मथुरा से प्राप्त जैन मूर्तियाँ इसकी साक्षी देती है। इसी काल में शरीर के नग्नता को छुपाने के हेतु वस्त्रों का प्रचलन मूर्ति उकेरण में शुरू हुआ। (चित्र सं.1.6)

गुप्तकाल में सनातन धर्म से सम्बन्धित पूजागृह एवं मन्दिरों का निर्माण अधिक गती से हुआ। नागरशैली में बने मन्दिर स्थापत्य में अधिष्ठान, सोपान, शिखर, गर्भगृह, मंडप, अर्ध मंडप, प्रदक्षिणा पथ ऐसे प्रारूप में है। जिसमें ऐरण के विष्णू, वराह, नृसिंह मन्दिर तथा नचना-कुठारा का पार्वती मन्दिर, देवगढ़ का दशावतार मन्दिर, भूमरा का शिव मन्दिर प्रमुख है। देवगढ़ का दशावतार मन्दिर इसका सर्वोत्तम उदाहरण है। जो शेषशायी विष्णु मूर्ति को समर्पित है। साथ ही यहाँ बने हाथी, शंख, कमल, पुष्प तथा अन्य आकल्पन मूर्तिकला का बेजोड़ नमुना है। इसका निर्माण गुप्त काल में छठवीं शताब्दी के प्रारम्भिक वर्षों में हुआ है। नागर शैली में बने इस मन्दिर की स्थापत्य पंचायतन शैली का है। जगती पर बने इस मन्दिर में सर्वप्रथम शिखर का प्रयोग किया गया। जगती पर चढने हेतु चारों और सोपान (सिढ़ीया) बनी है। मन्दिर गर्भगृह की बाहरी दीवारों की रथिकाओ पर विष्णू के अवतारो, गजेंद्र मोक्ष, शेषशाही विष्णू, नर नारायण का अंकन है। मन्दिर का गर्भगृह वर्गाकार है। इसके बाहरी प्रवेशद्वार पर गंगा-यमुना के साथ मकर एवं कच्छप आदी वाहन को उत्कीर्ण किया गया है। शीर्ष पट्टी के ललाटबिंब पर शेषशाही विष्णू का अंकन है। (चित्र सं.1.7) इसी श्रेणी में तिगवा का विष्णु

*चित्र सं.1.7*

मन्दिर है, जिसके स्थापत्य में गर्भगृह के सामने चार स्तंभों पर मंडप है। प्रवेश द्वार अलंकृत है। गुप्त काल में बने नचना-कुठारा के पार्वती मन्दिर का निर्माण जगती पर किया गया है। मन्दिर में गर्भगृह, शिखर तथा चारों और प्रदक्षिणा पथ है। ऐसा ही भूमरा का शिव मन्दिर है। जो एक वर्गाकार चबूतरे पर स्थित है। इस मन्दिर में भी गर्भगृह, शिखर एवं सभा मंडप का निर्माण किया गया है। गर्भगृह के द्वार पर गंगा-यमुना अपने वाहन मकर तथा कच्छप के साथ अंकित है। इस मन्दिर का अलंकरण काफी वैशिष्टपूर्ण है। मन्दिर में शिव के गणों की मूर्तियाँ स्थापित की गई है। गुप्त काल में बना भीतरगांव का विष्णु मन्दिर भी जगती पर बना है। जगती पर चढ़ने के लिए सोपान बने हैं। मन्दिर में गर्भगृह, शिखर, मंडप, प्रदक्षिणा पथ बना है। दशपुर का सूर्य मन्दिर (मंदसौर) गुप्तकालीन मन्दिरों का आदर्श नमूना है। यहाँ कुमारगुप्त प्रथम के समय बना अभिलेख भी मौजूद है। गुप्त काल के दौरान दक्षिण में वाकाटक साम्राज्य 530 ई.स. तक चलता रहा। वाकाटक राजा शैव थे। उनके समय एकमुखी और चतुर्मुखी शिव लिंगो की स्थापना की गई। विदर्भ के पवनार में वाकाटक कालीन कई मूर्ति शिल्प खुदाई के दौरान प्राप्त हुये है, जो अभी पवनार आश्रम में रखे हैं। (चित्र सं.1.8)

पूर्व दक्कन क्षेत्र में आठवीं शताब्दी के आरंभिक दशकों में राष्ट्रकुट राजवंश का शासन प्रारम्भ हुआ। उस समय एलोरा, एलिफेंटा और कन्हेरी की गुफाओं के मुर्तिशिल्प बने। इन सभी जगहों शिव के विविध प्रतिमाओं का अंकन कलात्मक तरीके से हुआ है। राष्ट्रकुट शासकों द्वारा द्रविड़ शैली में

*चित्र सं.1.8*

निर्मित कैलाश मन्दिर वास्तु स्थापत्य का अनूठा नमूना है। इस मन्दिर का प्रवेश द्वार गोपुरम जैसा है, चारों और उपासना कक्ष और फिर सहायक देवालय बने हैं। जिनकी ऊंचाई तीस मीटर है। इस मन्दिर का निर्माण एकही शैलखंड को तराशकर किया गया है। जो अदभूत तथा भव्यता का प्रतीक है। मन्दिर की बाहरी दीवारों पर रामायण, महाभारत का शिल्पित पट उत्कीर्ण किया गया है। यहाँ बने अन्य गुफाओं के प्रतिमाओं में रामायण से नाता जोड़ने वाला रावण कैलासोत्तोलन दृश्य महत्वपूर्ण है। जिसमें लंकापति रावण कैलाश पर्वत को उठा रहा है, भयाकुल पार्वती शिव के विशाल भुजदंड का अवलंब ले रही है। उनकी सखियां भाग रही है। किंतु भगवान शिव अटल निश्चल है। वे अपने चरण से कैलाश को दबाकर रावण का श्रम निरर्थक कर रहे हैं। यहाँ अन्य प्रतिमाओं में नरसिंह, भैरव, इंद्र, शिव-पार्वती विवाह, मार्कंडेय उद्धार जैसे शिल्प प्रमुख है। (चित्र सं.1.9) एलोरा गुफाओं के बाहर गंगा, जमुना की मूर्तियाँ द्वारपाल के रूप में उत्कीर्ण है। लगभग इसी काल में एलिफेंटा गुफाओं का निर्माण हुआ। जिसका वास्तविक नाम घारापुरी है। यहाँ महेश्वर, शिव-पार्वती विवाह, रावण कैलासोत्तोलन जैसे बेहतरीन मूर्ति शिल्प उकेरे गये है।

8 वीं से 10 वीं शताब्दी तक पश्चिमी भारत के कई क्षेत्रों पर गुर्जर प्रतिहारों का साम्राज्य था। इस राजवंश की स्थापना हरिश्चंद्र द्वारा की गई थी। इनकी सत्ता कन्नौज, बिहार, उत्तर प्रदेश, महाराष्ट्र, गुजरात तक फैली थी। नागभट्ट प्रथम, वत्सराज, नागभट्ट द्वितीय, मिहिर भोज इस वंश के प्रमुख

*चित्र सं.1.9*

शासक थे। राजा मिहिर भोज ने ग्वालियर किले पर द्रविड़ शैली में तेली का मन्दिर निर्माण करवाया था। इसी किले में पूर्व की ओर सास-बहू के दो विशाल मन्दिर स्थित है। जिनका निर्माण कच्छपघात राजवंश के राजा महिपाल ने 11वीं शताब्दी में किया था। यह मन्दिर विष्णु को समर्पित है। इनका नाम पहले सहस्त्रबाहु मन्दिर था। इन मन्दिरों का निर्माण नागर शैली में हुआ है। इसकी दीवारों पर सुंदर नक्काशी एवं देवी-देवताओं की मूर्तियाँ उत्किर्ण की गई है। इस मन्दिर में अर्ध मंडप, मंडप, महामंडप, अंतराल और गर्भगृह है। गर्भगृह के भीतर ब्रह्मा, विष्णु, महेश स्थापित है। प्रवेशव्दार के दोनों तरफ जय-विजय द्वारपाल है। यहाँ गंगा-यमुना की मूर्तियाँ भी बनी है। (चित्र सं.1.10)

पश्चिमी भारत के गुजरात, राजस्थान क्षेत्र में सोलंकी और चौहान शासकों ने मन्दिर बनवाये। इनके काल में राजस्थान के सिरोही जिले में माउंट आबू पर्वत पर बने दिलवाड़ा जैन मन्दिर समूह प्रमुख है। जहाँ कई मुर्तियों का अंकन किया गया है। मोढ़ेरा में बना सूर्य मन्दिर ग्यारहवीं शताब्दी के आरंभिक काल में बना है। जिसका निर्माण सोलंकी राजवंश के राजा भीमदेव ने किया था। यह मन्दिर पूर्वाभिमुख है। इसके सामने अत्यंत विशाल वर्गाकार जलाशय का निर्माण कराया गया है। यहाँ के कई मन्दिर आक्रातांओं द्वारा तोड़े गये। जिसके कुछ अंश इधर-उधर बिखरे पड़े हैं। फिर कुछ मन्दिरों का पुनर्निर्माण भी हुआ। परमार शासनकाल में बने उदयपुर का नीलकंठ उदयेश्वर मन्दिर, डभोई के मन्दिर, सिद्धपुर पाटन के मन्दिर, सोमनाथ मन्दिर, गिरनार के मन्दिर प्रमुख है।

*चित्र सं.1.10*

दसवीं शताब्दी से आगे उत्तर भारत में चंदेल, परमार, पाल आदि साम्राज्य निर्माण हुये। चंदेलों के शासनकाल में खजुराहों मन्दिर श्रृंखला निर्माण हुई। जो अद्भुत मूर्ति कला का अप्रतिम नमूना है। इनका निर्माण नौंवी से तेरहवीं शताब्दी के बीच किया गया है। चंदेला राजा शैव धर्म के अनुयायी थे, लेकिन उन्हे वैष्णव तथा जैन धर्मों के प्रती आस्था थी। उन्होंने जो मन्दिर बनवाये वह सनातन तथा जैन धर्मो के देवी-देवताओं और पौराणिक परिदृश्यों से सम्बन्धित है। इनका निर्माण ग्रेनाइट तथा लाल बलुआ पत्थर से किया गया है। मन्दिरों में गर्भगृह, अंतराल, मंडप तथा अर्ध मंडप ऐसी रचना है। यहाँ लगभग अब बीस मन्दिर बचे हैं। मन्दिरों को पश्चिमी, पूर्वी और दक्षिणी समूहों में विभाजित किया गया है। उसकी दीवारोंपर देवी-देवताएँ, अप्सराएँ, नर्तकिया, वादक, व्याल, सरदुला, पशु-पक्षी, प्राणीयों के बेहतरीन मूर्ति शिल्प उत्कीर्ण है। पश्चिमी समूह में चौसठ योगिनी मन्दिर में चौसठ कोशिकाएँ है। यहाँ बने कंदरिया महादेव मन्दिर की रचना श्रेष्ठतम है। इसमें चौकोर अर्ध मंडप तथा वर्गाकार मंडप है। विस्तृत गर्भगृह के ऊपर शिखर तथा कई छोटे-छोटे और शिखर बनाए गए हैं। दीवारों पर कई मूर्तियां, अलंकरण उत्कीर्ण की है, जो काफी अलंकृत है। देवी जगदंबा मन्दिर में चतुर्भुजा देवी विद्यमान है, जिसे लक्ष्मी का रूप माना गया है। आगे चित्रगुप्त या भरतजी के मन्दिर

चित्र सं.1.11

में सूर्य देव की मुर्ति स्थापित है, जिसको सात घोड़ों के रथ से चलाते दिखाया गया है। विश्वनाथ मन्दिर के गर्भगृह में नदी तटपर बैठे भगवान शिव की मूर्ति है। आजुबाजु में ब्रह्मा तथा विष्णु विराजमान है। यहाँ नागर शैली में उची वेदी पर बना लक्ष्मण मन्दिर को चतुर्भुज मन्दिर के रूप में भी जाना जाता है, जो विष्णु को समर्पित है। जिसके चारों ओर अन्य देवालय है। मन्दिर में बने गर्भगृह के प्रवेश द्वार पर ब्रह्मा, शिव तथा लक्ष्मी के मुर्तिशिल्प अंकित है। परिसर में अन्य कई सारे मन्दिर भी दिखाई देते है। पूर्व समूह के मन्दिरों में ब्रह्मा, वामन एवं जावरी के सनातन तथा घंटाई, आदिनाथ एवं पार्श्वनाथ ऐसे जैन मन्दिर शामिल है। ब्रह्मा मन्दिर के पश्चिमी दिशा की ओर विष्णु की मुर्तियाँ उत्कीर्ण की गई है। वामन मन्दिर के गर्भगृह में विष्णु के बौने वामन अवतार की सुंदर मुति है तथा उसके आजू बाजू में अन्य दशावतारों को उत्कीर्ण किया गया है। यहाँ बने दक्षिण समूह के मन्दिरों में दुलादेव तथा जटकारी मन्दिर शामिल है। दुलादेव मन्दिर में शिव तथा जटकारी मन्दिर में भगवान विष्णु की चतुर्भुज मुर्तियाँ आभूषणों के साथ अंकित की गई है। मन्दिर के जंघाओ, रथिकाओं, स्तंभों, दीवारों आदि पर कई देवी देवताओं की मूर्तियों के साथ दिग्पालों, अप्सराओं, पशु-पक्षियों आदि की मूर्तियाँ उत्कीर्ण की गई है। जिनकी भाव-भंगिमाएँ, अलंकरण, नक्काक्षी अप्रतिम है। यहाँ के मूर्तियों में काम क्रीडा की दृश्यों की मूर्तियाँ सर्वाधिक बनी है। जो अत्यंत कलात्मक तथा आकर्षक है। कई अप्सरायें नृत्य, संगीत, विरह के रूप में नजर आती है। लक्ष्मण मन्दिर की बाहरी दीवारों पर एक पंक्ति में रामायण के परिदृश्य उत्किर्ण किये गए हैं। (चित्र सं.1.11) खजूराहों में एक हनुमान की पुरातन मूर्ति स्थापित है, शिलालेख पर जिसका उत्त्कीर्ण काल 922 ई. लिखा है। पुरातत्त्व अध्येता इसको भारत में प्राप्त सबसे पुरातन मूर्तियों में शामिल करते हैं।

बंगाल मूर्तिकला को पाल एवं सेन स्थापत्य शैली में बाटा जाता है। जो 8 वीं से 12वीं शताब्दी के मध्य में विकसित हुई थी। इस शैली में ब्राह्मण, बौद्ध तथा जैन धर्म से सम्बन्धित अनेक देवी-देवताओं की मूर्तियाँ निर्माण हुई। पाल शासक बौद्ध मतावलंबी थे। इस राजवंश ने 400 वर्षों से अधिक समय तक उत्तरी पूर्वी भारत पर शासन किया। उनके काल में बौद्ध धर्म से सम्बन्धित कई मूर्तियाँ बनी। जिसमें भगवान बुद्ध, अवलोकितेश्वर, मैत्रेय, बोधिसत्व, तारा आदि मूर्तियाँ बनी। जो साधनमाला में दिए गए लक्षण, नियमों के आधार पर बनी। इन मूर्तियों की भाव-भंगिमाएँ, अलंकरण प्रभावी बना हैं। नालंदा, गया, काशीपुर आदि स्थल पाल मूर्तिकला के प्रमुख केंद्र थे। इसी काल में मध्य भारत के कलचुरी शासकों ने मन्दिर बनवाए। उनका कर्ममेरू नामक एक सप्तभौम मन्दिर काशी में था। अवशिष्ठ मन्दिरों में जबलपुरवाला जोगिनीयों का मन्दिर सर्वोत्कृष्ट है। यहाँ के सेन शासक सनातन धर्म के अनुयायी थे, जिन्होंने विष्णु, शिव, सूर्य, गणेश तथा अन्य सनातन देवी-देवताओं के अंतर्गत मन्दिर एवं मुर्तियों का निर्माण किया। छत्तीसगढ़ क्षेत्र में कलचुरी शासनकाल में बने सीतामढ़ी हरचौका,

*चित्र सं.1.12*

रामगढ़, शिवरीनारायण, विष्णु मन्दिर जांजगीर मूर्तिकला के बेहतरीन नमूने है। जिनका निर्माण 11वीं से 12 वीं शताब्दी के दरम्यान किया गया था। (चित्र सं.1.12)

भारत के पहाड़ी क्षेत्रों में हिमाचल और काश्मीर क्षेत्र के कुमाऊं, गढ़वाल में बनी मूर्तियाँ अनोखे रूप विकसित हुई है। कश्मीर में कारकोटा काल में कई मन्दिरों का निर्माण करवाया गया, जिसमें पंडेरथान मन्दिर महत्त्वपूर्ण है, जो शिव को समर्पित है। यह मन्दिर पुरातन काश्मीरी मुर्तिकला का बेहतरीन नमुना है। कुमाऊं का जगेश्वर मन्दिर तथा पिथौरागढ़ का चंपावत मन्दिर की मुर्तियाँ नागर स्थापत्य कला की अप्रतिम नमुना है। बंगाल के वर्धमान जिले में बराकड़ नगर के पास नौंवी शताब्दी में बना सिद्धेश्वर महादेव मन्दिर का निर्माण पाल शैली में हुआ है।

पश्चिमी भारत के गुजरात क्षेत्र में बना शामलाजी मन्दिर कला के दृष्टि से महत्त्वपूर्ण है। इसके निर्माण काल में कुछ भेद दिखाई देता हैं। इस दौरान उड़ीसा के भुवनेश्वर, कोणार्क, पुरी में मन्दिर बने। उड़ीसा के मूर्ति कला में पुरी का जगन्नाथ मन्दिर, भुवनेश्वर का लिंगराज मन्दिर तथा कोणार्क का सूर्य मन्दिर प्रमुख है। पुरी के जगन्नाथ मन्दिर में भगवान जगन्नाथ, सुभद्रा और बलराम की मूर्तियाँ है। इसके अलावा यहाँ शिव-पार्वती, ब्रह्म-सावित्री, विष्णु-लक्ष्मी की मुर्तियाँ है। लिंगराज मन्दिर में पांडवों का स्वर्गारोहण, ब्रह्मा, गणेश-कार्तिकेय, श्रृंगाररत अप्सरा, कामक्रीडा की मुर्तियाँ प्रमुख है। कोणार्क का सूर्य मन्दिर सूर्यदेवता की विविध मुर्तियों के लिए सुप्रसिद्ध है। इसका निर्माण इ.स.1240 के आसपास का है। बड़े वेदी (जगती) पर बने इस मन्दिर की दीवारें व्यापक रूप से बनी मुर्तियों से

*चित्र सं.1.13*

उत्कीर्ण है। इनमें बड़े-बड़े पहियों के बारह जोड़े हैं। जो सूर्य देव की पौराणिक कथा का स्मरण कराते हैं। मन्दिर के दक्षिण दीवार पर सूर्य का विशाल मुर्ति शिल्प है। (चित्र सं.1.13 ) इसके अलावा वहाँ अरुण, ज्योतिष, नवग्रह, पशु-पक्षी, नृत्य-गायन से सम्बन्धित मुर्तियाँ प्रमुख है। भुवनेश्वर में स्थित त्रिभुवनेश्वर मन्दिर प्रमुख है। इसी से कुछ दुरीपर खंडगिरि, उदयगिरि की गुफाएं पत्थरों को तराशकर बनायी गई है। जिनके बारे में ऐसा माना जाता है कि इसका निर्माण जैन भिक्षुओं ने किया था। गुफाएं एक दूसरे से सटी हुई है। इसकी दीवारों पर शिलालेख बने हैं। गुफाओं के भीतर सुंदर नक्काशी, पैरों के निशान, मूर्तियाँ है। जो जैन साधुओं से सम्बन्धित है। अलग-अलग गुफाओं पर उनके संरक्षकों के नाम भी उकेरे गए हैं।

कर्नाटक क्षेत्र पर चालुक्य शासन ई.पू.542 में प्रारम्भ हुआ था। इस काल में मूर्ति शिल्पों का निर्माण हुआ। तब बादामी, ऐहोल, पट्टडकल और महाकुट ऐसे मूर्तिकला के चार प्रमुख केंद्र थे। बादामी चालुक्य साम्राज्य की राजधानी थी। यहाँ दक्षिणी चट्टानों पर बलुआ पत्थरों को तराशकर गुफाएं एवं मन्दिरों का निर्माण हुआ। जो छठवीं से आठवीं शताब्दी के मध्यकाल तक बनवाये गए। यहाँ के चार गुफा मन्दिरों में दो भगवान विष्णु, एक शिव तथा एक जैन तीर्थकरों को समर्पित है। पहली गुफा नटराज को समर्पित है, जिसमें प्रवेश करने पर नटराज एवं वटापी गणेश की अद्वितीय मुर्तियाँ दिखती है। इस गुफा में महिषासुरमर्दिनी, कार्तिकेय, हरिहर, अर्धनारीश्वर भी उत्कीर्ण है। दीवारों एवं छतों पर फुल-पुष्पों के आकल्पन बने हैं। दूसरी गुफा में विष्णु के अवतारों को उकेरा गया है। यहाँ पर विष्णु गरुड़पर विराजित है। तीसरी गुफा भी विष्णु को समर्पित है, जिसमें प्रवेश करते ही पहले द्वारपाल दिखते हैं, भीतर बने मुख्य मंडप में विष्णु के अवतारों को उकेरा किया गया है। तिसरी गुफा में भगवान महावीर के ध्यानस्थ मूर्ति के अलावा जैन तीर्थंकरों की मुर्तियाँ है। यह मन्दिर हिंदू तथा जैन धर्मों के आस्था का प्रतीक है। ऐहोल में बना दुर्गा मन्दिर चालुक्य कालीन मूर्तियों का महत्वपूर्ण उदाहरण माना जाता है, जो बुद्धकालीन चैत्यों के समान बना है। (चित्र सं.1.14) इसी काल में महाकुट के महाकुटेश्वर मन्दिर में अर्धनारीश्वर, लवकुलीश और हरिहर बनी मूर्तियाँ अधिक आकर्षक है।

मैसूर के शासक होयसलों के काल में बेलूर, हलेबीडू तथा सोमनाथपुर में मन्दिरों का निर्माण हुआ। जिनकी संरचना तारों की तरह हैं। यहाँ बने देवी-देवताओं के देह पर आकर्षक आभूषण अंकीत किये गये है। इसी काल में चिकमंगलूर में अमृतेश्वर मन्दिर का निर्माण इ.स.1196 में हुआ। जो भगवान शिव को समर्पित है। जहाँ भगवान शिव अपने लिंग के रूप में विराजमान है। इस मन्दिर की बाहरी दीवारों पर रामायण, महाभारत एवं भागवत पुराण से सम्बन्धित दृश्य अंकित किये गए हैं। रामायण की घटनाएं वामावर्त तो महाभारत की घटनाएँ दक्षिणावर्त में दर्शाई गई है। यहाँ पहले दृश्य में राम, लक्ष्मण, सीता वनवास काल के दौरान पत्थरों पर बैठे हैं। सुवर्ण मृग रूप के रूप में मारीच भाग रहा

*चित्र सं.1.14*

है, उसे तीनों देख रहे हैं। दूसरे दृश्य में मुर्गा पर राम बाण चला रहे हैं। उनके पीछे लक्ष्मण खड़े है। इस मूर्ति शिल्प में सीता नीचे लेटी है तथा उसके हाथ में खंजर है। अगले परिदृश्य में राम बाली तथा सुग्रीव से चर्चा कर रहे हैं। उनके सामने अंगद हाथ जोड़कर खड़ा है। आगे राम सात ताड़ वृक्षोंपर नाग अस्त्र चला रहे हैं। ऊपर कुछ वानर राम को देख रहे हैं। अगला परिदृश्य बाली सुग्रीव युद्ध का है। जिसमें राम पीछे से बाली के पीठ पर बाण चला रहे हैं। उनके पीछे हाथों में धनुष लेकर लक्ष्मण खड़े हैं। अगला दृश्य राम-रावण युद्ध का है। जिसमें राम तथा रावण दोनो रथों पर सवार है। उनके हाथों में धनुष है। वे एक दूसरे पर प्रहार कर रहे हैं। दोनों रथों के सामने सारथी बैठे हैं। राम रथ को चार घोड़े खींच रहे हैं। अगले परिदृश्य में वानर सेना रावण के सैनिकों से युद्ध लड़ रही है। हनुमान हाथों में गदा लेकर असुरों का विध्वंस कर रहे हैं। उन्होंने कुछ असुरों को पैरों तले दबाया है। इससे लग कर ही हनुमान कुछ राक्षसों से युद्ध कर रहे हैं। यह दृश्य किष्किंधा में घटित घटनाओं पर ज्यादा भाष्य करते हैं। (चित्र सं.1.15) , (चित्र सं.1.16) , (चित्र सं.1.17) , (चित्र सं.1.18)

इस काल में विष्णुवर्धन द्वारा हलेबीडू में होयसलेश्वर मन्दिर का निर्माण वेसर शैली हुआ। यह एक शैव मन्दिर है। जिसमें द्रविड़ तथा नागर शैली का संमिश्रण दिखाई देता है। मन्दिर का निर्माण उंची जगती (वेदिकाएँ) पर हुआ है। जिसमें बारह पट्टियाँ बनी है। सबसे नीचे हाथी, उसपर घोड़ों पर सवार सैनिक, आकल्पन एवं सजावटी नक्काशी प्रमुख है। ऊपर फिरसे गायक, वादक, नर्तक एवं पशु पक्षियों के मूर्तियाँ स्थापित की गई है। मन्दिर के सामने नंदी मंडप है, जिसमें आकर्षक नंदी की मूर्ति है।

चित्र सं.1.15

चित्र सं.1.16

चित्र सं.1.17

चित्र सं.1.18

मन्दिर के प्रवेश द्वार पर अलंकृत द्वारपालों बने हैं। मन्दिर गर्भगृह में भगवान शिव की मूर्ति विराजमान है। इस मूर्ति के मुकुट पर एक इंच चौड़ी मानव खोपड़ीयाँ बनी है। इसकी रचना ऐसी है की इससे गुजरती रोशनी आंखों के सुराग से गुजरते मुंह में जाकर कानों से बाहर लौट आती है। यह एक अद्भुत आश्चर्य है। यहाँ एक परत में मिथुन मूर्तियाँ अभी बनी है। यहाँ रामायण, महाभारत और भगवद्गीता जैसे महाकाव्यों की मुर्तिया बाहरी दीवारों पर अलंकृत की गयी हैं। जिसमें कृष्ण का गोवर्धन धारी, वराह अवतार, नरसिंह अवतार, वामन अवतार, शिव का नटराज, शिव पार्वती, शिव का तांडव रूप, भरतनाट्य, चेन्नेकेशवा, हरिहर प्रमुख है। यहाँ बनी हर मूर्ति आभूषण से सजाई गई है। जो हर एक दूसरे से भिन्न में दिखाई देती है।

मन्दिर की जगती पर रामायण से सम्बन्धित परिदृश्य चित्र किये गए हैं। कैलासोत्तोलन मूर्ति में रावण ने कैलाश को दोनों हाथों से अपने सिर पर उठाया है। कैलाश पर्वत पर भगवान शिव माता पार्वती के साथ विराजमान है। कैलाश पर शिव के गण, पेड़-पौधे, पशु-पक्षी, जीव जंतु एवं सारी गतिविधियां

*चित्र सं.1.19*

*चित्र सं.1.20*

चित्रित है। पंचमुखी रावण के बाकी आठ हाथों में अलग-अलग तरह के आयुध है। वह गतिशील मुद्रा में तलवार लेकर दौड़ रहा है। उसके गले में कंठ हार, भुजाओं में बाजूबंद, हाथों में कड़े, कमर पर कमरपट्टा एवं पैरों में पायल पहनी है। (चित्र सं 1.19) दूसरे परिदृश्य में बाली सुग्रीव की युद्ध लड़ रहे हैं। पीछे से सात ताड़ पेड़ो को छेदकर राम ने बाण चलाया है। जो बाली के पीठ में घुसा है। बाली तथा सुग्रीव दोनों के सिर पर मुकुट, गले में कंठ माला एवं पूछे बनी है। (चित्र सं.1.20) यहाँ बनी एक परिदृश्य में राम रावण युद्ध उत्कीर्ण किया गया है। यहाँ ढेर सारी मूर्तियाँ बनी है, जिसमें और कई जगह रामायण से सम्बन्धित परिदृश्य उत्त्कीर्ण हैं। अलाउद्दीन खिलजी नें इस मन्दिर पर दो बार आक्रमण किया, जिसमें मन्दिर का काफी हिस्सा ध्वस्त हुआ था। लेकिन इसके बावजूद मूर्तियाँ वहाँ बनी रही। आंध्र प्रदेश के एलरू जिले में स्थित गुंटापल्ली की पहाड़ीयों में मठ, स्तूप, विहार गुफाओं का निर्माण हुआ। जो बौद्ध धर्म से सम्बन्धित है। इसका निर्माण ई.पूर्व 2 शताब्दी का बताया जाता है। इसके अलावा रामपरेमपल्लम की पहाड़ियों पर चट्टानों को तराशकर स्तूप का निर्माण हुआ है। ऐसा ही स्तूप विशाखापत्तनम के पास अनकापल्ली में चौथी या पांचवी शताब्दी के समय बनवाया गया था।

पल्लव शासकों ने 4 से 9 शताब्दी तक दक्षिण भारत के कई हिस्सो में शासन किया। सातवाहनों के पतन के बाद दक्षिण भारत के तुंगभद्रा एवं कृष्णा नदी के बीच पल्लव साम्राज्य स्थापित हुआ था। जिसकी राजधानी कांची थी। पल्लव राजा सनातन धर्म से सम्बन्धित थे, लेकिन वे अन्य धर्मों का सन्मान करते थे। पल्लव काल में कला और साहित्य क्षेत्र में काफी प्रगति हुई। इस काल में सनातन धर्म से सम्बन्धित मन्दिरों के साथ बौद्ध, जैन मन्दिरों का निर्माण हुआ। पल्लव स्थापत्य आगे द्रविड़ कला का आधार बनी। महेंद्र वर्मन प्रथम के समय मंडप वास्तु की रचना की जाती थी। जिसमें मन्दिर परिसर में गर्भगृह होता था। द्वार के सामने द्वारपालों को खड़ा किया जाता था। आगे नरसिंह वर्मा प्रथम के काल में मामल्ल शैली का विकास हुआ। इसमें मंडप तथा एकाश्मक मन्दिर निर्माण हुये। इस शैली में महाबलीपुरम के मन्दिर प्रमुख है। जो मंडपों के रूप में बनवाये गए है। मंडप में कई मूर्तियाँ उत्कीर्ण है। जिसमें महिषमर्दिनी, अनंतशायी विष्णु, त्रिविक्रम, ब्रम्हा, गजलक्ष्मी, हरिहर आदि की मुर्तियाँ प्रमुख है। पच्च पांडव मंडप में कृष्ण द्वारा गोवर्धन पर्वत धारण किये जाने वाला दृश्य उत्कीर्ण है। आदिबाराह मंडप में राज परिवार के दृश्य अंकित है। महाबलीपुरम के समुद्री तट पर एकाश्म (पंचरथ) मन्दिर है। ऐसा बताया जाता है कि जिसका निर्माण सातवीं शताब्दी में नरसिंह वर्मन प्रथम ने करवाया था। यहाँ धर्मराज रथ, भीम रथ, अर्जुन रथ, नकुल एवं सहदेव रथ, द्रौपदी रथ ऐसे पंचरथ समान तरीके से बनवाये गए हैं। जो महाभारत की कहानी को दर्शाते हैं। इसमें द्रौपदी रथ सबसे छोटा है। यहाँ का धर्मराज रथ में सबसे प्रसिद्ध है। यहाँ नकुल-सहदेव रथ के अतिरिक्त अन्य सभी रथोंपर देवी-देवताओं की मुर्तियाँ उत्कीर्ण हैं। जिसमें दुर्गा, इंद्र, शिव, गंगा, पार्वती, हरिहर, ब्रह्म, स्कंध आदि प्रमुख है।

*चित्र सं. 1.21*

द्रोपदी रथ की दीवारों पर तक्षित दुर्गा तथा अर्जुन रथ की दीवारों पर शिव की मूर्तियाँ बनी है। धर्मराज रथ पर नरसिंह वर्मन की मूर्ति अंकित है। यहाँ बने गणेश रथ मन्दिर में भगवान गणेश की पूजा की जाती है। जो एक ही चट्टानपर उकेरा गया है। यहाँ का वराह गुफा मन्दिर चट्टानों को तराशकर बनवाया गया है। जिसमें भगवान विष्णु वराह रूप में स्थापित है। (चित्र सं.1.21) आगे महाबलीपुरम में पल्लव नरेश नरसिंह वर्मन द्वितीय के समय राजसिंह शैली में शोर, ईश्वर तथा मुकुंद मन्दिरों का निर्माण किया गया। इसके अतिरिक्त पनमलाई मन्दिर तथा कांची के कैलाशनाथ एवं वैकुंठ पेरूमल मन्दिर प्रमुख है। शोर मन्दिर का निर्माण द्रविड़ शैली में हुआ है। जो शिव और विष्णु को समर्पित है। इस मन्दिर की दीवारों पर गणेश, स्कंद, गज, शार्दुल, सिंह आदि की मूर्तियाँ उत्कीर्ण की गई है। जो अद्भुत कारीगरी का बेजोड़ नमूना है। यह दक्षिण भारत के सबसे पुरातन मन्दिरों में से एक है। कांची का कैलाशनाथ मन्दिर भी पल्लव राजा नरसिंह वर्मन द्वितीय ने बनवाया था। मन्दिर परिसर में शिव लिलाओं से सम्बन्धित मूर्तियाँ उत्कीर्ण की गई है। वैकुंठ पेरूमल मन्दिर का निर्माण परमेश्वर वर्मन द्वितीय के समय किया गया है। जो भगवान शिव को समर्पित है। मन्दिर के प्रदक्षिणापथ की प्रथम तल पर विष्णु की मूर्तियाँ बनी है। मन्दिरों की दीवारों पर युद्ध, राज्याभिषेक, अश्वमेघ, नगर, जीवनादी के दृश्य उत्कीर्ण है। इसके अलावा नंदीवर्मन शैली में कांची का मुक्तेश्वर एवं मातंगेश्वर मन्दिर, ओरगडम का वडमलेश्वर मन्दिर, तिरूवैन का विरटानेश्वर मन्दिर, गड्डिमल

का प्रभुरामेश्वर मन्दिर आदि प्रमुख है। इस काल में जो मुर्तियाँ बनी, उसका प्रभाव कालांतर में चोल तथा पाण्डय कला पर दिखाई देता है।

चोल साम्राज्य नौवी शताब्दी के उत्तरार्ध से तेरहवीं शताब्दी के शुरुआती समय तक दक्षिण भारत समेत मालदीव और श्रीलंका जैसे समुद्र द्वीपों पर प्रस्थापित था। जिसका विजयालय पहला शासक था, उसकी राजधानी तंजौर थी। उसके मृत्यु पश्चात आदित्य चोल सत्ता में आया, जो बड़ा शिव भक्त था। उसके काल में कई सारे शिवालयों की स्थापना की गयी। चोल शासक कलाप्रेमी और स्थापत्य निर्माता थे। उन्होंने बड़े भवन, राजप्रासाद एवं भव्य मन्दिरों का निर्माण किया। उनके काल में धातु एवं पाषाणों से मूर्तियाँ बनी। जो मूर्तिकला के लिए दक्षिण भारत का स्वर्णिम युग था। चोल काल के प्रारम्भिक दौर में विजयालय द्वारा नात्तमिलाई का चोलेश्वर मन्दिर प्रसिद्ध है। उसके बाद आदित्य प्रथम द्वारा बनवाया गया कन्नूर का बालसुब्रहमण्यम मन्दिर प्रसिद्ध है। जिसके छतों के चारों कोनों में हाथी की मूर्तियाँ लगी है। इसी समय तिरुकट्टलई का सुंदरेश्वर मन्दिर एवं कुम्भकोणम का नागेश्वर मन्दिर कलाओं के लिए प्रसिद्ध है। इसके आगे परान्तक प्रथम के काल में बने श्रीनिवासनल्लूर के कोरंगनाथ मन्दिर की बाहरी दीवारों पर विष्णु, ब्रह्मा की मूर्तियाँ उत्कीर्ण है। चोल नरेश राजराजा चोल ने तंजावुर में बृहदेश्वर मन्दिर का निर्माण इ.स.1009 में करवाया। (चित्र सं.1.22) जिसे द्रविड़ शैली का सर्वोच्च नमूना माना जाता है। इस मन्दिर की चोटी पर एकाश्म शिखर है, जिसके कोनों पर नंदी की मुर्तियाँ है। गर्भगृह में शिवलिंग स्थापित है, जिसे बृहदेश्वर कहा

*चित्र सं. 1.22*

जाता है। मन्दिर की दीवारों पर अनेक देवी-देवताओं की मूर्तियाँ बनी है। यहाँ बने अन्य गोपुरों पर भी कई मुर्तियाँ उत्कीर्ण है। इसकी भव्यता तथा कलात्मकता सबसे अनूठी है। इसके बाद राज राजा के पुत्र राजेंद्र चोल के शासनकाल में गंगेकोण्डचोलपुरम में मन्दिर का निर्माण हुआ। इस मन्दिर की बाहरी दीवारों पर देवी-देवताओं की मूर्तियाँ तथा अलंकरण उत्कीर्ण किये गए हैं। इसमें आगे राज राज द्वितीय तथा कुलोत्तुंग तृतीय के द्वारा दारासुरम का ऐरावतेश्वर तथा त्रिभूवनम का काम्पहरेश्वर मन्दिर

*चित्र सं. 1.23*

बनाए गए। इसी काल में द्राविड़ स्थापत्य शैली का विकास हुआ। मन्दिरों के प्रवेशद्वार पर द्वारपाल या रक्षकों की मुर्तियाँ निर्माण हुयी। चोल साम्राज्य के मंत्री चामुंडा राय द्वारा मध्य पूर्व काल में श्रवण बेलगोला में गोमतेश्वर मूर्ति का निर्माण करवाया गया। जो चोल कला संस्कृति का प्रतिनिधित्व करती है। (चित्र सं.1.23)

चोलों के बाद चोला वंश का शासन आया, जिन्होंने 1070 से 1279 ईसवी तक शासन किया। पांड्या राजवंश के उत्कर्ष के बाद चोल साम्राज्य का पतन हो गया। पांड्या राज्य दक्षिण भारत में स्थित था, जो लगभग छठी शताब्दी से पद्रहवीं शताब्दी के बीच रहा। इस राजवंश में कई राजा हुए, जिनकी राजधानी मदुरई थी। पांड्या राजा बूथा पंडिया एक महान योद्धा था। उसके काल में कला, स्थापत्य को अधिक बल मिला। उनके द्वारा बनवाया गया रामनाथपुरम का भगवान शिव का मन्दिर विशेष रूप से जाना जाता है। इस मन्दिर में पन्ने से बनी नटराज की ऊंची मुर्ति सबको आकर्षित करती है।

दक्षिण भारत में विजयनगर साम्राज्य सनातन धर्म एवं संस्कृति के पुनरुत्थान का प्रतीक था। जिसकी स्थापना हरिहर एवं बुक्का नामक दो भाईयों ने की थी। उनकी प्रारम्भिक राजधानी अणेगोंडे थी। आगे राजा हरिहर ने तुंगभद्रा नदी के तट पर विजयनगर की नींव रखी, जो हम्पी कहलाया। विजय नगर के शासक प्रारम्भ में शिव के उपासक थे। वह शिव के विरुपाक्ष रूप की पुजा करते थे। उनके काल में शैव एवं वैष्णव दोनो संप्रदाय का विकास हुआ। आगे कृष्णदेव राय के शासनकाल में वैष्णव मत का प्रभाव अधिक बढा। राजा कृष्णदेव राय प्रतिभाशाली थे। उनके समय हम्पी में कई सारे विशालकाय मन्दिर बनवाये गए। इस काल में बने मन्दिरों में विरुपाक्ष मन्दिर प्रमुख है। जो तुंगभद्रा नदी के दक्षिण तट पर स्थित है। इस मन्दिर का निर्माण विक्रमादित्य द्वितीय की रानी लोक माहादेवी ने बनवाया था। यहाँ बने सभामंडप के स्तंभ अलंकृत है। जिनमें से संगीत की ध्वनि गूंजती है। यहाँ भगवान शिव की विरुपाक्ष रूप की पूजा की जाती है। पूर्व दिशा में नंदी स्थापित है तथा दक्षिण में गणेश की स्थापना की गई है। मन्दिर के दीवारों पर भगवान शिव तथा रावण के बीच घटित प्रसंग को शिल्प के रूप में चित्रित किया गया है। इस मन्दिर में स्थापित शिवलिंग की कहानी रावण और भगवान शिव से जुड़ी हुई है। पौराणिक कथाओं के अनुसार लंकाधिपति रावण जब भगवान शिव द्वारा दिए शिवलिंग को लेकर लंका जा रहा था। तो इसी स्थलपर रुका था। उसने इस जगह एक बूढ़े आदमी को शिवलिंग पकड़ने को दिया। उस बूढ़े आदमी ने शिवलिंग को जमीनपर रख दिया। तब से वह शिवलिंग यही जम गया और लाख कोशिशों के बाद यहाँ से हिलाया नहीं जा सका। रावण हताश होकर लंका चला गया। इस प्रसंग की प्रतिमाएं मन्दिर की दीवारों पर बनी हुए हैं। जिसमें रावण शिव से पुन: शिवलिंग उठाने की प्रार्थना कर रहे हैं और भगवान उसको नकार देते हैं। (चित्र सं.1.24)

हम्पी में बना हजाराराम मन्दिर सनातन धर्म की मूर्तियाँ एवं वास्तुकला का सर्वोत्तम उदाहरण

*चित्र सं. 1.24*

है। यह मन्दिर 15 वी शताब्दी के प्रारम्भ में राजा कृष्णदेव ने राज परिवार की महिलाओं के लिए निजी तौर पर बनवाया था। मन्दिर का प्रवेश द्वार काफी आकर्षक है। यहा बनी तटबंदी की दीवारों पर पांच पट्टिकाओं में विजयनगर साम्राज्य से सम्बन्धित कई परिदृश्य उत्कीर्ण किये गए हैं। जिसमें सांस्कृतिक एवं खेल गतिविधियां प्रमुख है। मन्दिर में अलंकृत सभा मंडप बना है जिसमें बने चार स्तंभ मूर्तिकला के अप्रतिम उदाहरण है। जहाँ वैष्णव धर्म से सम्बन्धित देवी-देवताओं की काले पाषाण में बनी मूर्तियाँ स्थापित की गई है। यह मन्दिर भगवान विष्णु को समर्पित है। इस मन्दिर के गर्भगृह में कोई मूर्ति स्थापित नहीं है। इस मन्दिर की बाहरी दीवारों पर रामायण का पूरा परिदृश्य उत्कीर्ण किया गया है। यहाँ रामायण की कथा श्रवण कुमार से शुरू होती है। राजा दशरथ का दरबार, पुत्रकामेष्टी यज्ञ, राम लक्ष्मण

चित्र सं. 1.25

चित्र सं. 1.26

चित्र सं. 1.27

चित्र सं. 1.28

*चित्र सं. 1.29*

का बचपन, सीता स्वयंवर, राम वनगमन, सीताहरण, बाली सुग्रीव युद्ध, लंका दहन, सेतु निर्माण, रावण वध ऐसी पूरी घटनाएं यहाँ क्रमबद्ध तरीके से उत्त्कीर्ण की गई है। यहाँ पूर्ण कुंभ, कृष्णलीला से संबंधित कुछ मूर्तियाँ भी स्थापित की गई है। मन्दिर के बाहर कन्नड़ में कुछ शिलालेख उत्कीर्ण है। (चित्र सं.1.25) , (चित्र सं. 1.26) , (चित्र सं.1.27) , (चित्र सं.1.28) , (चित्र सं.1.29)

हम्पी में तुंगभद्रा नदी के तट पर विट्ठल स्वामी का बड़ा मन्दिर है। जो स्थापत्य एवं मूर्तिकला का बेजोड़ नमुना है। जो विष्णु के अवतार विट्ठल को समर्पित है। इस मन्दिर का निर्माण 15 वी शताब्दी में देवराय द्वितीय के काल में किया गया था। कृष्णदेव राय के काल में इसका विस्तार किया गया। ऐसा माना जाता है कि पंढरपुर के भगवान विट्ठल यहाँ स्थापित थे, लेकिन बाद में वे पंढरपुर चले गए। द्राविड़ शैली में बने इस मन्दिर के भीतर कई और मन्दिर तथा सभा मंडप बने हैं। यहाँ के कल्याण मंडप के स्तंभ एवं नक्काशी काफी आकर्षक है। यहाँ बने आशु हाथी एवं योद्धाओं के शिल्प काफी आकर्षक है। इस मन्दिर परिसर में एकही शिला को तराश कर रथ बना है। जो सबसे आश्चर्यजनक माना जाता है। वास्तव में यह एक मन्दिर है, जो रथ की संरचना में बना है। इसके अंदर भगवान विष्णु के वाहन गरूडजी स्थापित है। हम्पी में कृष्णदेव राय ने चिदंबरम मन्दिर, तदाप्ति, पार्वती मन्दिर, कांचीपुरम में बरदराज और एकम्बरनाथ मन्दिर का निर्माण करवाया। अच्युत राय ने

हंपी में पट्टाभिराम मन्दिर का निर्माण किया। आगे विजयनगर का साम्राज्य मुगल आक्रांताओं ने नष्ट कर दिया। मुगलों के लगातार आक्रमणों से भारत का राजनीतिक, धार्मिक, सामाजिक और सांस्कृतिक जीवन काफी प्रभावित हो गया। उन्होंनें सनातन धर्म से सम्बन्धित कई मन्दिरों, स्मारकों तथा प्रतीकों का विध्वंस कर दिया।

लगभग तेरहवीं शताब्दी के बाद ही भारतीय मूर्तिकला काफी पिछड़सी गई। मुस्लिम आक्रांताओं ने कई मन्दिरों एवं मुर्तियों की तोड़फोड़ की। राजाश्रय के अभाव में कारीगरों ने अपनी सारी प्रतिभा मुगल शैली के अलंकरण में लगाई। आगे सम्राट अकबर ने कलाओं को राजाश्रय दिया

*चित्र सं. 1.30*

और फतेहपुर सिकरी में कलाओं को समर्पित कार्यशाला बनवायी। जिसमें कई सारे कारीगर एकत्रित होकर अपना कार्य करते थे। अलग-अलग प्रांतों के शिल्पी एवं कारीगर एक दूसरे को कला के गुर सिखाते थे। इसी काल में दतिया के महाराज वीरसिंहदेव ने ओरछा में अप्रतिम प्रासाद तथा चतुर्भुज मन्दिर बनवाया। (चित्र सं 1.30) ऐसे कुछ कुछ ठिकानों पर तब मन्दिर, महल, वाडे बनते गए। लेकिन उनकी संख्या काफी कम थी। 16 वीं शताब्दी में औरंगजेब के शासन काल से कलाओं की कद्र नहीं रही। सत्रहवीं शताब्दी के दरम्यान मध्य भारत के कई हिस्सों में मराठा साम्राज्य स्थापित हो गया। तब पेशवाओं तथा मराठा सरदारों ने सनातन धर्म से सम्बन्धित स्थापत्य को फिरसे बहाल किया। तब पेशवाओं तथा मराठा साम्राज्य का विस्तार लगभग आधे भारत पर हो चुका था। उत्तर के ग्वालियर क्षेत्र में महादजी सिंधिया, मालवा में अहिल्याबाई होलकर, गुजरात में गायकवाड, तंजावुर में व्यंकोजी भोसले तथा छत्तीसगढ़- उड़ीसा- बंगाल तक रघुजीराजे भोसले का अधिराज्य हो चुका था। जहाँ मराठा सरदार अपना साम्राज्य स्थापित करते गए, उस क्षेत्र में मन्दिरों, महलों, बाड़ो का निर्माण होने लगा। मन्दिरों में पाषाण की मूर्तियाँ बनने लगी। पुणे में बना पेशवाओं का शनिवारवाड़ा, चांदबड का रंगमहल, बडोदा का गायकवाड पँलेस, इंदौर का राजबाडा उसके बेहतरीन नमुने थे। मराठा शासक कट्टर सनातन धर्मीय थे। उस काल में कई सारे मन्दिरों, धर्मशाला, घाट, महलों एवं छतरीयों का निर्माण हुआ। रामटेक में बना राम मन्दिर तथा तालाब इसकी गवाही देता है। इ.स.1818 में अंग्रेजों ने जब मराठा साम्राज्य खालसा कर दिया, तबसे फिर एक बार भारतीय मूर्तिकला का -हास हो गया। वर्तमान कालीन संदर्भ में सिर्फ जयपुर तथा महाबलीपुरम जैसी जगह मूर्तियों का निर्माण हो रहा है।

भारतीय संस्कृति में सनातन धर्म से सम्बन्धित शैव एवं वैष्णव, बौद्ध, जैन एवं शाक्त इनमें बड़ा समन्वय रहा है। इसका दर्शन हमें मूर्तिकला में भी दिखाई देता है। इस भूमि में कई लोग आए, चाहे वह आक्राताओं के रूप में हो या व्यापारियों के रूप में। यहाँ उन्होंने अपनी संस्कृति की छाप छोड़ी और विलीन हो गए। समय के साथ जिसमें कई परिवर्तन होते रहे है। हर युग में उसमें कई शैलीयाँ का उगम होता रहा, उसमें मानवी सभ्यता शिल्पांकित होती रही। भारतीय संस्कृति ने भी उनको अपने में समाहित कर लिया।

## संदर्भ सूची


1. अग्रवाल वी.एस. : भारतीय कला, पृथ्वी प्रकाशन वाराणसी, 2007.
2. कृष्ण दास राय : भारत की चित्रकला, भारती भंडारा लीडर प्रेस, इलाहाबाद.

3. Fergusson Jemes : Cave Temples of india London, 1980.
4. अग्रवाल वासुदेव शरण, भारतीय कला, वाराणसी, 1966.
5. Bamiyan, Panchrat mndir photo images by Pinterest.
6. भगवत शरण उपाध्याय, भारतीय संस्कृति के स्त्रोत, दिल्ली, 1973.
7. मुजूमदार, रायचौधरी, दत्त, भारत का बृहद इतिहास, खंड 1 नई दिल्ली, 1970.
8. मिश्र आर.एन., भारतीय मूर्तिकला का इतिहास, नई दिल्ली 2002.
9. राय निहार रंजन, मौर्य तथा मौर्योत्तर कला, दिल्ली 1969.
10 शर्मा रामशरण, प्रारम्भिक भारत का परिचय, नई दिल्ली 2009.
11. थापर रोमिला, कल्चर पाट्र्स ऐसेज इन अर्ली इंडियन हिस्ट्री, नई दिल्ली 2000.
12. वाजपेयी कृष्णदत्त, भारतीय वास्तुकला का इतिहास लखनऊ, 1990.
13. nationalmuseumindia.gov.in

# मध्य भारत की रामायण मूर्तिकला (शिल्प)

वैदिक काल में सनातन (ब्राह्मण) धर्म का विशिष्ट प्रारूप प्रचलित हो चुका था। सनातन संस्कृति में ब्रह्मा, विष्णु और महेश यह त्रिदेव श्रेष्ठ माने गये है। इन तीनों का एक ही रूप है, जो परम शक्ति के प्रतीक है ऐसा माना जाने लगा। इस काल में आर्यो ने जल, अग्नि, वायु, आकाश जैसे प्रकृति के विभिन्न रूपों को देवत्व प्रदान किया। इस काल सें ही आर्यों के उपासक देवी-देवताओं की सूची प्राप्त होती है। जिसमें विष्णु का नाम प्रमुख है। ऋग्वेद काल के बाद उत्तर वैदिक काल में विष्णु सभी देवताओं में श्रेष्ठ माने जाने लगे। साथही विष्णु सनातन धर्म उपासकों के इष्ट देवता बने और वैष्णव धर्म शुरूआत हुई। पुराणों में अवतारवाद का सिद्धांत प्रमुख माना गया है। विष्णु के अवतारों के कई प्रयोजन तथा उद्देश्य बताए गए है। जब भी धर्म में ग्लानि तथा अधर्म का उदय होता है, तब भगवान पृथ्वी पर अवतार लेते हैं। ऐसे विष्णु के चौबीस अवतार माने जाते हैं। जिनमें से तेईस पूरे हो चुके हैं। कल्कि अवतार यह चौबींसवा अभी बाकी है। इन अवतारों में मुख्य, गौण, पूर्ण और अंश रूपों के और भी अनेक भेद हैं। इसमे भी मत्स्य, कूर्म, वराह, नृसिंह, वामन, परशुराम, राम, कृष्ण, बुद्ध तथा कल्कि ऐसे दस अवतारों को प्रमुख माना गया है। इसमें पहला अवतार मत्स्य है। जब जल प्रलय से सृष्टि का अंत हो रहा था। तब विष्णु ने मनु की रक्षा के लिए मत्स्य अवतार लिया। इसके जरिए जल प्रलय से मनु को बचाया और उन्हें सुरक्षित स्थान पर ले गए। इसका उद्‌देश्य यही था, की सृष्टि की निरन्तरता बनी रहे। दुसरा कुर्म अवतार समुद्र मंथन के दौरान देवताओं और दानवों की सहायता करने के लिए था। इसे कच्छप भी कहा जाता है। मंदराचल पर्वत को मथानी और नागराज वासुकि को रस्सी बनाकर जब समुद्र मंथन शुरू हुआ, तब पर्वत को कोई आधार नहीं था। इसीलिए मंदराचल पर्वत डूबने लगा। यह देखकर विष्णु ने बड़े कछुए का रूप लेकर समुद्र में मंदराचल पर्वत को अपनी पीठ पर रख लिया। इससे समुद्र मंथन पूरा हुआ। तीसरे वराह अवतार में भगवान विष्णु ने मानवी शरीर धारण किया था। जबकी उनका मुख वराह का था। यह अवतार हिरण्याक्ष दैत्य का वध करने के लिए था।

भगवान विष्णु का चौथा अवतार नृसिंह था। हिरण्यकश्यप दैत्य का संहार करने हेतु आधे नर तथा आधे सिंह का रूप लेकर विष्णु ने यह अवतार लिया था। नृसिंह के रूप में प्रहलाद की रक्षा

के लिए हिरण्यकश्यप को अपने नाखूनों से चीर दिया था। पाचवे अवतार में वामन का रूप लेकर भगवान विष्णु ने राजा बलि से वरदान लिये थे। उसने दो पग में आकाश से लेकर भूलोक तक नाप लिया। तीसरा कदम रखने के लिए कुछ नहीं बचा, तो बलि ने अपना सिर उनके आगे कर दिया। तब वामन ने बलि के सिर पर पग रखते हुये उन्हे पाताल में भेज दिया। परशुराम भगवान विष्णु का छठवां अवतार था। उनका जन्म ऋषि जमदग्नि तथा माता रेणुका के यहाँ हुआ था। सनातन धर्म के अनुसार वे शिव और विष्णु के संयुक्त गण थे। क्षत्रियों के अहंकारपूर्ण दमन से विश्व को बचाने हेतु उनका जन्म हुआ था। उन्हें सात चिरंजीवी पुरुषों में से एक माना गया है। राम विष्णु के सातवें अवतार थे, जिसके कई प्रयोजन पुराणों में बताए गए हैं। जिसमें पहला नारद मुनि के शाप का मान रखने के लिए, दूसरी बात मनु और शतरूपा को दिए वरदान के कारण और तीसरा रावण और कुंभकर्ण का वध करने के लिए राम अवतार था। राम अवतार सबसे अधिक लोकप्रिय हुआ। क्योंकी राम को मर्यादा पुरुषोत्तम माना गया। जो मानवीय जीवन के समग्र मर्यादाओं के प्रतीक बने। आठवे अवतार कृष्ण का था। जो कंस तथा शिशुपाल के निप्पात हेतु लिया गया था। नौंवा अवतार बुद्ध का था। जिसपर विद्वानों में मतभेद है, लेकिन पुराणों में उन्हें विष्णु अवतार माना गया है। यह अवतार सांसारिक छल, कपट से त्रस्त मानव को सन्मार्ग दिखाने हेतु लिया गया था। दसवा कल्कि अवतार अभी होना शेष है। सनातन धर्म ग्रंथों के अनुसार कलयुग में विष्णु कल्कि के रूप में अवतार लेंगे। जो कलयुग एवं सतयुग के संधिकाल में होगा। इस अवतार में भगवान विष्णु कल्कि के रुप में जन्म लेंगे। देवदत्त नामक सफेद घोड़े पर सवार होकर संसार से पापियों का विनाश करेंगे। तब फिरसे सनातन धर्म की पुनर्स्थापना होगी। इन दशावतारों में राम अवतार काफी लोकप्रिय है। भारतीय कला, साहित्य, संस्कृति में राम के कई रूप जगह जगह परिलक्षित होते रहे। जिनकी हजारों सालों से भक्ति, शक्ति और उपासना होती रही है।

मध्य भारत की मूर्तिकला में राम दर्शन कई जगह होते हैं। यह क्षेत्र देश की हृदय स्थल में बसा हुआ है। यहाँ रामायण से सम्बन्धित मूर्तियाँ गुप्त काल से मिलनी शुरू होती हैं, क्योंकि गुप्त राजवंश ने सनातन धर्म तथा संस्कृति के तत्वों को प्रबुद्ध किया था। विष्णु के दस अवतारों को इसी काल में अधिक बल मिला तथा सनातन धर्म से सम्बन्धित यज्ञ, बलि, भक्ति जैसी मान्यताएं प्रचलित हुई। इनसे सम्बन्धित मूर्तियाँ तथा गरुड़ ध्वज बनवाये गए। नागर एवं द्रविड शैलीयों में मन्दिरों का निर्माण हुआ। देवगढ़ तथा भीतरगांव में बने मन्दिर गुप्तकालीन स्थापत्य कला का बेजोड़ नमूना है। महान कवि तथा नाटककार कालिदास ने इसी काल में नाटकों तथा महाकाव्यों की रचना की। रामायण, महाभारत आदि महाकाव्यों का अधिक विस्तार हुआ। शैव एवं वैष्णव मतवाद के अनुयायियों ने राम को समान तरीके से अपना लिया। प्राचीन शैव मूर्ति कला में रावण कैलासोत्तोलन मूर्तियाँ इसके साक्ष है। इस काल में रामायण की पीठ़ जनमानस में अधिक गहरी होती गई। एलोरा, एलिफेंटा जैसी प्राचीन गुफाओं ओर जांजगीर, नचना, देवगढ़ आदि मन्दिरों के प्रस्तरों में रामायण से सम्बन्धित मूर्तियाँ उकेरी

*चित्र सं. 2.1*

गयी, जो अद्भुत एवं अतुलनीय है। पुरे भारत में राम से सम्बन्धित मन्दिरों, तीर्थो, तालाबों, पहाडियाँ, झरने, कुंड तथा जलप्रपात दिखाई देते हैं। जनश्रुतियों में ऐसा माना जाता है की इनका निर्माण राम नें बाणों से हुआ है। (चित्र सं. 2.1.) जिसमें स्नान-संध्या करने से दुर्दम्य बाधाओं से मुक्ति मिलती है, पापों का नाश होता है।

## चित्रकूट

मंदाकिनी नदी तटपर स्थित चित्रकूट नगरी का रामायण से काफी नजदीक संबंध रहा है। यहाँ से कुछ ही दूरी पर वाल्मीकि आश्रम बना है, जहाँ वाल्मीकि ने रामायण की रचना की थी। राम जब वनवास को निकले तो वह वाल्मीकि आश्रम आए थे। उन्होंने अपने निवास हेतु स्थान वाल्मीकि से पूछा था। तब उन्होंने चित्रकूट में रहने के लिए कहा था। अनादि काल से यह भूमि महान ऋषि-मुनियों की तपोस्थली रही है। जनश्रुतियों के अनुसार राम ने अपने वनवास के साढ़े 11 वर्ष का समय यहाँ बिताया था। सुमेरु पर्वत के शिखर कहे जाने वाले चित्रकूट को कामदगिरि होने का वरदान राम ने ही दिया था। तुलसीदास जी रामचरितमानस में लिखते हैं, "कामदगिरि भे रामप्रसादा, अवलोकत अप हरत विषादा"। यानी जो भी इस पर्वत के दर्शन करेगा, उसके सारे कष्ट दूर हो जाएंगे। उसकी मनोकामना पूरी हो जाएगी। इसी पर्वत पर तप और साधना कर राम ने आसुरी ताकतों से लड़ने के लिए दिव्य शक्तियां प्राप्त की थी। यहाँ कामदगिरि के दक्षिण में पहाड़ी पर लक्ष्मण मन्दिर बना है, वहाँ हाथों में धनुष लेकर राम-लक्ष्मण माता सीता की रक्षा किया करते थे। यह नगर धार्मिक दृष्टि से भी महत्त्वपूर्ण है, यहाँ के रामघाट पर

राम ने अपने पिता दशरथ का पिंडदान किया था। जहाँ प्राचीन मन्दिर बना है। जिसमें भगवान शिव की मूर्ति स्थापित है। ऐसा माना जाता है कि यह मूर्ति स्वयं ब्रह्मा ने स्थापित की थी। इससे कुछ मील दूरी पर कोटि तीर्थ बना है। जिसमें एक कोटी मुनेश्वरों ने राम के दर्शन हेतु तप किया था। राम ने उन पर प्रसन्न होकर उनको दर्शन दिया था। यहाँ एक भगवान शिव का मन्दिर है, जिसे सिद्धश्रम कहते हैं। इस तीर्थ से कुछ दूरी पर देवकन्या ने तप किया था, तब राम ने उन्हें भी दर्शन दिया था।

यहाँ से बीस किलोमीटर दूरी पर पवित्र भरतकूप बना है। राम वनगमन के पश्चात भरत राम को मनाने यहाँ पहुँचे थे। राम के राज्याभिषेक हेतु भरत ने यहाँ सभी तीर्थो का पवित्र जल इकट्ठा किया था। लेकिन राम ने पिता दशरथ की आज्ञा और अपनी दृढ प्रतिज्ञा पर कायम रहते हुए अयोध्या वापस लौटने से इंकार कर दिया था। तब भरत दुखी हो गए और उन्होंने अपने साथ लाया जल कुएं में छोड़ दिया। तब इसका नाम भरतकूप पड़ गया। ऐसा माना जाता है की इस कूप के जल में स्नान करने से सभी तीर्थो के स्नान का पुण्य प्राप्त होता है। साथ ही समस्त पापों से मुक्ति मिलती है और मनुष्य को मोक्ष प्राप्त होती है। कई असाध्य रोग भी इस जल के स्नान से दूर होते हैं। यहाँ बुंदेली शासकों ने एक प्राचीन मन्दिर का निर्माण कराया। इस मन्दिर में राम, सीता, लक्ष्मण, भरत एवं शत्रुघ्न की मूर्तियाँ स्थापित है। जो अष्टधातुओं निर्माण की गई है। यहाँ बने भरत मिलाप मन्दिर में राम और उनके भाइयों के चट्टानों पर छपे पैरों के निशान दिखाई देते हैं। (चित्र सं.2.2) यहाँ पहाडियों की विशाल चट्टानपर हनुमान मन्दिर बना है। जिसे हनुमान धारा कहा जाता है। जहाँ हनुमान की मूर्ति स्थापित की गई है। बाजू में दो जलकुंड है, जो कभी खाली नहीं होते। इस जल कुंड से निकलने वाली धारा हनुमान के

*चित्र सं. 2.2*

बाएं कंधे को स्पर्श करते हुए नीचे कुंड में गिरती है। ऐसा माना जाता है कि इस कुंड का जल पान करने से सभी प्रकार के कष्ट, दुख, व्याधि और संकटों का नाश होता है। इसी पर्वत पर राम के बाण से सरस्वती की पावन धारा प्रस्फुटित हुई है, जो तब से अभी तक अविरत बह रही है। इसके ऊपर सीता रसोई स्थित है। जिसको जमदग्नि तीर्थ भी कहा जाता है। मंदाकिनी के पश्चिम तट पर जानकी कुंड है, इसमें माता सीता स्नान किया करती थी। यहाँ पर आज भी पाषाण शिला में माता सीता के चरण चिन्ह अंकित है। इसके कुछ दूरी पर स्फटिक शिला बनी है, इस शिला पर माता सीता का राम ने श्रृंगार किया था। चित्रकूट से 18 मील दूरीपर गुप्त गोदावरी स्थित है, जहाँ बड़ी गुफा में दो पत्थर के सिंहासन बने हैं। जो राम- लक्ष्मण से सम्बन्धित बताए जाते हैं। चित्रकूट में अनुसूया आश्रम है, जहाँ ऋषि अंत्री पत्नी अनुसया के साथ रहते थे। यहीं पर माता अनुसूया ने अपने सतीत्व परीक्षा के लिए आए ब्रह्मा, विष्णु और महेश को बालक के रूप में परिवर्तित किया था। राम, सीता वनवास के दौरान इस आश्रम में आये थे। जहाँ माता अनुसया ने सीता को दिव्य वस्त्र प्रदान किये थे।

चित्रकूट के पास कर्वी में मराठा काल के दौरान गणेश बाग में षटकोणीय पंच मन्दिर बनवाया गया। जिसका निर्माण 19वीं शताब्दी के प्रारम्भ में विनायक राव पेशवा ने अपने आमोद प्रमोद के लिए कराया था। यहाँ बने पंच मंजिलों के समूह को पंचायतन कहा जाता है। उनके शिखर पर पौराणिक, रामायण तथा रती क्रीडाओं पर आधारित मूर्ति शिल्प उत्कीर्ण किये गए है। (चित्र सं.2.3.) (2.4.) जिसकी स्थापत्य शैली अप्रतिम है। इसके ठिक सामने तालाब बना है। बाजू में एक हौज बना है, जिसमें दो छिद्रों से पानी आता है। यहाँ पंचखंड की बावरी भी बनी है। यहाँ से पेशवेकालीन राजमहल तक जाने का रास्ता बना है।

*चित्र सं. 2.3*

*चित्र सं. 2.4*

## नचना कुठारा

मध्यप्रदेश के पन्ना जिले में नचना (कुठारा) भुमरा से दस मील दूरी पर है। जो पहले अजय गढ़ रियासत की दक्षिणी सीमा पर स्थित था। नचना गुप्तकाल, वाकाटक काल से लेकर मध्यकाल तक सांस्कृतिक, धार्मिक एवं व्यापारिक दृष्टि से महत्वपूर्ण केंद्र था। यहाँ बने मन्दिर एवं दुर्ग इसकी साक्ष देते हैं। नचना में वाकाटक शासक पृथ्वी सेन के समय सामंत व्याघ्रदेव बना का एक महत्त्वपूर्ण अभिलेख प्राप्त हुआ है। यहाँ बने अधिकांश मन्दिर शैव संप्रदाय से सम्बन्धित है। मूर्तिकला की दृष्टि से यहाँ बनी मूर्तियाँ वैशिष्टपूर्ण एवं आकर्षक है। यहाँ पांचवी या छठवीं शताब्दी के दौरान गुप्तकाल में बना देवी पार्वती का मन्दिर प्रमुख है। जिसको पार्वती मन्दिर होने की संज्ञा कर्निघम दी थी। नागर शैली में बने इस मन्दिर में गर्भगृह, सभामंडप तथा प्रदक्षिणा पथ है। इस द्वितल युक्त मन्दिर के सिरदल पर शिव-पार्वती का अंकन किया गया है। मन्दिर के गर्भगृह में प्रकाश हेतु पिछली दीवार पर वातायन है। मन्दिर के प्रवेश द्वार पर बने स्तंभों पर कई मूर्ति शिल्प अलंकृत किये गये है। जिसके अंत में मकर वाहिनी गंगा एवं कश्यप वाहिनी यमुना है। (चित्र सं.2.5.) जो गुप्तकालीन मूर्तिकला के अप्रतिम उदाहरण है।

इस मन्दिर के सामने चतुर्भुज महादेव का मन्दिर है। जो चौमुखनाथ मन्दिर के नाम से जाना जाता है। जिसका निर्माण नौंवी शताब्दी का बताया जाता है। इस मन्दिर का निर्माण उची जगती पर वर्गाकार रूप में हुआ है। इसके गर्भगृह के ऊपर पंचरथ प्रकार का शिखर है। मन्दिर के आंतरिक भाग में जल वातायनों द्वारा प्रकाश की व्यवस्था की गई है। मन्दिर के गर्भगृह में चार मुखी शिवलिंग स्थापित है। जिसका दक्षिणाभिमुख रौद्र है। इसमें शिव के विषपायी रूप का अंकन है। सामने वाला

*चित्र सं. 2.5*

मुख त्रिनेत्र वाला है। जटा मुकुट पर चंद्रमा अंकीत है। इसमें शिव के कामान्तक रूप का दर्शन होता है। शेष दो मुख सौम्य रूप में बने हैं। मुखलिंग मूर्तियों का इसमें चरमोत्कर्ष रूप दृष्टिगत होता है। बाहरी दीवारों पर दिक्पालों की मूर्तियाँ है। मन्दिर का शिखर चैत्याकार अलंकरणों से युक्त है। मन्दिर के वातायनों एवं प्रवेश द्वारों पर वामनों, कुण्डलित वल्लरीयों, गंगा यमुना की मूर्तियाँ उत्कीर्ण की गई है। जो गुप्तकालीन कला, परंपरा को दर्शाती है। इससे कुछ दूरी पर रुपनी का शिव मन्दिर स्थित है। मध्ययुगीन काल में बने इस मन्दिर के आंतरिक भाग में शिवलिंग स्थापित है। इसका प्रवेश द्वार अतीव सुंदर है। पीछे स्तंभों पर निचले हिस्से में मकरारूढ़ गंगा एवं कच्छपारूढ यमुना उत्कीर्ण है। ललाट बिंब पर गजलक्ष्मी की सुंदर मूर्ति बनी है। चौमुख नाथ मन्दिर से कुछ दूरी पर तलीय मठ बना है। यह एक शिव मन्दिर है। इसके स्तंभ एवं प्रवेश द्वार गुप्तकालीन होने के परिचायक है। इस मन्दिर में तीनों और से प्रवेश किया जा सकता है। यहाँ पार्श्व भाग में एक मिथुन दम्पत्ति लालित्य मुद्रा में है। इसी और नृसिंह, वराह अवतारों की मूर्तियाँ स्थापित है। नचना के पुरावशेषों में शैव, वैष्णव और जैन संप्रदायों का धार्मिक समन्वय दृष्टिगत होता है।

यहाँ चतुर्मुख महादेव मन्दिर के पिछले हिस्से में तथा संग्रहालय के सामने मूर्तियों का संग्रह है। यहाँ बनी दीवारों पर रामायण के दृश्य उत्क्रिर्ण किये गये है। जिसमें पहले शिल्प में रावण साधु वेश में सीता के सामने भिक्षा की याचना करता हुआ खड़ा है। तो दूसरे में राम के समक्ष लक्ष्मण शूर्पनखा की नासिका विच्छेदन कर रहे है। (चित्र सं.2.6.) वानरों के बीच राम लक्ष्मण, समुद्र को प्रताड़ना एवं सेतुबंध के दृश्य यहाँ अंकित किये गए हैं। गुप्तकाल में बनी यह मूर्तियाँ रामायण को प्रतिबिंबित करती

*चित्र सं. 2.6*

है। भारतीय कला में सबसे पहले रामायण के दृश्य इसी नचना में दिखाई देते हैं। यहाँ की अन्य मूर्तियों में एक दम्पत्ति की संगीत साधना, वादक एवं नर्तक की मूर्तियाँ प्रमुख है।

## लक्ष्मण मन्दिर, खजुराहों

खजुराहो मन्दिर श्रृंखला में लक्ष्मण मन्दिर सबसे अधिक आकर्षक है। यह मन्दिर विष्णु के वैकुंठ रूप को समर्पित है। इस मन्दिर का निर्माण चंदेल शासक यशोवर्मन द्वारा लगभग ई.930 से 950 के बीच किया गया था। पंचायतन शैली में बना यह मन्दिर उंचे जगती पर स्थापित है। जिस पर चढ़ने के लिए सोपान बने हैं। इस मन्दिर संरचना में मुख्य मंडप, महामंडप, अंतराल तथा गर्भगृह है। गर्भगृह पंचरथ शैली में निर्माण किया गया है। मन्दिर का मुख्य शिखर लघु शिखरों के समूह से युक्त है। मन्दिर की बाहरी दीवारों पर अलंकृत स्तंभों में वातायन निर्मित है। दीवारों पर मूर्तियों की दो पंक्तियां है। जिसमें देवी-देवताओं, युग्म तथा मिथुन इत्यादि परिदृश्य उत्कीर्ण है। गर्भगृह का प्रवेश द्वार सप्तशाखाओं से अलंकृत है। जिनमें मध्य शाखा को विष्णु के अवतारों से अलंकृत किया गया है। सरदल के मध्य में लक्ष्मी है। जिनके दोनों और ब्रह्मा एवं शिव हैं। गर्भगृह में चतुर्भुजी विष्णु के वैकुंठ स्वरूप की प्रतिमा स्थापित है। जिसमें उनके तीन मुख बने हैं। बीच का मुख मनुष्य का तथा बगल के दो मुख्य राहु एवं सिंह के हैं। मन्दिर के शिखर पर आमलक तथा कलश बना है। इस मन्दिर की स्थापत्य शैली एवं मूर्तियाँ मध्ययुगीन काल की सर्वश्रेष्ठ कला मानी जाती है।

इस मन्दिर की बाहरी दीवार पर एक पट्टी में रामायण के प्रसंग उत्कीर्ण किये गए हैं। जिसमें वानर सेना रावण सेना से युद्ध कर रही है। युद्ध के कई परिदृश्य पट्टिका में क्रमबद्ध तरीके से उत्कीर्ण किये गए हैं पूरे खजुराहो मन्दिर श्रृंखला में सिर्फ यही पट्टी रामायण के परिदृश्य चित्रित करती है (चित्र सं.2.7.) यहाँ बना कंदरिया महादेव, चौसष्ठ योगिनी तथा अन्य जैन मन्दिर भी उतनेही आकर्षक है। इन मन्दिरों पर बनी मिथुन तथा श्रृंगारिक प्रतिमाएँ मूर्तिकला के बेहतरीन नमूना है।

*चित्र सं. 2.7*

## सांका शामजी, राजगढ़, म.प्र.

नरसिंहगढ़ से कुछ दूरी पर पार्वती नदी के तटपर बसा साका प्राचीन नगर है। यहाँ बना श्यामजी का मन्दिर स्थापत्य कला का बेजोड़ नमूना है। यहाँ की रानी ने अपने पति के स्मृति में इस खूबसूरत स्मारक (छतरी) का निर्माण करवाया था। पुरातत्वविद बताते हैं की, नरसिंहगढ़ के पास सांका छोटी रियासत थी। जहाँ 16वीं शताब्दी में श्याम सिंह राजा शासन करते थे। उनकी रानी का नाम भाग्यवती था। एक बार राजा ने अपनी जागीर में 16 खम्बोवाला खूबसूरत स्मारक बनवाया। वह काफी लोकप्रिय हुआ। यह बात दिल्ली के सम्राट अकबर तक पहुँच गई। तब उसने अपने सिपाहसालार हाजी अली को यहाँ भेजा। उसको यह भव्य दिव्य स्मारक अच्छा नहीं लगा। उसने स्मारक तोड़ने का हुक्म किया। यह बात शामसिंह को पता चली, तो उनका उनसे संघर्ष हो गया। युद्ध में उनकी मृत्यु हो गई। तब उनकी याद में पत्नी भाग्यवती ने उनकी छतरी (स्मारक) बनवायी। जिसे साका श्यामजी मन्दिर एवं स्मारक कहते है। पति प्रेम की निशानी बना यह स्मारक खूबसूरती से राजस्थानी कारगिरों द्वारा शिल्पित किया गया है। जनश्रुतियों के अनुसार इस स्मारक (छतरी) का निर्माण विश्वकर्मा ने एक रात में किया। निर्माण पूर्ण होने से पूर्व ही एक प्रसव पीड़िता के रुदन से विश्वकर्मा का ध्यान भंग हो गया। विश्वकर्मा ने कुपित होकर भविष्य में गांव में प्रसव ना होने का शाप दे डाला। जिसके कारण गांव में आज भी प्रसव नहीं होता। यह परंपरा आज भी वहाँ प्रचलित है।

इस मन्दिर के निचली जंघापर दो पंक्तियों में रामकथा से सम्बन्धित मूर्तियों में एक कोनेपर कंधे पर गदा लेकर हनुमान खड़े है। उसी पंक्ति में आगे राम-लक्ष्मण, सीता खड़े है। उनके कंधे पर धनुष्य है। आगे माता सीता समाधी ले रही है, लवकुश दोनो तरफ खडे होकर उनको उपर खीच रहे है। एक परिदृश्य में राम-लक्ष्मण पुत्र लव को उठा रहे है। एक ताक में बाली सुग्रीव का मल युद्ध चित्रित किया गया है। उसके बाजूने लक्ष्मण बिभीषण के साथ खडे है। अगला परिदृश्य दशानन रावण का है। उसके दस सिर दिखाये गये है। सबसे ऊपर का सिर गधे का बना है। उसके बाजूने नल-नील, लव-कुश को स्वतंत्र रूप से चित्रित किया गया है। एक परिदृश्य में भगवान गणेश भरत शत्रुघ्न को बैलगाडी में बिठाकर विवाह करने हेतू जनकपुरी ले जा रहे है। एक दृश्य में हनुमान अहिरावण-महिरावण के चंगुल से राम-लक्ष्मण को छुडाकर पाताल लोक से उपर ला रहे है। वहाँ मकरध्वज भी उत्त्कीर्ण किया गया है। एक परिदृश्य में बाली हनुमान साथ साथ दिखाये गये है। ऐसे रामायण से सम्बन्धित मूर्तिया इस छतरी के चारो तरफ उत्किर्ण की गई है। (चित्र सं.2.8) (चित्र सं.2.9) (चित्र सं.2.10) (चित्र सं.2.11) इस मन्दिर के ठीक सामने पुरातन शिव मन्दिर स्थित है। जिसके गर्भगृह में भगवान विष्णु के साथ पंचमुखी शिवलिंग स्थापित है। जिसे हरिहर कहा जाता है। यहाँ का शिवलिंग जल के अंदर से प्रकट हुआ है। मन्दिर की दीवारों पर यक्ष, गंधर्व आदि की पुरातन मूर्तियाँ उत्कीर्ण की गई है। इसी परिसर में कई अन्य मन्दिर भी बने हैं, जिसमें राम मन्दिर प्रमुख है।

*चित्र सं. 2.8*

*चित्र सं. 2.9*

चित्र सं. 2.10

चित्र सं. 2.11

## नेमावर

नागर शैली में परमार कालीन कुछ मन्दिर नर्मदापुर (होशंगाबाद) क्षेत्र में दिखाई देते हैं। यहाँ नेमावर तथा हांडिया के मन्दिर प्रमुख है। नेमावर नर्मदा का मध्य बिंदु (नाभि स्थल) कहलाता है। यहाँ बना सिद्धेश्वर मन्दिर प्राचीन है, जिसका निर्माण दो कालों में हुआ है। मन्दिर में मंडप, अंतराल एवं गर्भगृह है। मन्दिर की पीठपर कीर्ति मुखों की आडी पंक्ति तथा जघांपर ताको में देवियों की प्रतिमाएँ उत्कीर्ण है। जिमें चतुर्मुखी शिव, तांडव करते शिव, सूर्य, भैरव, ब्रह्मा, ब्राह्मणी आदि प्रमुख हैं। मध्यबंद की देवकुलिका में हिंदू देवी-देवताओं की मूर्तियाँ स्थापित की गई है। जंघा एवं शिखर भाग पर अप्सराएँ अंकित है। (चित्र सं.2.12) नेमावर नगर में बने पिंगलेश्वर महादेव मन्दिर दीवारों पर शिल्प नहीं है। इस नगर में विष्णु मन्दिर स्थित है, जिसका निर्माण 11वीं शताब्दी में परमार शासकों द्वारा किया गया था। इस मन्दिर की जंघा एवं अर्धभाग में प्रतिमाएँ अंकित है। हांडिया नर्मदापुर का प्राचीन नगर है, यहाँ पर बने ऋद्धेश्वर (शिव) मन्दिर के दीवारोंपर गुप्तकालीन एवं परमारकालीन शिल्प उकेरे गए हैं। इस मन्दिर के अंदर विष्णु की प्रतिमा स्थापित है। ऐसा ही परिदृश्य पूर्वी निमाड़ के बड़केश्वर मन्दिर पर दिखाई देता है। यहाँ सीधे रामायण से सम्बन्धित कोई अंकन दिखाई नहीं देता। लेकिन विष्णु से सम्बन्धित अंकन यहाँ भारी मात्रा में पाए जाते हैं।

चित्र सं. 2.12

## इंदौर

इंदौर नगर में होलकर शासन के दौरान कई जगह छतरीयों का निर्माण हुआ है। इसकी शुरुआत देवी अहिल्याबाई होलकर द्वारा हुई थी। उन्होंनें आलमपुर में अपने श्वसूर सुबेदार मल्हारराव होलकर की छतरी का निर्माण कराया। बाद में होलकर राजघरानें की कई छतरियाँ बनी। इनकी दीवारों पर कई मूर्तियाँ स्थापित की गई है। जिसमें रामायण से सम्बन्धित मूर्तियाँ सिर्फ हरिराव होलकर की छतरी पर स्थापित है। यह छतरी इंदौर के छत्रीबाग और हरसिद्धी पुल के समीप स्थित है। इस छतरी का निर्माण ऊंची जगती पर किया गया है। प्रवेश द्वार के दोनों और द्वारपाल बने हैं। छतरी के भीतर हनुमान, गंधर्व, गणेश, भैरव, राजपुरुष, परिचारको एवं नायक-नायिकाओं के साथ कृष्णलीला एवं रामायण से सम्बन्धित कई मूर्तियाँ स्थापित की गई है।

यहाँ बने प्रदक्षिणा पथ के बाजू में बाहरी दीवार पर रामायण से सम्बन्धित शिल्प उत्त्कीर्ण हैं। जिसमें दो जगह राम दरबार का परिदृश्य है। एक में राम सीता छत्र के नीचे सिंहासन पर विराजमान है। हनुमान राम के पैर दबा रहे हैं। पीछे लक्ष्मण, भरत, शत्रुघ्न खड़े हैं। माता सीता पद्मासन अवस्था में हाथ जोड़कर बैठी है। (चित्र सं.2.13) दूसरे परिदृश्य में राम सीता सिंहासन पर विराजमान है। हनुमान राम का आशीर्वाद ले रहे हैं। ऊपर दूसरा वानर राम सीता को प्रणाम कर रहा है। पीछे लक्ष्मण, भरत, शत्रुघ्न मोरछल से हवा कर रहे हैं।

*चित्र सं. 2.13*

## महामाया मन्दिर, धमधा

छत्तीसगढ़ का धमधा नगर पौराणिक दृष्टि से महत्त्वपूर्ण है। जो पहले रतनपुर राज्य के अंतर्गत आता था, यहाँ पहले गोंड राजाओं का शासन था। यहाँ बने त्रिमूर्ति महामाया मन्दिर में महाकाली, महालक्ष्मी और महासरस्वती ऐसी तीन देवियाँ विराजमान है। इस मन्दिर का निर्माण 450 वर्ष पूर्व गोंड राजा ने किया था। मन्दिर के सामने प्राचीन सिंह द्वार है। बलुआ पत्थरों से निर्मित इस प्रवेशद्वार पर विष्णु के दस अवतारों की मुर्तियाँ अंकित है। जिसमें मच्छ, कच्छ, वराह, नृसिंह, वामन, राम, दाशरथी राम, कृष्ण लीला, बलराम, बुद्ध तथा कल्कि अवतारों की मूर्तियाँ है। मन्दिर परिसर में कई तालाब बने हैं। इसके पीछे राजा किला एवं बुढादेव मन्दिर है, जो जनजातियों की प्रमुख तीर्थ स्थली है। इस नगर के चौखड़ीया तालाब के तटपर तो प्राचीन मन्दिर है। इनमें से एक मन्दिर का शिखर खंडित है। यहाँ के शिव मन्दिर में शिवलिंग और चतुर्भुज मन्दिर में विष्णु की मूर्ति स्थापित की गई है। (चित्र सं.2.14)

*चित्र सं. 2.14*

## सीतामढ़ी, हरचौका

अपने वनवास के दौरान राम ने छत्तीसगढ़ क्षेत्र में कोरिया जिले से प्रवेश किया था। सीतामढ़ी हरचौका उनका पहला पड़ाव था। हर चौक का अर्थ है हरि की रसोई। सीतामढ़ी में माता सीता ने रसोई बनायी थी, इसीलिए यह सीतामढ़ी हरचौका हो गया। मवाई नदी के तटपर स्थित इस स्थलपर पत्थर तराशकर

गुफा में सत्रह कक्षों का निर्माण किया गया है। जिनमें से बारह में शिवलिंग स्थापित है। इसे सीता की रसोई के नाम से जाना जाता है। इसी रसोई में वनवास के दौरान माता सीता खाना बनाती थी। यहाँ एक शिलाखंड पर भगवान राम के पद चिन्ह बने हैं। (चित्र सं.2.15) इन पद चिन्हों को बड़ा पवित्र माना जाता है। लोग आस्था पूर्वक उनका दर्शन करने आते हैं।

जनश्रुतियों के अनुसार भगवान राम हरचौका से रापा नदी के तट पर स्थित सीतामढ़ी घागरा पहुँचे थे। यहाँ 20 फीट ऊपर 4 कक्षों वाली गुफा है। जिसके बीच में शिवलिंग स्थापित किया गया है। यहाँ उन्होंने शिवलिंग की पूजा की थी। इसके बाद वे कोटाडोला होते हुए सरगुजा जिले के रामगढ़ पहाड़ी पहुँचे। पुरातत्वविदों के अनुसार यह क्षेत्र सातवीं शताब्दी से सोमवंशी तथा नववीं से लेकर बारहवीं शताब्दी तक कलचुरी एवं पाल शासकों के अधीन था।

*चित्र सं. 2.15*

## रामगढ़

रामगढ़ इतिहास, पुरातत्व एवं संस्कृती का संगम स्थल है। यहाँ रामायण, महाभारत कालीन गुफाये, शैलचित्र मौजूद है। सरभंग ऋषि का आश्रम भी इसी क्षेत्र में हो था, दूरदराज से बच्चे पढ़ने आते थे। यहा सीता बेगरा नामक गुफा स्थित है। जहाँ पहुँचने के लिए 180 फुट लंबी सुरंग से जाना पड़ता है।

जिसे हाथी गुफा भी कहा जाता है। इसको पार करते ही दो गुफाएं और मिल जाती है। जिनमें उत्तरी गुफा को सीता बेंगरा तो दक्षिणी भाग को जोगीमारा कहा जाता है। जहाँ पुरातन शैली चित्र बने हैं। सीता बेंगरा गुफा में प्राचीन नाट्यशाला हुआ करती थी। ऐसा माना जाता है कि यहाँ पर ही महाकवि कालिदास ने मेघदूत की रचना की थी। अपने वनवास के दौरान राम-लक्ष्मण, सीता रामगिरी पर्वतपर आए थे। किवंदतियों के अनुसार यह क्षेत्र तब दंडकारण्य का हिस्सा था। अपने वनवास के दौरान सीता गुफा में राम सीता निवास करते थे, तो जोगीमारा गुफा लक्ष्मण का निवास स्थान था। गुफा की दीवार में सीता की अन्न कोठी मौजूद है। बाजू में पैरों के निशान तथा लक्ष्मण रेखा की गई है। यहाँ पहाड़ियों पर राम-जानकी मन्दिर स्थित है। जिसमें राम-सीता लक्ष्मण की मूर्तियाँ स्थापित की गई है। जो लगभग हजार साल पुरानी बताई जाती है।

रामगढ़ पर्वत मन्दिर में एक पट्टिका पर राम सीता और हनुमान को अंकित किया गया है। जिसमें राम का बाया हाथ सीता के कंधे पर है, तो सीता हाथों में कमल एवं फल है। नीचे राम के पास हनुमान बैठे हैं। सीता बेंगरा गुफा की एक पट्टिका में धनुष्य लेकर राम-लक्ष्मण, हनुमान अंकित है। जिसका निर्माण छठवीं शताब्दी का बताया जाता है। सरगुजा के डीपाडीह में रामकथा का अहम हिस्सा माने जाने वाले बाली-सुग्रीव युद्ध के दृश्यों का अंकन हुआ है। यहाँ बाली युद्ध की पृष्ठभूमि में ताड़ वृक्ष अंकित है। (चित्र सं. 2.16) रामगढ़ के उत्तरी दिशा में विशाल सुरंग बनी है। इसकी आंतरिक

*चित्र सं. 2.16*

ऊंचाई इतनी है कि एक हाथी आसानी से इससें गुजर सकता है। यहाँ पहाड़ से पानी का रिसाव होता है, जहाँ एक कुंड बना है। इसको सीताकुंड कहते हैं। यहाँ की जनजातियाँ मानती है कि प्राचीन काल में यहाँ शूर्पनखा का राज था। जादूटोना, टोटका, माया उसी की देन है, जो इस क्षेत्र में ज्यादा प्रचलित है। शूर्पणखा के वजह से ही रामायण घटित हुआ है। यहाँ के कई आदिवासी अपना रिश्ता शूर्पणखा से जोड़ते हैं।

## शिवरी नारायण

छत्तीसगढ़ में महानदी, शिवनाथ और जोंक नदी के संगम स्थल पर बसा शिवरीनारायण धार्मिक तथा ऐतिहासिक दृष्टि से महत्त्वपूर्ण नगर है। यह भगवान जगन्नाथ का मूल स्थान है। यहाँ श्रीराम नारायणनी रूप में गुप्त रूप से विराजमान है। शिवरीनारायण का राम से गहरा नाता है। राम अपने वनवास काल में यहाँ आए थे। स्थानिय जनश्रुतियों के अनुसार यहाँ रामने शबरी के हाथों से झूठे बेर खाए थे। शबरी के पिता शबर इस क्षेत्र के राजा थे। शबरी बचपन से ही विष्णु भक्त थी, उसने एक दिन घर का त्याग कर दिया और वह मतंग ऋषि के आश्रम में चली गई। मतंग ऋषि ने उसे अपना शिष्य बना लिया। उसे भक्ति का मार्ग बताते हुये कहा की, 'भगवान विष्णु जब मानव रूप में अयोध्या के राजा दशरथ घर जन्म लेंगे। तब वह अपने वनवास काल में यहाँ आएंगे। तब तुम्हारा कल्याण होगा।' शबरी ऋषी के कहने अनुसार राम का इंतजार करती रही। कुछ वर्षों उपरांत वह बुढ़ी हो गई, तब एक दिन राम सीता की खोज में भटकते हुए माता शबरी के आश्रम पहुँच गए। राम को अपने सन्मुख देखकर शबरी आत्मविभोर हो गई, खुशीयों से झूम उठी। खुशींसे उनको अपने पास रखे हुए झुठे बेर खिलाने लगी। राम उसकी भक्ति देखकर दंग रह गए। शबरी ने उनको पम्पा सरोवर जाने का रास्ता बता दिया। यहाँ एक कुंड बना है, जिसमें हमेशा जल भरा रहता है। राम के चरण उसमें डूबे रहते हैं। इसलिए उसको अक्षय जल कहा जाता है। इस परिसर में कई जनजातियां रहती है, जो शबरी को अपना वंशज मानती है।

इस परिसर में ग्यारहवीं-बारहवीं शताब्दी के दौरान कलचुरी शासन काल में कई मन्दिरों का निर्माण हुआ है। उसमें नर नारायण मन्दिर प्रमुख है। (चित्र सं.2.17) जनश्रुतियों के अनुसार इसका निर्माण राजा शबर ने करवाया था। मन्दिर की मूर्तिकला वैशिष्टपूर्ण है। मन्दिर को कलियों एवं पुष्पवल्लरी से सजाया गया है। गुंबदाकार रूप में बने मन्दिर के मंडप में लक्ष्मी नारायण की मुर्ति स्थापित है। उसके चारों ओर विष्णु दशावतारों के प्रसंग उत्त्कीर्ण है। प्रवेशद्वार पर द्वारपाल, गंगा-यमुना एवं गणेश की मुर्तियाँ उत्कीर्ण है। प्रवेश द्वार पर दंड एवं चवर लिए भगवान विष्णु के परिकर शंख पुरुष एवं चक्र पुरुष खड़े हैं। ऊपर गंधर्व एवं किन्नरों का अंकन किया गया है। इसके ऊपरी भाग में बाली एवं सुग्रीव का मूर्तियाँ उत्कीर्ण है। प्रवेश द्वार में गंगा-यमुना, सरस्वती, सर्प, कच्छप, मगर आदि के शिल्प है। द्वारपाल जय-विजय की भी मूर्तियाँ है। मन्दिर के गर्भगृह में नारायण की मूर्ति स्थापित की

*चित्र सं. 2.17*

गई है। यह मूर्ति खुदाई के दौरान प्राप्त हुई थी। इस मूर्ति के बगल में लक्ष्मण की मूर्ति स्थापित है। इन मूर्तियों का निर्माण बलुआ पत्थर से किया गया है।

सामने केशव नारायण मन्दिर है। इस मन्दिर के गर्भगृह में भगवान विष्णु की मूर्ति विराजमान है। जो अत्यंत प्राचीन एवं कलात्मक है। इसके चारों और विष्णु के अवतारों का अंकन किया गया है। मन्दिर के प्रवेश द्वार पर गंगा-यमुना, तथा विश्वकर्मा की मुर्ति है। मन्दिर में बने दो स्तंभोपर सुंदर कारगिरी की गई है। नारायण के मूर्ति के पैरों में शबरी उत्कीर्ण की गयी है। इन शिल्पों में शैव तथा वैष्णव परंपरा का समन्वय दिखाई देता है। आगे चंद्रचूड़ महादेव का मन्दिर है, जिसके द्वार पर विशाल नंदी की मूर्ति है। शिवलिंग की पूजा अर्चना करते हुए राजा-रानी हाथ जोड़े पद्मासन मुद्रा में उत्त्कीर्ण किये गए हैं। नंदी के बाजू में सन्यासी की मूर्ति है। मन्दिर के बाहरी दीवार पर कलचुरी कालीन चेदि संवत 919 का शिलालेख है। इस शिलालेख का निर्माण कुमारपाल कवि ने कराया है। पाली भाषा में लिखे इस शिलालेख में रतनपुर के राजाओं की वंशावली है। जिसमें राजा पृथ्वी देव, भाई सहदेव उनके पुत्र राजदेव, पौत्र गोपाल देव और प्रपौत्र अमानदेव के कार्यों का उल्लेख है। अंदर कई मूर्तियाँ स्थापित की गयी है। इसी परिसर में भगवान जगन्नाथ का मन्दिर है, जिसकी संरचना पुरी के जगन्नाथ मन्दिर जैसी है। हर साल यहाँ महाशिवरात्री के पावन अवसर पर माघ पूर्णिमा का भव्य मेला लगता है। ऐसी मान्यता है कि माघी पूर्णिमा के दिन पुरी में स्थित भगवान जगन्नाथ एक दिन के लिए शिवरीनारायण

*चित्र सं. 2.18*

विराजते हैं। जिनको भगवान जगन्नाथ का मूल स्थान माना गया है। इस मन्दिर के प्रांगण में अनोखा कृष्ण वट या माखन कटोरी वृक्ष है, जिसके पत्ते दोने की तरह है। जनश्रुतियों के अनुसार माता शबरी ने इसी पेड़ के पत्तो से दोनों का निर्माण कर उसमें राम को झूठे बेर खिलाए थे। (चित्र सं.2.18) तब राम ने वह बेर लक्ष्मण को भी खाने को कहा। लक्ष्मण को झूठे बेर खाने में संकोच हो रहा था। तब उन्होंने राम का मन रखने के लिए बेर उठाये, लेकिन खाए नहीं। इसका परिणाम यह हुआ कि राम-रावण युद्ध में जब शक्ति बाण लगा तो लक्ष्मण मूर्छित हो गए, राम को कुछ नहीं हुआ। चंद्रचूर महादेव मन्दिर के उत्तर दिशा में राम-लक्ष्मण सीता का भव्य मन्दिर है। इसी नगर में रामघाट के पास लक्ष्मी नारायण मन्दिर भी है। नारायण मन्दिर की वायव्य दिशा में प्राचीन नाथ संप्रदाय से सम्बन्धित वैष्णव मठ है, जिसका निर्माण स्वामी दयाराम दास ने किया था। यहाँ सकल मनोरथ पूरा करने वाली मां अन्नपूर्णा, लक्ष्मी नारायण, महेश्वर, महादेव जगन्नाथ, बलभद्र और सुभद्रा, राधा-कृष्ण, काली और मां गायत्री के भव्य मन्दिर तथा कई मठ बने है, जो कला, साहित्य, संस्कृति की दृष्टि से काफी महत्त्वपूर्ण है। इस नगर में कई उत्सव, पर्व तथा मेलों का आयोजन किया जाता है।

## वाल्मिकी आश्रम, तुरतुरीया, जिला बलौदा बाजार

बलौदा बाजार जिले में स्थित तुरतुरिया महानदी और बालमदेही नदियों के बीच बसा है। ऐसा माना

*चित्र सं. 2.19*

जाता है कि यह स्थल त्रेतायुग में वाल्मीकि ऋषि की तपोभूमि थी। राम-लक्ष्मण, सीता अपने वनवास के दौरान यहाँ आये थे। यहाँ मातागढ़ में सीता का मन्दिर है। जनश्रुतियों के अनुसार जब राम ने माता सीता का परित्याग किया था। तब वह ग्राम रमई पाठ में रहती थी। वहाँ उसने कुटिया बनायी थी। यह बात जब महर्षि वाल्मीकि को पता चली, तो वे सीता को अपने आश्रम ले आए। यहीं पर वाल्मीकि आश्रम में लव-कुश का जन्म हुआ। यहाँ बलभद्री नाला प्रसिद्ध है। जिसका पानी चट्टानों से आकर गोमुख होते हुये लक्ष्मण कुंड में गिरता है, तब इसके तुरतुर आवाज आती है। जिसे सुरासुरी गंगा भी कहते हैं। गोमुख की दोनों ओर प्राचीन विष्णु की प्रस्तर मुर्तियाँ स्थापित की गई है। इनमें एक मूर्ति खड़ी है, तो दूसरे में वह पद्मासन लेकर योगमुद्रा बैठे हैं। (चित्र सं.2.19) कुंड के समीप और बाह्य परिसर में द्वारपाल, दंडाधर, गणेश, शिवलिंग, नंदी आदि मूर्तियाँ दिखाई देती है। यहाँ एक मन्दिर में गणेश तथा लव-कुश द्वारा अश्वमेघ घोड़े को रोकने जैसी मूर्तियाँ है। यह सभी मूर्तियाँ आठवीं-नौवीं शताब्दी की बताई जाती है। जिनके बारे में पुरातत्व विदों में कुछ अलग मत दिखाई देते हैं। कोई उन्हें कृष्णलिला से सम्बन्धित केसीवध तथा वत्सासूर वध की मूर्तियाँ मानते हैं। आश्रम के पास बहुत सारी खंडित मूर्तियां, स्तंभ बिखरे पड़े हैं। ऐसा माना जाता है कि यहीं पर लव-कुश ने राम के राजसूर्य यज्ञ के घोड़े को बंधक बनाया था। ऐसे रामायण से जुड़ी कई यादें वाल्मीकि आश्रम को बेहद महत्त्वपूर्ण बनाती है।

*चित्र सं. 2.20*

## चंद्रखुरी

विष्णु के राम अवतार के कई प्रयोजन बताए जाते हैं। पुराणों में ऐसा बताया गया है कि एक बार राजा मनु और शतरूपा कठोर तप करने लगे। उन्होंने संतान के रूप में भगवान को पाने की कामना व्यक्त की। इसी कामना को पूरी करने के लिए भगवान राम अगले युग में शतरूपा के कोख में जन्मे। दरअसल राजा मनु दशरथ और शतरूपा कौशल्या थी। रायपुर के पास बसा चंद्रखुरी यह छोटासा गांव माता कौशल्या का जन्म स्थली है। रामायण काल में यहाँ राजा भानुमंत शासन करते थे। उनकी ही पुत्री भानुमति अर्थात कौशल्या थी। जिसका विवाह अयोध्या नरेश दशरथ से हुआ था। इसी वजह से इस क्षेत्र को राम का ननिहाल कहा जाता है। इस परिसर के लोग भगवान राम को अपना भांजा मानकर उनकी पुजा करते हैं। इस क्षेत्र में ऐसी परंपरा है कि भांजे को श्रीराम का प्रतीक मानकर यहाँ मामा अपने भांजे का पैर छूकर आशीर्वाद लेते हैं। यहाँ माता कौशल्या मन्दिर स्थित है, जो जलसेन तालाब के बीचो बीच स्थित है। तालाब के बीच मौजूद होने से यह मन्दिर चारों ओर पानी से घिरा है। ऐसा माना जाता है कि राजा दशरथ से विवाह में भेंट स्वरूप राजा भानुमती ने बेटी कौशल्या को दस हजार गांव भेंट दिए थे। इसमें उनका जन्म स्थान चंद्रखुरी भी शामिल था। चंद्रखुरी का प्राचीन नाम चंद्रपुरी था। राम ने अपने बाल्यकाल के अलावा वनवास का कुछ समय यहाँ बिताया था। जहाँ माता कौशल्या के गोद में राम विराजमान है। इस मन्दिर का निर्माण सोमवंशी राजा को स्वप्न में आने पर उन्होंने जल

सेन तालाब को खुदवाया। जहाँ माता कौशल्या की दुर्लभ मूर्ति प्राप्त हुई। उनकी गोद में भगवान राम विराजमान थे। यह मूर्ति सातवीं शताब्दी की बताई जाती है। कौशल्या मन्दिर के पास ही वैद्यराज सुषेण की समाधि स्थित है। ऐसा माना जाता है कि लंका विजय के बाद राम के साथ सुषेण वैद्य यहाँ आए थे। यहाँ उन्होंने अपने प्राण त्याग दिए थे, तब उनकी समाधि यहाँ बनायी गई। गांव में राम का मन्दिर बना है। यहाँ से कुछ दूरी पर पटेल पारा गाव में शिव मन्दिर स्थित है। जिसे छ:मासी मन्दिर के नाम से जाना जाता है। इसका निर्माण काल दसवीं-ग्यारहवीं शताब्दी बताया जाता है। इस मन्दिर के प्रवेशद्वार पर गंगा, यमुना नदियों की मूर्तियाँ विराजमान है। इसके सिर दल पर गजलक्ष्मी का चित्रांकन है। जिसके बगल में राम-लक्ष्मण, बाली-सुग्रीव युद्ध दृश्य शिल्पांकीत हैं। एक ओर दृश्य में राणी तारा को रोते हुए, तो दुसरे में सुग्रीव राजतिलक का दृश्य उत्कीर्ण किया गया है। (चित्र सं.2.20) किष्किंधा कांड के यह दृश्य रामकथा का महत्वपूर्ण हिस्सा है, जो इस मन्दिर की दीवारों पर उत्कीर्ण है।

## राजीव लोचन मन्दिर, राजिम

राजिम छत्तीसगढ़ का प्रसिद्ध तीर्थ है। यहाँ महानदी, पैरी और सोंढूर नदी का संगम है, जिसे छत्तीसगढ़ का प्रयाग कहा जाता है। यहाँ की यात्रा करना मतलब चारों धामों की यात्रा करने के बराबर होता है। इसका उल्लेख पद्मपुराण, पाताल खंड में आता है। राजीव लोचन यहाँ का सबसे प्राचीन मन्दिर है। चतुर्थाकार शैली में बने इस मन्दिर का निर्माण आठवीं-नौवीं शताब्दी का बताया जाता है। मन्दिर में

*चित्र सं. 2.21*

काले पत्थर से बनी विष्णु की चतुर्भुज मूर्ति स्थापित है। जिसके हाथों में शंख, चक्र, गदा और पद्म है। त्रिवेणी संगम पर बने इस मन्दिर के चारों कोनों में भगवान विष्णु के चारों रूप उत्कीर्ण किये गये है। भगवान राजीव लोचन यहाँ सुबह बाल्यावस्था में दोपहर में युवावस्था और रात्रि में वृद्धावस्था में दिखाई देते हैं। यहाँ बनी मूर्तियाँ शिल्पों का अनूठा संगम है। (चित्र सं.2.21) यहाँ बने बारह खम्बोपर दुर्गा, गंगा, यमुना और भगवान विष्णु के आठ अवतारों की प्रतिमाएँ है। राजीव लोचन मन्दिर में मध्यान आरती के बाद भगवान विष्णु का शयनकक्ष तैयार किया जाता है। मान्यता है कि विष्णु यहाँ रोज विश्राम करते हैं। इसका प्रमाण बिस्तर पर पड़ी सलवटें बताई जाती है। वही भोग की थाली पर उंगलियों के निशान स्पष्ट रूप से देखने को मिलते हैं। थाली में फूलों के साथ तुलसी की पत्तियां भी बिखरी नजर आती है। राजिम में मिले अभिलेखों के अनुसार इस मन्दिर का निर्माण नल नरेश विलासतुंग ने करवाया था। बाद में इसका जीर्णोद्धार रतनपुर के सामंत राजा जगतपाल ने किया था। लक्ष्मण देवालय के दूसरे अभिलेख अनुसार इस मन्दिर को मगध नरेश सूर्यवर्मा की पुत्री और शिवगुप्त की माता वासष्टा ने आठवीं शताब्दी में बनवाया था। इससे उत्तर दिशा में बाहर निकलते ही साक्षी गोपाल, नृसिंह अवतार, बद्री अवतार, वामन अवतार, वराह अवतार के मन्दिर है। इससे दूसरे बाजू में राजराजेश्वर, दान दानेश्वर, भक्त तेलिन, सती मन्दिर है। यहाँ से आगे नदियों के संगम पर भूतेश्वर, पंचेश्वर नाथ महादेव, कुलेश्वर नाथ महादेव मन्दिर प्रमुख है।

कुलेश्वर नाथ महादेव का मन्दिर विशाल है। ऐसा माना जाता है कि वनवास काल में श्रीराम ने इसी स्थान पर अपने कुलदेवता महादेव की पूजा की थी। मन्दिर के शिवलिंग में पैसा डालने से वह नीचे चला जाता है और उसकी प्रतिध्वनि गूंजित भी होती है। इस स्थान को लेकर मान्यता है कि सृष्टि के प्रारम्भ में भगवान विष्णु के नाभि से निकला कमल यहीं पर स्थित था। इस क्षेत्र का प्राचीन नाम कमल क्षेत्र है। यहीं पर ब्रह्माजी ने सृष्टि की रचना की थी। (चित्र सं.2.22) यहाँ भगवान विष्णु न केवल विश्राम करने आते हैं, बल्कि प्रसाद भी ग्रहण करते हैं। थाली में उनकी पांचों उंगलियां भी दिखाई देती है। नागर शैली में का यह मन्दिर विशाल आयताकार प्रारूप में बना है। जिसके भू-विन्यास में महामंडप, अंतराल, गर्भगृह और प्रदक्षिणा पथ है। मन्दिर का प्रवेश द्वार, बाहरी-भीतर की दीवारेंपर प्राचीन मूर्तियाँ और अलंकरण दिखाई देते हैं। वहाँ विविध भाव-भंगिमाओं तथा मुद्राओं में मूर्तियाँ उकेरी गई है। अलंकरण के बीच-बीच में विहार करते यक्षों तो कहीं-कहीं पशु-पक्षियों के मोहक मुद्राएं भी दिखाई देती है। इसके साथ दीवारों पर पौराणिक परिदृश्य उत्कीर्ण किये गए हैं। उसमें विष्णु के विविध अवतार है। (चित्र सं.2.23) उसमें भी राम लक्ष्मण है, तो कहीं शिव। यहाँ बनी गजलक्ष्मी की मुर्ति कृषि और उर्वरता का प्रतीक मानी जाती है।

यहाँ लक्ष्मीनारायण, राम-लक्ष्मण एवं सीता आदि अनेक मन्दिर है। यहाँ बना राम-सीता (रामचंद्र) मन्दिर रतनपुर के कलचुरी शासक सामंत जगतपाल के द्वारा बनवाया गया था। जिसका निर्माण 12 वीं शताब्दी में किया गया था। इस मन्दिर के गर्भगृह में राम- सीता एवं लक्ष्मण की मूर्तियाँ है। मन्दिर

*चित्र सं. 2.22*

*चित्र सं. 2.23*

में महा मंडप, अंतराल, गर्भगृह, प्रदक्षिणा पथ बना है। महा मंडप में बने स्तंभो पर शालमंजिका एवं मिथुन मूर्तियाँ स्थापित है। मन्दिर में विभिन्न पशु-पक्षी, प्राणीओं की मुर्तियाँ है। इस मन्दिर के प्रांगण में भैरव का मन्दिर है, जिसके सामने दो नारियों की मूर्तियाँ है। राजिम क्षेत्र में प्रतिवर्ष माघ पूर्णिमा से लेकर महाशिवरात्रि तक विशाल मेला लगता है, बारहमासा इस संगम पर अस्थि विसर्जन तथा संगम किनारे पिंडदान, श्राद्ध एवं तर्पण करने लोग आते हैं। ऐसी मान्यता है कि जगन्नाथ पुरी की यात्रा उस समय तक पूर्ण नहीं होती, जब तक यहाँ की यात्रा न कर ली जाए।

## सिंहावा

धमतरी जिले का सिहावा महानदी का उगमस्थल है। राम-सीता, लक्ष्मण अपने वनवास काल के दौरान यहाँ आए थे। यहाँ सप्तर्षियों के विभिन्न आश्रम पहाड़ियों में बने हैं। मुचकुंद, अगस्ती, अंगिरा, श्रृंगी, कंकर, शरभंग एवं गौतम ऋषियों के आश्रमों में जाकर राम ने सभी से आशीर्वाद प्राप्त किये थे। पौराणिक मान्यताओं के अनुसार श्रृंगी ऋषि सप्तर्षियों में एक है। पौराणिक मान्यताओं के अनुसार राम की एक बड़ी बहन थी, उसका नाम शांता था। वह उम्र में सबसे बड़ी थी। उनका जन्म माता कौशल्या से हुआ था। राजा दशरथ ने अंगदेश के राजा रोमपद और रानी वर्षिनी को कोई संतन ना होने की वजह से अपनी पुत्री संतान के रूप में दी थी। एक बार राजा इंद्र रोमपद पर क्रोधित हो गया और उनके राज्य में वर्षा नहीं हुई, सभी तरफ अकाल छा गया। ऐसे समय राजा रोमपद पर श्रृंगी ऋषि के शरण में गए और उन्होंने इसका उपाय पूछा। तो श्रृंगी ऋषि ने इंद्र को मनाने हेतु यज्ञ करने का सुझाव दिया। तब राजा ने यज्ञ किया और सभी तरफ बारिश हुई। इसके बाद राजा रोमपद ने श्रृंगी ऋषि के साथ शांता का विवाह कर दिया। इधर राजा दशरथ को कोई संतान ना होने से वह दुखी थे। तब उन्होंने ऋषि वशिष्ठ की सलाह पर पुत्रकामेष्ठि यज्ञ किया। इस यज्ञ को करने हेतु श्रृंगी ऋषि को आमंत्रित किया गया। वह अपनी पत्नी शांता के साथ अयोध्या पधारे। अयोध्या राज्य में बारिश हो गई समृद्धि छा गई। पुत्रकामेष्ठि यज्ञ पूरा हो गया। जिसके बाद श्रृंगी ऋषि के साथ शांता दंडकारण्य के सिंहावा में चली आयी, जहाँ श्रृंगी ऋषि का आश्रम था। उनका आश्रम पहाड़ी के उपर स्थित है। जहाँ लंबी चढ़ाई करने के बाद पहुँचा जा सकता है। यहाँ एक छोटा सा कुंड है, जो महानदी का उद्गम स्थल माना जाता है। (चित्र सं.2.24)

इस पर्वत में सात सें भी अधिक गुफाएं हैं। इनमें से एक गुफा में निरन्तर दीप प्रज्वलित रहता है। ऐसा माना जाता है कि आज भी यहा अंगिरा ऋषि का अधिवास बना है। जो सप्तर्षियों में सबसे वरिष्ठ थे। उनका आश्रम सिंहावा के दक्षिण दिशा में रतवा के समीप खंड पर में स्थित है। जहाँ उन्होंने तप किया था। यहाँ बने छोटी सी गुफा में उनकी मूर्ति विराजित है। पर्वत शिखर पर अंगिरा ऋषि के अलावा शिव, गणेश, हनुमान की मूर्तियाँ स्थापित है। पर्वत के शिखर पर एक शिलाखंड में पदचिन्ह बना हुआ है, जो श्रीराम का बताया जाता है। वनवास काल में राम अंगिरा ऋषि के आश्रम पहुँचे थे,

*चित्र सं. 2.24*

तब यह चिन्ह बना था। इस परिसर में कई सारे पुरातन मूर्ति शिल्प बिखरे पड़े हैं।

## विष्णु मन्दिर, जांजगिर-चांपा

जांजगीर छत्तीसगढ़ का ऐतिहासिक नगर है। यहाँ कलचुरी काल के दौरान स्थापत्य एवं मूर्तिकला के बेजोड़ नमूने उत्कीर्ण है। कलचुरी शासक जाज्वल देव द्वारा निर्मित विष्णु मन्दिर (नकटा मन्दिर) यहाँ का प्रसिद्ध मन्दिर है। जिसका निर्माण 12 वीं शताब्दी का बताया जाता है। जो भीमा तालाब के किनारे पूर्वाभिमुखी सप्तरथ योजना से बना है।

लाल बलुआ पत्थरों से निर्मित इस मन्दिर की चारों ओर सुंदर अलंकरण युक्त मूर्तियाँ उत्कीर्ण है। जहाँ गर्भगृह के प्रवेश द्वार के दोनों और गंगा और यमुना के साथ द्वारपाल जय-विजय स्थित है। जिसमें ब्रह्मा, विष्णु, महेश की त्रिमूर्ति, गरुडासीन भगवान विष्णु, दशावतार, कुबेर, सूर्य देव, ऋषि मुनि, देव ऋषि, देवांगनाओं की मुर्तियाँ प्रमुख हैं। मन्दिर के शिखर पर मृदंगवादिनी, मोहिनी, खड़गधारी, नृत्यांगणा मंजुघोषा, झांज बजाती हंसावली तो उत्तरी जंघापर आंखो में अंजन लगाती अलसयुक्त लीलावती, चवरधारी चामरा, बांसुरी बजाती वंशीवादिनी, दर्पण लेकर बिंदी लगाती विधिवेत्ता आदि देवांगनाएँ उत्कीर्ण है। दक्षिण जंघापर वीणा वादिनी सरस्वती, केश गुंम्फिणी, लीलावती, हंसावली, मानिनी, चामरा आदि देवांगनाए हैं। यहाँ दीवारों पर विभिन्न ऋषि-मुनि अंकित है। निचले भाग में तथा प्रवेश द्वारों के दोनों भागों में संगीत सभाओं का चित्रण है। मन्दिर के पीछे सूर्यदेव विराजमान है। यह

मुर्ति खंडित है। लेकिन रथ और उसमें जोते सात अश्व इसे सूर्यदेव होने को स्पष्ट करते हैं। यहाँ नीचे कृष्णलीला से सम्बन्धित परिदृश्य उत्कीर्ण किये गए हैं। इसी प्रकार की अनेक मूर्तियाँ नीचे की दीवारों में उत्कीर्ण है।

मन्दिर की जगती के दोनों फलकों में रामकथा से सम्बन्धित अलग-अलग दृश्य उत्किर्ण किये गए हैं। जो काफी भव्य तथा कलात्मक तरीके से बनाए गए हैं। जिसमें राम-सीता, लक्ष्मण का वनगमन, रावण और मृग, बाली वध, रावण का भिक्षाटन, सीता हरण, राम द्वारा ताड़ छेदन, सेतुबंध निर्माण, राम-रावण युद्ध तथा वानर-राक्षस युद्ध के परिदृश्य प्रमुख है। इसके साथ मन्दिर के चारों और भगवान विष्णु के दशावतारों में से वामन, नरसिंह, कृष्ण, राम की विभिन्न कलात्मक मूर्तियाँ है। मन्दिर परिसर में कुछ मूर्तियाँ खंडित भी है। (चित्र सं.2.25) , (चित्र सं.2.26) , (चित्र सं. 2.27) मन्दिर के गर्भगृह में कोई मूर्ति नहीं है। जनश्रुतियों के अनुसार इस मन्दिर के निर्माण समय छैमासी रात थी। तब शिवरीनारायण और जांजगीर के मन्दिर निर्माण में प्रतियोगिता हुई। भगवान नारायण ने घोषणा की जो मन्दिर पहले पूरा होगा, वह उसमें स्थानापन्न होंगे। शिवरीनारायण का मन्दिर पहले पूरा हो गया और भगवान विष्णु उसमें प्रविष्ट हो गए। जांजगीर का यह मन्दिर सदा के लिए अधूरा छूट गया। इसीलिए इसके गर्भगृह में कोई प्रतिमा स्थापित नहीं है। दूसरी कथा महारथी भीम से जुड़ी है। इसमें बताया जाता है कि भीमा तालाब का निर्माण भीम ने पांच बार फावड़ा चलाकर खोदा था। और इस मन्दिर का निर्माण भी भीम ने ही किया है। एक बार भीम और विश्वकर्मा में एक रात में मन्दिर बनाने

*चित्र सं. 2.25*

*चित्र सं. 2.26*

*चित्र सं. 2.27*

की स्पर्धा हुई। तब भीम ने इस मन्दिर का निर्माण कार्य शुरू किया। मन्दिर निर्माण के दौरान भीम की छन्नी हथोड़ा नीचे गिर जाती। तब एक हाथी उसको वापीस लाकर देता था। लेकिन एक बार भीम की छन्नी हथौड़ी तालाब में गिर गई। जिसे हाथी वापस नहीं लाया और सवेरा हो गया। भीम दुखी हो गया और गुस्से में आकर उसने हाथी के दो टुकड़े कर दिए। आज भी मन्दिर परिसर में भीम और हाथी की खंडित मूर्तियाँ लगी है। इस मन्दिर के पास ही कलचुरी काल में बना शिव मन्दिर भी है।

## भोरमदेव मन्दिर

छत्तीसगढ में कवर्धा से कुछ दूरी पर भोरमदेव मन्दिर स्थित है। यह मन्दिर कामुक प्रतिमाओं के लिए प्रसिद्ध है, जिसे छत्तीसगढ़ का खजुराहो भी कहा जाता है। इस मन्दिर का निर्माण नागवंश के राजा गोपालदेव ने ग्यारहवीं शताब्दी में किया था। नागर शैली में पूर्वाभिमुख बना यह मन्दिर मूलतः शिव को समर्पित है। इस मन्दिर के ऊपरी भाग का शिखर नहीं है। इस क्षेत्र में कई जनजातियाँ निवास करती है, जो शिव को भैरव अर्थात भोरमदेव कहती है। मन्दिर के गर्भगृह में काले पत्थर से बना शिवलिंग स्थापित है। साथही पंचमुखी नाग, नृत्यरत गणेश, ध्यानमग्न अवस्था में राजसी पुरुष एवं उपासना करती स्त्री की मूर्ति भी है। पूर्वाभिमुख इस मन्दिर के मंडप में 16 खंबे है। मंडप में लक्ष्मी, विष्णु, गरूड़ की मूर्तियाँ रखी है। प्रवेश द्वार पर गंगा-यमुना की मूर्तियाँ उत्कीर्ण की गई है। मन्दिर की बाहरी दीवारों पर तीन समानांतर क्रम में विभिन्न मुर्तियों को उकेरा गया है। जिसमें प्रमुख रुप से भगवान

*चित्र सं. 2.28*

विष्णु, चामुंडा, गणेश, लक्ष्मी विष्णु, वामन अवतार, देवी सरस्वती, शिव का अर्धनारीश्वर रूप तथा एवं अन्य देवी-देवताओं की मुर्तियाँ है। मन्दिर की जंघा पर खजुराहों के मन्दिरों की भांति कामसुत्र की 54 मिथुन मुर्तियाँ तीन पंक्तियों में कलात्मक तरीके से उत्किर्ण हैं। सावन मास में यहाँ कई लोग नर्मदा का जल लाकर भोरमदेव का जलाभिषेक करते हैं। मन्दिर की बाई तरफ लाल रंग का हनुमान मन्दिर है, जिसमें हनुमान नृत्य कर रहे हैं। (चित्र सं.2.28) यहाँ बने अन्य मन्दिर में मडवा महल प्रमुख है, जिसे दूल्हादेव भी कहते हैं। यह नागवंशी शासक हैहयवंशी रानी के शादी के स्मारक के रूप में जाना जाता है। इसका निर्माण राजा रामचंद्र देव की पत्नी अंबिका देवी ने करवाया था। यह सोलह स्तंभों पर खड़ा है, जिसपर देवी-देवताओं की अप्रतिम मुर्तियाँ उत्कीर्ण की गयी हैं। मन्दिर के गर्भगृह में शिवलिंग स्थापित है। महल में फनी नागवंशी शासकों की वंशावली चिन्हित की गई है। इस मन्दिर के पास ही बुढ़ा मन्दिर एवं छेरकी मन्दिर (महल) है। जहाँ पहले काफी सारी शेरी अर्थात बकरियां चराई जाती थी।

## लक्ष्मणेश्वर मन्दिर, खरौद

खरौद जिला बिलासपुर में स्थित लक्ष्मणेश्वर मन्दिर शिव को समर्पित है। इस मन्दिर का निर्माण सिरपुर के चंद्रवंशी राजाओं द्वारा किया गया था। इस मन्दिर में खंडित शिलालेख है, जिसमें इंद्रबल तथा इशानदेव का उल्लेख है। यहाँ शिव के विराट स्वरूप की पूजा दुल्हादेव के रूप में की जाती है। साथ ही शक्ति एवं कंकाली देवी की पूजा भी होती है। मन्दिर में एक लाख छिद्रों वाला शिवलिंग स्थापित है। इस शिवलिंग की स्थापना स्वयं लक्ष्मण ने की थी। इसको एक लाख छिद्र है, इसलिए इसको लक्ष लिंग भी कहा जाता है। इसका एक छिद्र पातालगामी है, जिसमें कितना भी जल डालो सब उसमें समा

*चित्र सं. 2.29*

जाता है। जनश्रुतियों के अनुसार रावण वध के पश्चात लक्ष्मण ने राम द्वारा इस मन्दिर की स्थापना करवाई थी। क्योंकि रावण एक ब्राह्मण था, इसलिए राम को उसकी हत्या का दोष लगा था। इसीलिए ब्रह्महत्या दोष निवारण हेतु राम नें यहाँ शिवपुजा की थी। इस पूजा हेतु लक्ष्मण शिवरीनारायण जल लाने गये। तब वह बीमार हो गए। उन्होंने शिव की आराधना की, शिव ने उनको दर्शन दिए और वह लक्षलिंग के रूप में विराजमान हो गए। लक्ष्मण ने लिंग की पूजा की और जल अर्पित किया। इसीलिए इसको लक्ष्मणेश्वर शिवलिंग के नाम सें जाना जाता है। (चित्र सं.2.29) यहाँ पर ही राम ने खर और दूषण असुरों का वध किया था, इसीलिए इसको खरौद कहा जाता है। नागर शैली में बना यह मन्दिर मंडप, नंदी मंडप और भोगशाला में वर्गीकृत किया गया है। पूर्वाभिमुख मन्दिर के प्रवेश द्वार पर गंगा-यमुना की मूर्तियाँ विराजित है। बाहरी मंडप में बीस स्तंभों पर रामकथा के परिदृश्य उत्कीर्ण है। प्रवेश द्वार के पास दो पाषाण स्तंभ है, उनमें से एक स्तंभ में कैलासोत्तालन तथा अर्धनारीश्वर के दृश्य है। जिसमें रावण हिमालय को उठा रहा है, उसका सिर गधे का दिखाया गया है। दूसरे स्तंभपर रामकथा से सम्बन्धित राम सुग्रीव मैत्री, बाली वध, सीताहरण, अशोक वाटिका में सीता हनुमान भेंट तथा राम सीता लक्ष्मण के दृश्य अंकित किये गए हैं। साथ ही शबरी मन्दिर स्थित है। जिसके स्तंभोंपर राम-लक्ष्मण की मानवाकार मुर्तियाँ बनी है। यहाँ बने सौंदर्यदेवी मन्दिर में राम का वनगमन, वानर सेना का सहयोग, बाली सुग्रीव युद्ध, हनुमान द्वारा सीता को मुद्रिका प्रदान करना, राम-लक्ष्मण धनुष बाण के साथ ऐसे कई दृश्य अंकित किये गए हैं। जिसका निर्माण दसवीं-ग्यारहवीं शताब्दी का बताया जाता है।

## लक्ष्मण मन्दिर, सिरपुर

छत्तीसगढ़ के महासमुंद जिले का सिरपुर राम वनगमन पथ का प्रमुख स्थल है। यहाँ छठवीं शताब्दी में सोमवंशी राजाओं द्वारा निर्मित लक्ष्मण मन्दिर, खुदाई में निकला राम मन्दिर, सुरंग टीला मन्दिर आदि प्रसिद्ध है। महानदी के तट पर बने यह मन्दिर भारत के वैभवशाली स्थापत्य, संस्कृति और मूर्ति कला को प्रदर्शित करते हैं। यहाँ बना लक्ष्मण मन्दिर भगवान विष्णु को समर्पित है। अभिलेख में इसे हरी अर्थात विष्णु मन्दिर के रूप में बताया गया है। इसका निर्माण महान पाण्डूवंशीय शासक हर्ष गुप्त की राजमहिषी एवं महाशिवगुप्त बालार्जुन की माता रानी वासष्टा द्वारा अपने पति की स्मृति में कराया था। पूर्वाभिमुख बना यह मन्दिर उंची जगती पर निर्मित है। इस मन्दिर के भू संयोजन में गर्भगृह, अंतराल एवं स्तंभयुक्त मंडप के अवशेष दृष्टिगोचर होते हैं। पंच शाखा प्रकार के इस द्वार में क्रमशः पत्र शाखा, रत्नशाखा, मिथुन शाखा, पुनः पत्र शाखा तथा दशावतार शाखायें है। जिसमें वराह, कुर्म, मत्स्य, राम आदि अवतारों का अंकन किया गया है। गर्भगृह के ललाटबिंब पर शेषशायी विष्णु का अंकन है। विष्णु के नाभि से ब्रह्मा को निकलते दिखाया गया है। साथ ही विष्णु के चरणों में माता लक्ष्मी विराजमान है। सिरदल की दायी ओर हयगीव व बायी ओर केशी वध का चित्रण है। हालांकि यह मन्दिर विष्णु को समर्पित माना जाता है। लेकिन इसके गर्भगृह में लक्ष्मण प्रतिमा विराजमान है। जो पांच फनों वाले

शेषनाग पर आसीन है। इस मन्दिर का निर्माण लगभग सातवीं शताब्दी में हुआ है। नागर शैली में बनाया गया यह मन्दिर पूरी तरह लाल इष्टिका (ईंटों) से बना है। इस मन्दिर में ईटों पर नक्काशी करके सुंदर कलाकृतियाँ निर्माण की गई है। जो काफी कलात्मक है। मन्दिर प्रवेशद्वार के दोनों तरफ विष्णु के दस अवतारों के मूर्ति शिल्प उत्कीर्ण किये गए हैं। पाच अवतार मन्दिर की दाई और तो पाच बायी ओर उत्कीर्ण किये गए हैं। जिसके एक मूर्ति में राम-लक्ष्मण हनुमान के साथ उत्कीर्ण किये गए हैं। हनुमान के कंधे पर गदा है, तो राम लक्ष्मण के सिरपर मुकुट बनाए गए हैं। तत्कालीन बौद्ध संस्कृति का प्रभाव यहाँ बनी मूर्तियों पर स्पष्ट दिखाई देता है। (चित्र सं.2.30) मन्दिर का स्थापत्य एवं दीवारों पर उकेरी गयी नक्काशी, आकल्पन प्राचीन संस्कृति का परिचायक है। लक्ष्मण मन्दिर के परिसर में एक पुरातत्व संग्रहालय भी बना है। जहाँ हिंदू, बौद्ध तथा जैन धर्म से जुड़े हस्तशिल्प रखे गए हैं। इस संग्रहालय में चतुर्मुखी शिवलिंग सबके आकर्षण का केंद्र है।

*चित्र सं. 2.30*

## वेरूल (एलोरा) गुफाएँ

महाराष्ट्र का वेरूल (एलोरा) एक महत्वपूर्ण प्राचीन स्थल है। यहाँ संपूर्ण विश्व में सबसे बड़ी चट्टान को काटकर बनाए गए मठ, मन्दिर, गुफाओं का समुह है। जिन पहाड़ियों को काटकर यह गुफाएं बनायी गई है, वह दक्कन की सहयाद्री पर्वत माला का हिस्सा है। यहाँ अलग-अलग धर्म से सम्बन्धित गुफाएं बनी है। जिसमें ब्राह्मण, बौद्ध तथा जैन धर्म से संबधित गुफा शामिल है। यह गुफाएं लगभग 6-7 वीं शताब्दी से 11-12वीं शताब्दी तक बनी है। यहाँ कुल मिलाकर सौ गुफाएं हैं। जिनमें 34 गुफाएं प्रसिद्ध है। इन गुफाओं में 1 से 12 नं की गुफाएं बौद्ध धर्म से सम्बन्धित है। 13 से 19 गुफाएं ब्राह्मण

धर्म से तो 30 से 34 जैन धर्म से सम्बन्धित है। एलगंगा के उपर दो गुफाओं समूह का है। जिससे गणेश लेणी एवं जोगेश्वरी लेणी कहा जाता है। वेरूल गुफाओं के निर्माण में कई राजवंशों का योगदान रहा है। हालांकि इनमें से अधिकांश के शिलालेखीय साक्ष्य उपलब्ध नहीं है। यहाँ अधिकांश ब्राह्मण तथा बौद्ध धर्म से सम्बन्धित गुफाओं का निर्माण राष्ट्रकूटा ने किया है। हालांकि ऐसा माना जाता है कि यहाँ की कुछ गुफाएं राष्ट्रकूटों के पहले निर्माण हुई थी। जो कलचुरी एवं चालुक्य कालीन बताई जाती है। इनके निर्माण संबंधी केवल एक शिलालेख गुफा नंबर 15 के अपर मंडप की पिछली दीवार पर राष्ट्रकूट दन्तीदुर्ग (753-57 ई.) का है। यहाँ बने गुफा नं 16 कैलाश मन्दिर की है उसका निर्माण श्रेय कृष्ण प्रथम (757-83 ई.) ने किया था। जो दन्तीदुर्ग का उत्तराधिकारी था। यहाँ से निकलने वाली नदी एलगंगा आगे गोदावरी में मिल जाती है। जिसका जलप्रपात गुफा नंबर 29 से गिरता है। यहाँ से 'सीता की नहानी' पर पहुँचा जा सकता है। यहाँ के गुफा नं.14 रावण का खाई कहा जाता है। जहाँ शिवलिंग स्थापित है। उसके सामने विशाल स्तंभ युक्त अहाता है। बाजू में परिक्रमा पथ बना है। अहाते की दीवारों पर शैव और वैष्णव धर्म से सम्बन्धित मूर्तियाँ उत्कीर्ण की गई है। दक्षिण दीवार पर महिषासुरमर्दिनी, भगवान शिव और पार्वती चौसर खेलते हुए, भगवान शिव दिव्य नृत्य करते हुए तथा गजसंहार का परिदृश्य हैं। यहाँ एक शिल्प में रावणानुग्रह प्रसंग उत्कीर्ण है। (चित्र सं.2.31) जिसमें रावण कैलाश पर्वत को हिला रहा है और बाद में शिव उसे क्षमा कर आशीर्वाद दे रहे हैं। दक्षिण दीवार पर उल्लू के साथ चामुंडा,

*चित्र सं. 2.31*

हाथी के साथ इंद्राणी, वराह के साथ वराही, मोर के साथ कौमारी, वृषभ के साथ माहेश्वरी एवं हंस के साथ सरस्वती ऐसी सप्तमातृकाएँ बनी है। उत्तर दीवार पर दुर्गा, गजलक्ष्मी, विष्णु का वराह अवतार, विष्णु और लक्ष्मी की मूर्तियाँ है। गुफा नं. 15 दो मंजिलों में बनी है जिसके ऊपरी मंजिलों के स्तंभों पर बौद्ध तथा निचले हिस्से में सनातन धर्म से सम्बन्धित मूर्तियाँ है। पहली मंजिल पर गणपति, पार्वती, सूर्य, शिव और पार्वती, महिषासुरमर्दिनी, अर्धनारीश्वर, दुर्गा, तपस्या मुद्रा में पार्वती और काली की मूर्तियाँ है। इस गुफा की दूसरी मंजिल बड़ी विस्तृत है। जिसके उत्तरी दीवार पर गजसंहार, नटराज, दुर्गा, चौसर खेलते शिव पार्वती, कल्याणसुंदर, रावणानुग्रह की मूर्तियाँ तो पिछली दीवार पर मार्कंडेय, गंगाधर, गणपति, पार्वती, गजलक्ष्मी, शिव और त्रिपुरांतक की मूर्तियाँ है। दक्षिण दीवार पर गोवर्धन धारी, शेषशायी विष्णु, वराह अवतार, वामन, त्रिविक्रम, नरसिंह अवतार की मूर्तियाँ है। यहाँ बने कक्ष नक्काशी से अलंकृत किये गए हैं। 29 वीं गुफाँ में रावणानुग्रह शिल्प है। जिसमें रावण कैलाश पर्वत को अपने हाथों से उठा रहा है। पर्वतपर माता पार्वती तथा शिव विराजमान है। आजू बाजू में शिव के गण खडे है।

## रामायण पट, गुफा नं 16 कैलाश मन्दिर

वेरूल के गुफा नं 16 में एकही शिलाखंड को तराशकर विशाल शैल मन्दिर का निर्माण किया गया है। जिसे कैलाश मन्दिर के नाम से जाना जाता है। जो अदभूत, अकल्पनिय है। इस मन्दिर का निर्माण राष्ट्रकूट शासक नरेश कृष्ण प्रथम ने इ.757-783 के दौरान किया था। ऐसा कहते हैं कि इस मन्दिर का निर्माण करने में सौ साल से ज्यादा का वक्त लगा था, इसके निर्माण में करीब सात हजार कारीगर निरन्तर लगाए गए थे। 276 फिट लंबे और 154 फिट चौड़े मन्दिर को एक शिलाखंड को तराशकर बनाया गया है। जिसमें 40 टन पत्थर तराशा गया। मन्दिर का प्रारूप कैलाश के तर्जपर किया गया। यूनेस्को ने इसको इ.स.1983 में विश्व विरासत स्थल घोषित किया है। मन्दिर में सामने द्राविडियन शैली में दो मंजिला गोपुर (प्रवेश द्वार) बना है। यहाँ गंगा और यमुना की मूर्तियाँ बनी है। इसके बाद गजलक्ष्मी की विशाल मूर्ति स्थापित है। यहाँ दीवारों पर शिव और विष्णु, अष्टदिग्पाल की मूर्तियाँ अलंकृत है। आगे की दीवार पर शिव, ब्रह्मा, हरिहर, अष्टदिग्पाल, वामन, त्रिविकम, नृसिंह, नटराज आदि की मूर्तियाँ उत्कीर्ण की गई है। दक्षिण में भूमिगत जलकुंड बना है। मन्दिर के विशाल प्रांगण में दो विशाल हाथी, स्तंभ बने है। इसकी पिछली दीवार पर महिषासुरमर्दिनी, गरुड़ासीन विष्णु, कामदेवता, त्रिपुरातंक शिव आदि का चित्रण है। उत्तरी भाग में एक मन्दिर बना है जिस पर गंगा, यमुना और सरस्वती की मूर्तियाँ है। मन्दिर के आगे उपासना कक्ष है। मन्दिर का मुख्य भाग समानांतर चतुर्भुज बना है। मुख्य मन्दिर की दीवारे हाथी, सिंह, मिथकीय जानवरों की मूर्तियों अलंकृत की गई है। यहाँ रामायण, महाभारत और कृष्ण लीला से सम्बन्धित मूर्तियाँ बनी है। जो इन महाकाव्यों को शिल्पों के द्वारा प्रकट करती है। मुख्य मन्दिर चबूतरे पर स्थित है। जिसके पाच गौण मन्दिर बनाए गए हैं। मन्दिर

के भीतर स्तंभ मंडप, अंतराल, गर्भगृह है। मंडप की छतों पर चित्रकारी की गई है। जो राष्ट्रकूट कालीन तथा अहिल्याबाई होलकर के शासनकाल में की गई थी। कुछ जगह चुने की पुताई और गेरुआ रंग भी मिलता है। स्तंभों एवं छतों पर उत्कीर्ण नटराज की मूर्ति अति विशाल तथा आकर्षक है। मुख्य मन्दिर में जाते समय उमा महेश्वर, अन्नपूर्णा, मगरमच्छ और कछुए के साथ गंगा-यमुना की मूर्तियाँ है। गर्भगृह में विशाल योनिपीठ पर एकाश्मी लिंग है। छत पर कमल अलंकृत किया गया है। गर्भगृह के बाहर विशाल प्रदक्षिणा पथ बना है। जिस पर स्वतंत्र वेदिकाएँ बनी है। मुख्य प्रवेश द्वार के सामने नंदी मंडप है। जहाँ एक विशाल नंदी स्थापित किया गया है। नंदी मंडप के भीतरी भाग में रामायण की विभिन्न घटनाओं को सुंदर रूप से चित्रित किया गया है। यहाँ राष्ट्रकूट कालीन अभिलेख है। यहाँ बने गलियारों में पुल के नीचे गजसंहार तथा साधना रूप में शिव मूर्तियाँ स्थापित है। मुख्य मन्दिर की दक्षिण दीवार पर रावणानुग्रह मूर्ति शिल्पित है, जिसमें रावण कैलाश पर्वत को हिला रहा है। दक्षिण भाग में सप्तमातृकाओं की खंडित मूर्तियाँ है। जो अपूर्ण लगती है।

मन्दिर के उत्तरी दिशा के दीवार पर महाभारत, तो दक्षिण दिशा (पिछली बाजू) में रामायण का शिल्प पट उत्कीर्ण किया गया है। जिसमें आठ पट्टिकाओं में रामायण शिल्पित हुआ है। रामकथा की शुरुआत बाएँ से दायी तरफ होती है, फिर अगले दृश्य में वह बाएं से दाये तरफ जाता है। यह सिलसिला ऐसे ही आगे बढ़ता है। सबसे ऊपर पहली पंक्ति में राजा दशरथ गुरु वशिष्ठ के साथ बैठे है। सामने राम, सीता, लक्ष्मण वनगमन प्रस्थान कर रहे हैं। आगे अयोध्या से निकलकर वह गंगा किनारे शृंगवेरपूर आए हैं। वहाँ उन्होंने श्रद्धापूर्वक गंगा को पार किया है। दूसरे पट्टी में पंचवटी में स्थित राम वनवास का दृश्य है। जहाँ झोपड़ी में राम, लक्ष्मण, सीता बैठे हैं। वहाँ रावण की बहन शूर्पणखा आयी है। उसने सीता के बारे में अनाप-शनाप कहा, तब गुस्से में आकर लक्ष्मण ने उसकी नासिका काट दी। उसके बाजू में खर-निखर तथा राम-लक्ष्मण युद्ध दृश्य है। फिर वहाँ से एक्कपन राक्षस भाग रहा है। तिसरी पट्टी में राम, लक्ष्मण, सीता विराजमान हैं। तभी सीता को सुवर्णमृग दिखाई देता है। राम मृग के पीछे धनुष लेकर भागते है, लक्ष्मण उसकी मदद को जाते हैं। तभी जटाधारी साधु के रूप में रावण सीता का हरण कर लेता है। शोकाकुल राम-लक्ष्मण सीता शोध करने निकलते हैं। फिर जटायु राम को सारी हकीकत बताते हैं। आगे राम की मुलाकात सुग्रीव से होती है। राम हनुमान भेंट भी होती है। चौथी पट्टी में राम सात वृक्षों के पीछे से बाण चला रहे हैं, उनके आगे बाली-सुग्रीव का युद्ध शुरू है। इस प्रसंग में बाली का जब वध होता है, तो उसकी पत्नियाँ रूमा तथा तारा आलाप कर रही है। उसके बाजू में सुग्रीव का राज्याभिषेक का दृश्य है। फिर हनुमान, नल, नील, जामुवंत, अंगद ऐसे पाँच वीर सीता को ढूंढने निकले है। पांचवी पट्टी में पांच वीरों को सीता दिखाई नहीं देती। वह वापिस आकर राम, लक्ष्मण को सारी बात बताते हैं। तब जटायु का भाई संपाती सुवर्ण द्वीपपर सीता को ढूंढने का सुझाव देता है। तब हनुमान के साथ सब वीर फिर से सीताशोध को निकलते हैं। हनुमान सबके सामने है। वहाँ से गुजरते समय सूरस राक्षसी हनुमान को खाने की इच्छा प्रकट करती है। तब हनुमान

उसके मुंह में जाकर छोटा रूप धारण करते हैं। फिर उसके पेट से बाहर निकल जाते हैं, ऐसा दृश्य है। (चित्र सं.2.32) छठी पट्टी में अशोक वन का दृश्य है। जहाँ एक वृक्ष के नीचे सीता बैठी है, उसके सामने हनुमान खड़ा है, जो राममुद्रा उसे दे रहा है। अगले दृश्य में रावण पुत्र इंद्रजीत ने ब्रह्मास्त्र चलाकर हनुमान को पकड़ा है। रावणपुत्र अक्ष का शव नीचे पड़ा है। इंद्रजीत ने हनुमान को बंदी बनाकर रावण के सामने दरबार में पेश किया है। वहाँ हनुमान खुद के पूंछ का आसन बनाकर बैठा है। तब रावण ने हनुमान के पूंछ को आग लगाने की आज्ञा दी है। जब हनुमान की पूंछ जलने लगती है, तो वह लंका नगरी की तरफ भागता है। जिससे वहाँ अग्नितांडव होता है। जिसमें गजराज सहित सब आग में झुलस जाते हैं। ऐसा लंका दहन का दृश्य इस पट्टी का आकर्षण है। सातवीं पट्टी में वानर सेना समंदर में सेतू निर्माण कर रही है। सामने खड़ा स्थापत्य विशारद सबको मार्गदर्शन कर रहा है। बाजुमें समंदर की लाटाएँ उछल रही है। आखरी पट्टी में राम-रावण युद्ध के प्रसंग दिखाए गए हैं। युद्ध चल रहा है, सब वीर बड़े धैर्य से लड़ रहे है। राम ने रावण का वध कर दिया है। यहाँ रामायण खत्म होता है।

कैलाश मन्दिर के प्रदक्षिणा पथपर दक्षिण द्वार के पास सभामंडप में जटायु वध की प्रतिमा उत्कीर्ण है। जिसमें रावण सीता को रथ में बिठाकर ले जा रहा है। उसको जटायु का विरोध झेलना पड़ रहा है, तब रावण जटायु के पंख तोड़ रहा है। इसी वेरुल के मूर्ति शिल्पों में निम्नोक्त संक्षिप्त रामकथा भी उकेरी गयी है।

**"अदौ राम तपोवानादि गमनं, हत्वा मृगं कांचनम्।**
**वैदेही हरणं जटायु मरणं सुग्रीव संभाषणम्।।**

*चित्र सं. 2.32*

**वालीनिर्दनलं समुद्र तरणं लंकापुरि दाहनंम्।**
**पाच्छाद् रावणकुंभकर्ण हननं तद्धि रामायणम्।।"**

आगे कैलाश मन्दिर की पूर्व दिशा में स्थित प्रवेशद्वार के समीप जाते ही कुछ मूर्तियाँ दिखाई देती हैं। जहाँ एक मूर्ति में लंकापती रावण भगवान शिव को अपने सिरकमल अर्पण कर रहा है। इसके संदर्भ में जनश्रुतियों में एक कथा प्रचलित है। जिसके अनुसार रावण की भक्ती देखकर भगवान शिव ने उसकी परीक्षा लेनी चाही। शिव ने रावण के आरती पात्र सें कुछ कमलपुष्प निकाले। पूजा के समय रावण को यह बात पता चली, तो उसने कमलपुष्प की जगह अपने सिर को अर्पण करना शुरू कर दिया, धीरे धीरे उसने शिव के सामने नौ सिर अर्पण किए। दसवां सिर अर्पण करते समय भगवान शिव प्रसन्न हो गए। ऐसा परिदृश्य इस मूर्ति में उत्कीर्ण है। काले पत्थरों को तराश कर बनाए गए यह मूर्ति अच्छी अवस्था में है। ऐसा ही परिदृश्य विदर्भ के मार्कंडा मन्दिर समूह में अंकित किया गया है।

गुफा नं 20 को रामेश्वर गुफा कहा जाता है। सनातन धर्म से सम्बन्धित यह सबसे पुरानी गुफा है। यहाँ शिवलिंग की पूजा की जाती है। गुफा के समक्ष ऊंचे चबूतरे पर नंदी की मूर्ति स्थापित है। गुफा में आयताकार मंडप में एक दीवार पर मूर्तियाँ उत्कीर्ण की गई है। मंडप के प्रवेशद्वार के दोनों तरफ गंगा और यमुना की मूर्तियाँ है। उत्तर दक्षिण में स्थित प्रकोष्ठ में दीवारों पर सप्तमातृकाओं की विशाल मूर्तियाँ है। पूर्वी दीवार पर नटराज और पश्चिमी दीवार पर काली की मूर्ति है। उत्तर की और शिव पार्वती के विवाह तथा पश्चिम दीवार पर सुब्रमण्यम की मुर्ति है। पूर्वी दीवार पर महिषासुरमर्दिनी तो उत्तर में रावणानुग्रह की मूर्ति है। बाजू में शिव पार्वती चौसर खेलते हुए उत्कीर्ण है। गर्भगृह के चारों और प्रदक्षिणा पथ बना है। गुफा नंबर 29 (डुमर लेणी) एलगंगा झरने के बाजू में स्थित सीता नहाने के बगल में स्थित है। यहाँ मन्दिर में विशाल लिंग तथा प्रवेश मार्ग पर द्वारपाल है। यहाँ मंडप में रावणानुग्रह की मूर्ति वैशिष्टपूर्ण है। जिसमें रावण कैलाश पर्वत को हिला रहा है। (चित्र सं.2.33) शिव उसको वरदान दे रहे हैं। उसके बाजू में शिव कल्याण एवं लकुलिसा इत्यादि मूर्तियाँ शामिल है।

वेरूल गुफाओं की मूर्तियाँ रामकथा से अपना अटूट रिश्ता जोड़ती है। यहाँ पूरा रामायण तो उत्कीर्ण है। साथ में रावण के जीवन की कई घटनाएँ परिलक्षित होती है। विष्णु के 10 अवतार यहाँ विभिन्न रूपों में उत्कीर्ण किये गए हैं, जिससे उस काल में प्रचलित सनातन धर्म में दशावतारों की लोकप्रियता प्रतिबिंबित होती है। कलचुरी, चालुक्य और राष्ट्रकूट तथा परावर्ती काल में रामायण कितना प्रचलित था, इसका अंदाजा इस मूर्तियों से लगाया जा सकता है। यह गुफाएं ब्राह्मण, बौद्ध तथा जैन धर्म के एकत्रित समन्वय की परिचायक भी रही है। जो तत्कालीन सहिष्णुता की भावना को दर्शाती है। जिससे प्राचीन भारत की सभ्यता का कलात्मक, तकनीकी और धार्मिक परिवेश परिलक्षीत होता है।

*चित्र सं. 2.33*

## एलिफेंटा (घारापुरी) गुफाएँ

एलिफेंटा की गुफाएँ मुंबई से लगभग 11 किलोमीटर उत्तर पूर्व की तटीय पहाड़ियों पर स्थित है, जिनको घारापुरी कहा जाता है। एलिफेंटा नाम पुर्तगालियों द्वारा उनके शासनकाल में यहाँ पर बने पत्थर के हाथी के कारण दिया था। यह गुफाएं लगभग 7 किलोमीटर क्षेत्र में फैली है। पुरातत्वविदों के अनुसार इन गुफाओं का निर्माण चालुक्य राजा पुलकेसी ने किया था। इस द्वीप पर विभिन्न राजवंशों ने शासन किया। जिसमें कोंकण मौर्य, बदामी के चालुक्य, शिलाहारों, राष्ट्रकुटों देवगिरी के यादव, मराठा, पुर्तगालियों तथा अंग्रेज शामिल थे। यह गुफाएँ दो समूहों में विभाजित है, उनमें पहला समुह बाह्मण गुफाओं का, तो दूसरे में दो बौद्ध गुफाएं हैं। बाह्मण गुफाओं में चट्टानों पर शिव मूर्तियाँ है। इसमें गुफा सं.1 अपनी मूर्तिकला के लिए प्रसिद्ध है। इस गुफा में तीन प्रवेश द्वार बने हैं। यहाँ तीन विशाल ताक बने हैं, जो विशाल स्तंभों से विभक्त है। हर ताक में द्वारपाल स्थापित है। पूर्वी भाग में शिव के अर्धनारीश्वर रूप की मूर्ति है। पश्चिम की ओर शिव और पार्वती चौसर खेलते हुए उत्त्कीर्ण है। बीच में त्रिमूर्ति है, जिसके तीन रूप बडे आकर्षक एवं विलोभनीय हैं। जिसमें पहला अघोर अर्थात विशुद्ध एवं भयानक, दूसरा तत्पुरुष जो हितेषी एवं विचारमग्न, तीसरा वामदेव अर्थात सोम्य एवं दयाल की भांती है। इस गुफा में भीतर अंधकासूरवध, नटराज, कल्याणसुंदर, गंगाधर, रावणानुग्रह एवं लकुलिसा के रूप में शिव की मूर्तियाँ उत्तीर्ण की गई है। पूर्वी द्वार के निकट सप्तमातृकाएँ उत्कीर्ण है।

यहाँ जो रावणानुग्रह की मुर्ति है। (चित्र सं.2.34) इसके निचले हिस्से में रावण है, जिसने दस हाथों से कैलाश पर्वत को उठाया है। बाजू में शिव गण रावण का मज़ाक उड़ा रहे हैं। ऊपरी हिस्से

*चित्र सं. 2.34*

के बीच शिव-पार्वती अर्धपर्यकासन स्थिती में विराजमान है, उनके आजू-बाजू में गंधर्व-अप्सराएँ है। इसके संदर्भ में ब्रम्हपुराण कथा के अनुसार लंकापती रावण कुबेर को परास्त करने पश्चात लंका जा रहा था। रास्ते में उसने कैलाश पर्वत देखा, वह शर्वण नामक स्थलपर रूक गया। उसके बाजू में सुंदर बगीचा था। रावण के मन में बगीचा देखने की इच्छा हुई, तो वह निकल पड़ा। लेकिन द्वारपालों ने उसको रोका और कहा, 'अंदर शिव अपनी पत्नी उमा के साथ क्रीडा कर रहे हैं, आप अंदर नहीं जा सकते'। तब रावण को क्रोध आया। वह कैलाश के नीचे गया और अपने हाथों से पर्वत को हिलाकर उखाड़ने लगा। सभी चिंताग्रस्त हो गए। फिर भगवान शिवने पैरों के बोट में कैलास को दबा के रखा। यह बात रावण समझ गया। उसका गर्वहरण हो गया। वह शिव की स्तुति करने लगा। भगवान शिव ने उसपर प्रसन्न होकर उसे 'वीणा' (वाद्ययंत्र) तथा 'तलवार' भेट दी। ऐसा दृश्य इस मुर्ति में उकेरा गया है। इसके काफी अवशेष टूट चुके हैं, जिसके कारण इसकी परिपूर्णता नहीं हो पाती।

## रावणानुग्रह, औंढ़ा नागनाथ

महाराष्ट्र में औंढ़ा जिला हिंगोली का नागनाथ बारह ज्योतिर्लिंगों में से एक है, जहाँ हेमाडपंथी शैली में बना नागनाथ का भव्य मन्दिर है। जिसका सभामंडप वृत्ताकार है, जो अष्ट स्तंभोंपर खड़ा है। यहाँ मुख्यमंडप, सभामंडप, अंतराल एवं गर्भगृह ऐसे मन्दिर की संरचना है। गर्भगृह में भगवान विष्णु की मूर्ति है, उसके तल में नागनाथ ज्योतिर्लिंग है। मन्दिर के ढांचे पर अर्धकमल, गजपट्टा, अश्वपट्टा, नरपट्टा एवं अर्धकमल जैसी नक्काशी बनी है। मन्दिर की बाहरी दीवारों पर नृत्यमय शिव, भैरव,

*चित्र सं. 2.35*

महिषासुरमर्दिनी, अंधकासुर वध, गजासुर वध, पंचमुखी शिव, चामुंडा, अष्टदिक्पाल, दशावतार की मूर्तियाँ हैं। इसमें रावणानुग्रह मूर्ति सबके आकर्षक है। जिसमें भगवान शिव तथा माता पार्वती कैलाशपर सव्यललितासन की मुद्रा में बैठे हैं। शिव के बाएं हाथ में त्रिशूल तथा दाया हाथ माता पार्वती के कमरपर रखा हुआ है। पौराणिक आख्यानों के अनुसार लंकापती रावण जब भगवान शिव को मिलने हेतु कैलाश पर्वतपर आया। तब शिव पार्वती के पास विराजमान थे, इसलिए शिव के गणों ने उसको महल के भीतर नहीं जाने दिया। (चित्र सं.2.35) लेकिन रावण कहाँ रुकने वाला था, उसने पूरा पर्वत उठा लिया। इस मुर्ति में रावण वज्रासन में बैठा है। यह मुर्ति रावण की शिवभक्ति का महिमा दर्शाती है।

## भुलेश्वर मन्दिर

पुणे के पास स्थित भुलेश्वर मन्दिर का निर्माण बारहवीं शताब्दी में यादवकाल में किया गया। जगती पर स्थापित यह मन्दिर पूर्वाभिमुख है। प्रवेश द्वार के दोनों तरफ द्वारपालों की मूर्तियाँ है। इस के बाजू में शेर हाथी का एक शिल्प उत्कीर्ण किया गया है। यह मन्दिर महादेव को समर्पित है। ऐसा माना जाता है कि यहाँ माता पार्वती ने भगवान शिव के लिए नृत्य किया था। इस नृत्य में तल्लीन होकर शिव सारी बातें भूल गए थे और उन्होंने पार्वती से विवाह कर लिया। इसीलिए इस मन्दिर मैं स्थापित भगवान शिव को भूलेश्वर कहा जाता है। मन्दिर के गर्भगृह में शिवलिंग स्थापित है। चौतरफा दीवार, नगारखाना और शिखर बने है। जो मराठा शैली के परिचायक है। मन्दिर परिसर में कई मानवीय तथा देवी-देवताओं की मूर्तियाँ दिखाई देती है। मंडप की दीवारों पर युद्ध प्रसंग, हाथी, पशु-पक्षी, रामायण एवं महाभारत

के कई परिदृश्य उत्कीर्ण किये गए हैं। जो मध्यकालीन मूर्ति शिल्प एवं स्थापत्य कला का यह मन्दिर बेहतरीन नमूना है। शिखर शैली में निर्मित इस मन्दिर में गर्भगृह, सभामंडप एवं प्रदक्षिणा पथ है। मूलत: यह मन्दिर दौलतमंगल किले में स्थित है। मन्दिर के प्रवेश द्वारपर विष्णु एवं गणेश की प्रतिमाएँ बनी है। प्रदक्षिणा पथ के आजू-बाजू में बने देवकोष्ठों में देवी-देवताओं की मूर्तियाँ स्थापित है।

मन्दिर की बाहरी दीवारों पर रामायण के परिदृश्य उत्कीर्ण किये गए हैं। नंदी मंडप में स्थित एक मुर्ति में राम अपने बाण से सुवर्ण मृग का रूप लेकर आये मारीच को निशाना बना रहे हैं। उनके पीछे लक्ष्मण खड़े हैं। (चित्र सं.2.36) एक अन्य मूर्ति में राम-लक्ष्मण कंधे पर धनुष लेकर खड़े हैं। यह प्रतिमा आधी टूट चुकी है। मराठा सत्ता काल में इस मन्दिर का पुनर्निर्माण किया गया। यह पूरा मन्दिर परिसर विभिन्न देवी-देवता, पशु पक्षी, सुंदर अलंकृत कलाकृतियाँ तथा आकल्पनाओं से भरा पड़ा है। काले पत्थरों से निर्मित यहाँ की मूर्तियाँ कई बार विध्वंसित की गई। जिसकी निशानियाँ यहाँ आज भी दिखाई देती है।

*चित्र सं. 2.36*

## कोपेश्वर मन्दिर, खिद्रापूर

कोल्हापूर जिले के शिरोल तहसील में कृष्णा नदी के तट पर खिद्रापूर में भगवान कोपेश्वर का भव्य मन्दिर स्थापित है। जिसे भगवान शिव का एक रूप माना जाता है। इस मन्दिर का निर्माण 12 वीं शताब्दी में शिलाहार राजवंश के राजा गंधरादित्य ने किया था। पूरे मन्दिर में 108 स्तंभ है, मन्दिर की रचना आसमान के तारे जैसी की है। शैव और वैष्णव मतवाद की मूर्तियाँ यहाँ स्थापित है। मन्दिर के बाहरी दीवारों पर ब्रह्मा, विष्णु एवं शिव की मूर्तियाँ है। मन्दिर के भीतर बारह शिलालेख है। जिनमें 11 पर कन्नड़ भाषा तथा एक पर देवनागरी में लिखा गया है। मन्दिर के तलविन्यासपर गर्भगृह, अंतराल, स्वर्गमंडप तथा मुखमंडप है। स्वर्ग मंडप की रचना गोलाकार है, जो 48 स्तंभों पर स्थित है। प्रत्येक

स्तंभ सुंदरता से अलंकृत है। जिसमें वृत्ताकार, चौकोनी, षटकोणी, अष्टकोणी रचनाएं अद्वितीय है। उपर गोलाकार खुला छत बना है, जिसके नीचे रंगशिला रखी है। बाहर से देखने पर यह छत उल्टे लटके कमल सा प्रतीत होता है। इसके बाहर दिग्पालों एवं बारह देवताओं की मुर्तियाँ अपनी शक्तियों के साथ उत्कीर्ण की गई है। जो अपने-अपने वाहनों पर आरूढ़ है। सभा मंडप के बाहर दोनों द्वारो के पाँच पाँच द्वारपालों की मुर्तियाँ है। जो काफी अलंकृत की गई है। आभूषणों की सुक्ष्म नक्काक्षी वहाँ बनी है। ऊपर सरस्वती की मूर्ति एवं पूर्ण कलश उत्कीर्ण हैं। गर्भगृह के भीतर चंद्रशिला उत्त्कीर्ण है। जिस पर शंखों एवं मगरमच्छों की मूर्तियाँ उकेरी गई है। चौखट के ऊपर लक्ष्मी की मूर्ति है। चारों और नक्काशी एवं जीवन चक्र है। यहाँ बनी दीवारों पर मदनिकाएँ उत्कीर्ण की गई है, लेकिन वह खंडित है। (चित्र सं.2.37) ऐसा माना जाता है कि एक बार दक्ष कन्या ने यज्ञ कुंड में अपने प्राणों की आहुति दी। इस घटना को लेकर भगवान शिव क्रोधित होकर तांडव नृत्य करने लगे। तब चारों ओर हाहाकार मच गया। तब सारे देवी- देवता घबरा गए। सभी भगवान विष्णु के पास पहुचे और उन्होंने भगवान शिव को मनाने का जिम्मा उनपर छोड़ दिया। शिव को समझाने भगवान विष्णु धोपेश्वर के रूप में आये। दोनों का मनोमिलन होकर शिव प्रसन्न हो गए। क्रोधित अर्थात कुपित शिव को कोपेश्वर कहाँ गया। इसी कारण इस मन्दिर के गर्भगृह में घोपेश्वर तथा कोपेश्वर ऐसी दो मूर्तियाँ है। यहाँ भगवान शिव का नंदी स्थापित नहीं है। जो यहाँ से 12 किलोमीटर दूर कर्नाटक के यडूर गांव में स्वतंत्र रूप में स्थित है। यहाँ स्थापित मूर्ति शिल्प शैव एवं वैष्णव संप्रदाय का अद्भुत समन्वय कराते है।

*चित्र सं. 2.37*

इस मन्दिर में भगवान विष्णु के कई रूप मूर्तियों में अभिव्यक्त हुए हैं। मन्दिर के बाहरी दीवारों पर एक पट्टिका में चौतर्फा अलंकृत गज प्रतिमाएं है। हर प्रतिमा एक दूसरे से भिन्न है। उनपर विराजमान देवी देवता भी भिन्न है। यहाँ बनी मूर्तियों में ब्रह्मा, विष्णु, गणपति, श्रीकृष्ण, भैरव, बाली, वामन, चंद्र-सूर्य, अर्धनारीश्वर मदन, रति, गंगा, नटराज महिषासुरमर्दिनी विभिन्न मुद्राओं में अंकित किये गए हैं। यहाँ भगवान विष्णु के राम अवतार से सम्बन्धित कई परिदृश्य उत्त्कीर्ण किये गए हैं। यहाँ रामायण से सम्बन्धित पांच मूर्तियाँ है, जिसमें तीन जगहोंपर राम की स्वतंत्र मूर्ति है। (चित्र सं.2.38) मन्दिर के जंघापर स्थित 55 एवं 56 वा शिल्प द्विभुज राम का है, उसके बाजू में हनुमान खड़े है। आगे गजाधरा पर 74, 75 क्रम में स्थित हाथियों के बीच अंजली मुद्रा में हनुमान तथा सीता का दृश्य है। जो काफी क्षतिग्रस्त हुआ है। लगभग ऐसा ही मूर्ति 76, 77 क्रम में हाथियों के बीच है। जहाँ माता सीता आसनस्थ बैठी है, उसके आगे हनुमान खड़े है। इन दृश्यों में रामायण कथा कई तरह से परिलक्षीत होती है। (चित्र सं.2.39) (चित्र सं.2.40) 17 वी शताब्दी में औरंगजेब ने इस मन्दिर पर आक्रमण किया था। तब आक्राताओं ने मन्दिर की कई मूर्तियाँ खंडित करके विध्वंस मचाया। लेकिन फिर भी मन्दिर इतना मजबूत था, कि इसकी संरचना एवं मूर्तियाँ बनी रही।

*चित्र सं. 2.38*

*चित्र सं. 2.39*

*चित्र सं. 2.40*

## मार्कंडादेव

विदर्भ के गडचिरोली जिले में मार्कंडा मन्दिर समूह पैनगंगा नदी के तटपर स्थित है। इ.स.1873-75 के दौरान सर कनिंगहँम ने इनका सर्वेक्षण किया था। तब इस परकोटे के भीतर 24 मन्दिर मौजूद थे। बाद में कुछ मन्दिर बिजली गिरने के कारण ध्वस्त हो गए। यहाँ केवल चारों मन्दिर सुरक्षित बचे हैं, जिनमें मार्कंड ऋषि, यमधर्म, मृकुंड ऋषि, दशावतार तथा भगवान शिव के मन्दिर प्रमुख है। इन मन्दिरों का निर्माण कब और किसने किया? इसका निश्चित प्रमाण उपलब्ध नहीं है। पुरातत्वविद मानते हैं कि यह मन्दिर समूह 11वीं शताब्दी के बाद बना होगा। क्योंकि यहाँ की स्थापत्य कला खजुराहों से मिलती जुलती है। स्थानीय लोग इस मन्दिर समूह को मार्कंडी या मार्कंडादेव के नाम से संबोधित करते हैं। इस मन्दिर समूह में मार्कंडे ऋषि और मृकुंड ऋषि के दो मुख्य मन्दिर है। यह मन्दिर समूह वैनगंगा के तट पर स्थित है, जो यहाँ उत्तर दिशा में बहती है। सभी मन्दिरों का निर्माण नागर शैली में हुआ है। मार्कंडे ऋषि मन्दिर उंचे अधिष्ठान पर स्थित है। जिस पर त्रिजंघायुक्त मंडोवर बना है। जिसमें कई देवी-देवता, मदनिकाओं एवं व्यालाओं की मूर्तियाँ बनी है। मन्दिर का मुख्य प्रवेश द्वार पूर्व की तरफ है तथा उत्तर, दक्षिण में भी द्वार बने है। यहाँ पहले मंडप हुआ करता था, लेकिन वह ध्वस्त हो चुका है।

सामने अंतराल बना है। मन्दिर के गर्भगृह में मार्कंडेश्वर शिवलिंग स्थापित है। मन्दिर के ध्वस्त शिखर का पुनर्निर्माण हुआ है। सामने नंदी मंडप में दो नंदी की मुर्तियाँ स्थापित है। मार्कंड ऋषि मन्दिर के उत्तर में यमधर्म मन्दिर है। पश्चिमाभिमूख बना यह मन्दिर जगती पर स्थित है। इसका प्रवेश द्वार काफी अलंकृत है। निचे गंगा यमुना तथा द्वारपालों की मूर्तियाँ स्थापित है। जंघा पर देवकोष्ठ बने हैं, उसमें सूर्य, चामुंडा एवं अंधकासुर वध की मूर्तियाँ स्थापित की गई है। यहाँ से वायव्य दिशा में पूर्वाभिमुख मृकुंड ऋषि मन्दिर बना है। जिस का प्रवेश द्वार काफी अलंकृत है। गर्भगृह, अंतराल, सभा मंडप ऐसी इस मन्दिर की रचना है। गर्भगृह में शिवलिंग स्थापित है। यहाँ बने सभा मंडप में चार स्तंभ है। इसके अलावा इस समूह में श्री विट्ठल रुक्मिणी, मृत्युंजय, उमा-शंकर, दशावतार, शक्ति देवी, शंकर, गणेश, विश्वेश्वर, भीमेश्वर, विरेश्वर ऐसे मन्दिर बने है।

यहाँ रामायण से सम्बन्धित कई मूर्तियाँ दिखाई देती हैं। जिसमें दशावतार मन्दिर के बाहरी हिस्सेपर रावण की मूर्ति है, जहाँ लंकापति रावण भगवान शिव की पूजा कर रहा है। उसने अपने छह सिर भगवान शिव को अर्पित किये हैं, सातवा सिर वह अर्पण करने की तैयारी में है। उसके तीन सिर बचे हैं। इसलिए उसको त्रिमुखी कहा जाता है। (चित्र सं.2.41) उसके बाएं हाथ में घंटा है, तो दाया हाथ आसनपर रखा है। यह मूर्ति बड़ी आकर्षक है। आगे मार्कंडेय ऋषि मन्दिर के बाजू में हनुमान

*चित्र सं. 2.41*

मन्दिर में रावण की मूर्ति है। उसके एक हाथ में तलवार, तो दूसरे हाथ में ढाल है। उसने माथेपर त्रिशूल चढ़ा रखा है। उसके दस मुखों के बीच एक मुख गधे का है। (चित्र सं.2.42) इसी परिसर के एक मूर्ति में बाली-सुग्रीव का युद्ध का परिदृश्य दिखाया गया है। राम सुग्रीव की मदद करने जाते हैं और बाली के सीने में बाण चलाते हैं। उनके पीछे लक्ष्मण, हनुमान खड़े हैं। तो दूसरी मूर्ति में सीता कांचन मृग पर मोहित हो गई है, वह राम को अपने हाथों से मृग दिखा रही है। उसके ही बाजू में स्वतंत्र रूप सें राम ने कांचनमृग को मारा है, उसका सिर बाजू में पड़ा है। राम वहाँ अपने कंधेपर धनुष्य लेकर खड़े है। (चित्र सं.2.43) आगे की मूर्ति रावण की है, जिसने गले में माला पहनी है। वह माता सीता से भिक्षा

*चित्र सं. 2.42*

*चित्र सं. 2.43*

*चित्र सं. 2.44*

मांग रहा है। भिक्षा लेते समय उसका राक्षसी रूप प्रकट हुआ है। बाजू के मूर्ति में रावण माता सीता का हरण करके उनको ले जा रहा है। उसका विरोध जटायु करता है, तब रावण उसे भाला मार रहा है, यह दृश्य उत्कीर्ण किया गया है। मन्दिर के सभामंडप में पूर्वोत्तर दिशा की तरफ राम राज्याभिषेक का प्रसंग है। जिसमें राम- सीता सिंहासन पर विराजमान है। हनुमान, लक्ष्मण, भरत उनके बाजू में खड़े हैं। यह सभी मूर्तियाँ कलात्मक तथा बेहद आकर्षक हैं, जिसकी सुंदरता सबको मोहित करती हैं। (चित्र सं.2.44)

## रामायण की मुर्तियाँ, पवनार

विदर्भ क्षेत्र का पवनार एक प्राचीन नगर है। यहाँ महान स्वतंत्रता सेनानी विनोबा भावे का आश्रम है, जो धाम नदी के तटपर है। जब यहाँ आश्रम की खुदाई हो रही थी, तब वहाँ अनेक शिलाखंड मिले। जिसमें वाकाटक कालीन मन्दिरों के अवशेष शामिल थे। वाकाटक साम्राज्य में पवनार प्रमुख नगर था। पवनार (प्रवरपुर) राजा प्रवरसेन द्वितीय के शासनकाल के दौरान वाकाटक वंश की राजधानी थी। पुरातत्वविदों के नुसार वाकाटक नरेश रूद्रसेन द्वितीय रामटेक के पास नंदीवर्धन में शासन किया करते थे। उनके रानी का नाम प्रभावती गुप्ता था। उनको दिवाकरसेन और दामोदरसेन (प्रवनसेन) ऐसे दो पुत्र थे। रूद्रसेन के मृत्यु पश्चात प्रभावती गुप्ता शासन करने लगी, जो महान विष्णु भक्त थी। दिवाकर सेन का अकाल मृत्यु हो गया। फिर दामोदरसेन (प्रवरसेन) उसका उत्तराधिकारी बना। उसने प्रवरपूर की स्थापना की और उसको अपनी राजधानी बनाया। उसने नए राजधानी में महत्त्वपूर्ण बदल किये। उसने अपनी मां के कहने पर राम का भव्य मन्दिर बनाया। मन्दिर पुरी तरह से अलंकृत किया था। तब

इस्तेमाल की गई कुछ मूर्तियाँ उत्खनन में धाम नदी के तट पर से प्राप्त हुयी है। रामकथा से सम्बन्धित यह मूर्तियाँ प्राचीन भारतीय मूर्तिकला की अनमोल विरासत है। (चित्र सं.2.45) , (चित्र सं.2.46)

यहाँ उत्खनन में गंगा भगवती, राम पंचायतन, बाली वध के मूर्तिशिल्प प्राप्त हुये है। राम पंचायतन का शिल्प छह फुट खड़ा और पाँच फुट आडा है, यहाँ मिला बाली-वध का शिल्प भी लगभग वैसा ही है। यह सब मूर्ति शिल्प भरतभेट मन्दिर में रखे हुये हैं। यह मुर्तियाँ काफी कलात्मक है। यहाँ मिले अन्य मूर्तियों में गंगा भगवती की मूर्ति अधिक आकर्षक है। उसको सुनहरा पट्टा, पुष्ट वक्षस्थल, कर्णकुंडल, बाहूभुषण, नुपुर इत्यादी से सजाया गया है। वाकाटक काल में विष्णु अवतारों की पूजा होती थी। जिसमें राम अवतार प्रमुख था, ऐसा यहाँ मिली मूर्तियों से पता चलता है।

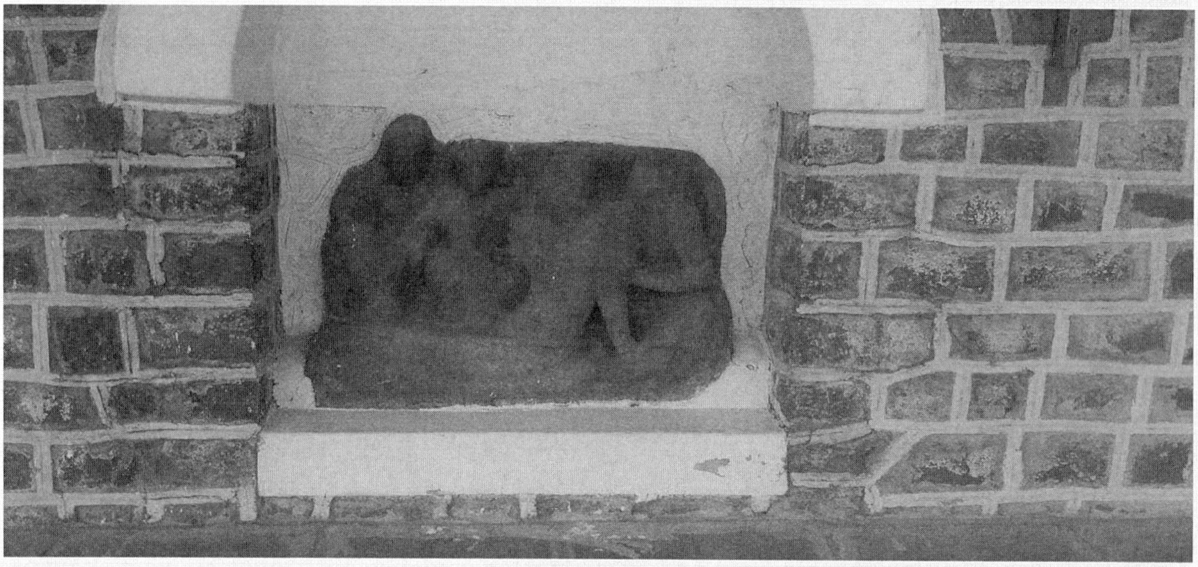

*चित्र सं. 2.45*

*चित्र सं. 2.46*

*चित्र सं. 2.47*

## दशानन मूर्ति, सांगोला

महाराष्ट्र के अकोला जिले में एक गांव है, सांगोला। जहाँ दशहरें के दिन रावण की पूजा होती है। सदियों से यह परंपरा यहाँ प्रचलित है। इस गांव में एक चबुतरें पर काले पाषाण से तराशकर रावण मूर्ति स्थापित की गयी है। मूर्ति का निर्माण काल तथा उसके संदर्भीत कोई साक्ष्य उपलब्ध नहीं है। मुर्ति की उंचाई चार से साढेचार फीट है, जिसको दस मुख, बीस हाथ है। दशमुखी मूर्ति होने से इसे 'दशानन' कहा जाता है। मुखों के ऊपर मुकुट बने है। गांव के लोगों ने मूर्ति को चांदी के आंखें बनायी है। जिसके आसपास बीस फुट का ओटला बना है। यह मूर्ति युद्धशील मुद्रा में बनी है। रावण के हाथों में तलवार, गदा, बाण जैसे हथियार है। जनश्रुतियों के अनुसार यह मूर्ति सांगोला गांव के पास बाभुलगांव के कारागीर ने बनायी थी, जो गांव में लाते समय सीमा पर ही अड़ गई और वहाँ से आगे नही गयी, इसके कारण गांववालों ने उसकी स्थापना गांव के सीमापर कर दी। गांव के लोगों की मूर्ति पर काफी श्रद्धा है, हर साल आसपास के गांवों के लोग इस मूर्ति की दशहरें के दिन पूजा करते हैं। उसके सामने दीप जलाये जाते हैं। (चित्र सं.2.47)

## रामटेक, जिला नागपूर

रामटेक (रामगिरी) यह विदर्भ का अत्यंत प्राचीन नगर है, इस नगरी का उल्लेख 'पद्मपुराण' में मिलता हैं। इ.स.250 में यह परिसर मौर्य शासकों के अधीन था, उसके बाद यहाँ सातवाहनों का राज्य आया। बाद यह वाकाटक शासन में शामील था। इसी काल में महाकवी कालिदास ने यहाँ मेघदूत काव्य का निर्माण किया। नागपुर से लगभग 40 किलोमीटर दूर बसा यह स्थल प्रभु श्रीराम के पद स्पर्श से पावन हुआ है। यहाँ पर छोटी पहाड़ी पर 600 साल पुराना राम मन्दिर है, जिसे 'गढ़ मन्दिर' (किला) भी कहा जाता है। उसके बाजू में एक नंदी तथा गणेश मन्दिर है। इस मन्दिर का निर्माण राजा रघुजी खोन्ले ने करवाया था। यह मन्दिर स्थापत्य कला का अप्रतिम नमूना है। इस मन्दिर के परिसर में सदा वानरों का संचार रहता है। जनश्रुतियों के अनुसार जब भी आकाश में बिजली चमकती है, तो मन्दिर के शिखर पर ज्योति प्रकाशित होती है। जिसमें श्रीराम का अक्स दिखाई देता है। त्रेता युग में जब श्रीराम यहाँ आए, तो पानी की भारी किल्लत थी, तब लोगों ने उनसे प्रार्थना की यहाँ पानी लाया जाये। तब श्रीराम ने यहाँ अपने बाण सें तालाब का निर्माण किया। जो आज भी मौजूद है और जिसका पानी कभी कम नहीं होता। आसपास के सभी सरोवर, तालाब और जल के अन्य स्त्रोत गर्मी के महिनों में सूख जाते हैं, पर यहाँ का पानी कभी कम नही होता। ऐसा माना जाता है कि रामने वनगमन के समय माता सीता और लक्ष्मण के साथ यहाँ चार महिनों तक समय बिताया था। तब यह क्षेत्र दंडकारण्य में आता था,

*चित्र सं. 2.48*

जहाँ ऋषि-मुनियों को राक्षस काफी तकलीफ पहुँचाते थे। ऋषि अगस्त्य ने राम को राक्षसों की पीड़ा के बारे में यही बताया था, उनको ऋषि-मुनियों की हड्डियां दिखाई थी। जिससे गुस्सा होकर राम ने राक्षसों का निप्पात करने का प्रण लिया था। ऋषि अगस्त्यि नें यहीपर राम को शास्त्रों का ज्ञान तथा ब्रह्मास्त्र प्रदान किया था। इसी ब्रह्मास्त्र की मदद से राम ने रावण का वध कर दिया था। इसी रामगिरी पर्वतपर ही सीता की नहानी स्थित है, जहाँ माता सीता स्नान करती थी। माता सीता ने यहाँ अपनी रसोई भी बनायी थी, जहाँ ऋषियों के लिये भोजन बनाया जाता था। राम ने यहाँ टेक लगाई थी, इसलिए इसे 'रामटेक' भी कहा जाता है। (चित्र सं.2.48) हर साल कार्तिक माह में त्रिपुरारी पूर्णिमा के दिन यहाँ बड़ा मेला लगता है, जहाँ आधी रात को कलशपर त्रिपुर प्रज्वलित किया जाता है।

## सीता मन्दिर, रावेरी

भारतभूमी में माता सीता के बहुत कम मन्दिर बने है। माता सीता से सम्बन्धित उपलब्ध मन्दिरों में महाराष्ट्र के यवतमाल जिले में रावेरी गांव का मन्दिर प्रमुख है। जनश्रुतियों में ऐसी मान्यता है, कि रावण वध पश्चात सीता को लेकर राम अयोध्या वापस आए। रामराज्य शुरू हुआ, तब एक धोबी ने सीता की पवित्रता पर संदेह जताया। तब राम ने लक्ष्मण को भेजकर सीता को दंडकारण्य में भेज दिया। तब सीता गर्भवती थी। वह वाल्मिक ऋषि के आश्रम में रहने लगी। रावेरी गांव के लोगों का कहना है कि, तब रावेरी गांव दंडकारण्य का हिस्सा था और यही वाल्मीकि ऋषि का आश्रम था। यही लव-कुश का जन्म हुआ, महर्षि वाल्मीकि ने ही उनका लालन-पालन किया। गांववालों ने उन्हें शिक्षा प्रदान की। एकबार सीता गांव में गेंहू की भिक्षा लेने पहुँची, लेकिन गांव वालोंने उसे भिक्षा नहीं दी। तब सीताने गांव वालों को श्राप दिया कि, इस गांव में कभी गेहूं की पैदावार नहीं होगी। तबसे यहाँ गेहूं की खेती नही होती थी। फिर गांववालों ने सीता से मन्नत कबुल की, इसके बाद जबभी खेत में नयी फसल आयेगी तब सबसे पहले आपको भोग चढ़ाया जायेगा। दूसरी मान्यता ऐसी है कि, रामने जब अश्वमेध यज्ञ किया, तो उसका घोड़ा लव-कुश ने यही पकड़ा। उसको छुड़ाने हेतु पहले शत्रुघ्न और उसके बाद लक्ष्मण अपनी सेना के साथ यहाँ आए थे। उनका लव कुश के साथ युद्ध हुआ। उसमें शत्रुघ्न एवं लक्ष्मण परास्त हो गये और हनुमान को इसी गांव में बंदी बनाके रखा। आज भी हनुमान की बंधक बनायी हुई मूर्ति यहाँ विद्यमान है। यह स्थल तमसा (रामगंगा) नदी के तटपर बसा है, जो उत्तरवाहिनी है। यहाँ हेमाडपंथी शैली में बना माता सीता मन्दिर है। जिसमें गर्भगृह, अंतराल, सभामंडप एवं प्रदक्षिणा पथ बना है। मन्दिर के गर्भगृह में काले पाषाण से बनी सीता एवं लव-कुश की अलंकृत मूर्तियाँ स्थापित है। उसके सामने शिवलिंग है। (चित्र सं.2.49) इसी मन्दिर के परिसर में ऋषि वाल्मिकि आश्रम है। गांव में मिट्टी की गढ़ी भी है, जिसको बड़े-बड़े चार बुरूज है। यहाँ हनुमान जयंती को बड़ा मेला लगता है। त्योहारों, उत्सव, पर्वोपर में माता सीता की पूजा होती है। पूरे भारत के श्रद्धालू यहाँ प्रसाद ग्रहण करणे आते है।

*चित्र सं. 2.49*

## पंचाप्सर झील, लोनार

विदर्भ क्षेत्र का लोनार प्राचीन नगर है, यहाँ बावन्न हजार साल पहले दस लाख टन का उल्कापिंड टकराने से एक झील का निर्माण हुआ है। जिसे पंचाप्सर (लोणार) झील कहा जाता है। इसकी गहराई करीब 150 मीटर और व्यास 1.8 किलोमीटर है। यह बेहतरीन गोलाकार झील है, जिसका पानी खारा है। इसके भीतर कई सारे मन्दिर तथा तीर्थस्थल बने हैं। इसका उल्लेख स्कंद पुराण एवं पद्म पुराण में आया है। जनश्रुतियों के अनुसार लोणासूर नामक राक्षस था। भगवान विष्णु के साथ उसका युद्ध हुआ। विष्णु ने उसका वध कर दिया। तब उसका खून भगवान के पैर के अंगूठे पर लगा। जिस को मिटाने के लिए भगवान ने मिट्टी के अंदर अपना अंगूठा दबाया। वहाँ एक गहरा गड्ढा बन गया। जिसे लोनार झील कहा जाता है। दूसरी एक कथा के अनुसार लोणासूर नामक दैत्य ने काफी आतंक मचाया था। जिसके कारण देवता, ऋषि मुनि त्रस्त हो गए। वह विष्णु के पास है। तब भगवान विष्णु ने दैत्यसुदन नामक व्यक्ति की रचना की। उसने लोणासुर का वध कर दिया। एक पौराणिक कथा के अनुसार भगवान राम के बाण से इस झील का निर्माण हुआ है लेकिन उसका कोई ऐतिहासिक संदर्भ नहीं है। झील के परिधि कई सारे पुरातन मन्दिर बने हैं। जिसमें भगवान विष्णु का मन्दिर प्रमुख है। इस मन्दिर में कई सारे अलंकृत स्तंभ बने हैं। जिन पर सनातन धर्म से सम्बन्धित पौराणिक मूर्तियाँ उत्कीर्ण की गई है। झील के किनारे कमलजा देवी मन्दिर स्थित है, यहाँ देवी का सिर्फ मुख है। इस देवी को

*चित्र सं. 2.50*

पुराण में पद्मावती कहाँ गया है। यहाँ त्रिपुरुष मठ यादव काल में बनाया गया था। जिसमें ब्रह्मा, विष्णु की मूर्तियाँ है। यहाँ बने शंकर गणेश मन्दिर में शिवलिंग स्थापित किया गया है। यहाँ यज्ञेश्वर मन्दिर स्थित है, जो आयुर्वेद तज्ञ याज्ञेश्वर ऋषि का था, लेकिन वह पूरी तरह ध्वस्त हो चुका है। इस परिसर में कुमारेश्वर मन्दिर भी स्थापित है। लोनार स्थित दैत्यसुदन मन्दिर का निर्माण चालुक्य काल में राजा विक्रमादित्य ने 11वीं शताब्दी में किया था। हेमाडपंथी शैली में बने इस मन्दिर का स्थापत्य वैशिष्टपूर्ण है। जो बाहर से आसमान के तारे समान दिखाई देता है। ऊंचे जगती पर बने इस मन्दिर की बाहरी दीवार काफी कलात्मक एवं मूर्तियों से सजी है। यह मूर्तियाँ सनातन धर्म से सम्बन्धित देवी-देवताओं की है। जिनकी भाव भंगिमाएँ आकर्षक तरीके से बनायी गई है। यहाँ बने देवकोष्ठ में सूर्य, चामुंडा, नृसिंह की मूर्तियाँ रखी गई है। यहाँ बने अंतराल में लवणासुर वध, गंगावतरण, कृष्ण-गोपिकाएँ, नृसिंह अवतार जैसी मूर्तियाँ स्थापित है। गर्भगृह में काले पाषाण से निर्मित विष्णु की मूर्ति स्थापित है। विष्णु के पैरों तले लवणासुर वध का परिदृश्य दिखाया गया है। ऐसा बताया जाता है कि यह मूर्ति मूलत: इस मन्दिर की नहीं है। इसको नागपुरकर भोंसलाओं द्वारा यहाँ भेजकर स्थापित किया था। मन्दिर की बाहरी दीवार पर राम लक्ष्मण सीता का शिल्प उत्त्कीर्ण है। (चित्र सं.2.50) जिसमें तीनों ने अलंकार पहने है। राम, लक्ष्मण के सिर पर मुकुट तथा कंधे पर धनुष्य है। माता सीता के गले में हार तथा कानों में कुंडल है। मूर्ति नीचे से खंडित है।

*चित्र सं. 2.51*

यह भूमी राम के पदस्पर्शो से पावन हुयी है। जनश्रुतियों के अनुसार राम अपने वनवास के दौरान यहाँ आये थे। तब उनको पंचाप्सर झील से संगीत की ध्वनि सुनाई दी थी। जहाँ मणकर्णी ऋषि सात अप्सराओं के साथ रहते थे। राम-सीता, लक्ष्मण यहा कई दिनोंतक रूके, झील में घूमे तथा विहार किया। यहाँ राम को समर्पित रामगया मन्दिर है, जिसके गर्भगृह में सिर्फ राम मूर्ति स्थापित है। बाहरी द्वारपर हनुमान विराजमान है। इस मन्दिर की मूर्तियाँ निजामकाल में आक्रांताओं द्वारा ध्वस्त की गई थी। बाद में यहाँ काष्ठ की राम मूर्ति स्थापित की गई। उसके बाजू में रामकुंड है, जिसे पुष्कर तीर्थ कहा जाता है। (चित्र सं.2.51) ऐसा माना जाता है कि इस कुंड का निर्माण रामने बाण के द्वारा किया था। जहाँ गौतमी गंगा प्रकट हुई थी। श्रीराम ने पिता दशरथ का श्राद्ध इसी कुंड में किया था। इसलिए इसको बड़ा पवित्र माना जाता है। आसपास के कई लोग यहाँ पूर्वजों का श्राद्ध करने पहुँचते हैं। यहाँ से कुछ दूरी पर चुंबकीय हनुमान मन्दिर स्थित है। ऐसा कहा जाता है कि आकाश से जब उल्कापात हुआ, तो उसका एक टुकड़ा गांव के बाजू में गिरा था। जिसके कारण यहाँ तालाब निर्माण हुआ। जिसको 'अंबर तालाब' कहाँ जाता है। वहाँ हनुमान का मन्दिर है, जिसमें हनुमान मूर्ति स्थापित है, जिसकी लंबाई आठ फुट है, जो योगमुद्रा में धरतीपर लेटी है। इसको चुंबकीय हनुमान कहा जाता है। (चित्र सं.2.52) इस मूर्ति सम्बन्धित आख्यायिका में बताया जाता है कि यहाँ माता अंजना ने तप किया था, उसको भगवान शंकर प्रसन्न हुये और हनुमान का जन्म हो गया। हनुमान ने शनि का गर्वहरण किया। इसलिए इस

*चित्र सं. 2.52*

मूर्ति के पैरों तले शनि तथा पनौती बनी है। जिसके कारण शनी की बाधा नहीं होती। उसके बाजू में ही रावण पुत्र अक्षय कुमार का मूर्ति शिल्प है, जिसका वध हनुमान ने किया था। इस मन्दिर का दायित्व अभी कानिटकर परिवार के पास है। आगे इसी पंचाप्सर सरोवर से होकर राम- सीता, लक्ष्मण सुतीक्ष्ण मुनि के आश्रम पहुँचे थे।

## पंचवटी, जिला नाशिक

गोदावरी के तटपर बसा नाशिक पुरातन समय से प्रमुख तीर्थस्थल रहा है। रामायण काल में यह दंडकारण्य का हिस्सा था। ऋषि भारद्धाज ने राम लक्ष्मण को अपने वनवास काल में यहाँ रहने को कहा था। यहाँ कई पुरातन मन्दिर बने हैं। सनातन धर्म के अनुसार यहाँ से बहती गोदावरी में डुबकी लगाना शुभ माना जाता है। हर 12 वर्ष के बाद यहाँ कुंभ मेला लगता है, जहाँ भारतवर्ष से साधु आकर स्नान करते हैं। राम लक्ष्मण सीता अपने वनवास के दौरान पंचवटी में कुटिया बनाकर रहते थे। वहाँ राम-सीता के लिए लक्ष्मण ने कुटिया बनायी थी। राम-लक्ष्मण ने यही पर मारीच, खर और दूषण जैसे असुरों से युद्ध किया था। गिध्दराज जटायु की मैत्री भी राम से इसी स्थल पर हुई थी। यहाँ माता सीता गुफा के पास पाँच प्राचीन वृक्ष है, जिन्हें पंचवटी के नाम से जाना जाता है। जनश्रुतियों के अनुसार इन वृक्षों को राम, सीता और लक्ष्मण ने अपने हाथों से लगाया था। एक दिन यहीं पर रावण की बहन

शूर्पनखा घूमते घूमते आ पहुँची। जो राम-लक्ष्मण पर फिदा हो गई, फिर उसने राम-लक्ष्मण के सामने विवाह का प्रस्ताव रखा। बाद में उसने सीता को मारने का प्रयास किया, लेकिन वह सफल नहीं हुई। तब गुस्से में आकर इसी जगह पर लक्ष्मण ने सूर्पनखा का नासिका विच्छेद किया। अपमानित होकर शूर्पणखा रावण के पास पहुँची। राम-लक्ष्मण से सम्बन्धित पूरी घटनाक्रम उसे बताया। तब लंकापति रावण ने योजनाबद्ध तरीकें से सीता हरण कर लिया। रामायण से सम्बन्धित कई महत्त्वपूर्ण घटनाएँ पंचवटी में घटी। इसलिए यह संपूर्ण परिसर रामायण के दृष्टि से महत्वपूर्ण है। (चित्र सं.2.53)

राम-सीता, लक्ष्मण ने अपने वनगमन के दौरान यहाँ काफी समय व्यतीत किया था। जिसके कई निशान आज भी देखे जा सकते हैं। पंचवटी के आसपास राम-लक्ष्मण, सीता के संबधित के अनेक तीर्थस्थल है। यहाँ से कुछ दूरीपर रामसेज पर्वत है, जहाँ राम के साथ सीता माता विश्राम करती थी। वहाँ दो पानी के कुंड बने है। अपने वनगमन के दौरान राम ने पाटोदा गांव में रामेश्वर लिंग की स्थापना की थी। जिसका मन्दिर आज भी वहाँ बना है, यहाँ स्थापित शिवलिंग में सदा जल भरा रहता है। इस जल को लोग बड़े पावन मानते हैं। नासिक से कुछ दूरीपर अगस्ती मुनी तथा राम से भेंट हुई थी। इस जगह अगस्तीश्वर मन्दिर बना है। पंचवटी से कुछ ही दुरीपर तपोवन स्थल है, जो कपिलातीर्थ संगमपर बसा है। यहाँ गौतम ऋषि तपस्या किया करते थे। इस संगम के पास कपिल ऋषि आश्रम है। जहाँ ब्रह्मा, शिव, विष्णु, अग्नि, सीता, मुक्ति एवं कपिला ऐसे आठ तीर्थ बने हैं। राम जब वनवास

*चित्र सं. 2.53*

*चित्र सं. 2.54*

में थे, तो उनका मुकाबला हर दिन असुरों से होता था। तब राम ने सीता के लिए यहाँ एक हैं रात में गुफा का निर्माण करवाया था। सीता इसी गुफा में विश्राम करती थी। लंकापती रावण नें इसी जगह से सीताहरण किया था। इस गुफा के बाहर राम ने बरगद के पेड़ लगाए थे। ताकि आसानी से गुफा को कोई पहचान न सके। अभी इस स्थलपर माता सीता की मूर्ति तथा शिवलिंग स्थापित है। सीता सरोवर पंचवटी के पास ही स्थित है। ऐसा बताया जाता है की वनवास के दौरान एक बार सीता को बहुत प्यास लगी, लेकिन कहीं पानी नहीं मिला। तब रामने बाण चलाकर यहाँ धरती से पानी निकाला था। अभी यहाँ राम-सीता कुंड बने है। इस जगह एक और कुंड बना है, जिसे रामकुंड कहा जाता है। इसमें राम स्नान किया करते थे। यहाँ लगने वाले कुंभ मेले में हजारों श्रद्धालु इसी राम कुंड में स्नान करके पवित्र होते हैं। यहाँ कई लोग अस्थियों का विसर्जन भी करते हैं। क्योंकि ऐसा माना जाता है कि इस कुंड में अस्थियां विसर्जन करने से मृतात्मा को शांति मिलती है। (चित्र सं.2.54)

## काळाराम मन्दिर

पंचवटी का प्रदेश तब घने जंगलों से व्याप्त था। जहाँ अभी कालाराम मन्दिर बना है, वहाँ पहले राम की कुटिया थी। वनवास के दौरान राम-लक्ष्मण यही विश्राम किया करते थे। ऋषि-मुनियों को राक्षसों से मुक्ति देने हेतु राम ने यहाँ काली काया धारण की थी। जिसके कारण इस मन्दिर को कालाराम कहाँ

*चित्र सं. 2.55*

जाता है। इसका निर्माण इ.स.1778-1790 में तत्कालीन मराठा शासक माधवराव पेशवा की माताजी गोपिकाबाई की आज्ञापर रंगनाथ ओढेकर इस मराठा सरदार नें किया। हेमाडपंथी स्थापत्य शैली में बना यह मन्दिर चालीस खम्बों पर स्थापित किया गया है। जो पूरी तरह पत्थरों से बना है। जहाँ राम, सीता, लक्ष्मण की काले रंग में बनी मूर्तियाँ विराजमान है। इस मन्दिर को चार प्रवेश द्वार है, जो धर्म, अर्थ, काम और मोक्ष का प्रतीक है। यहाँ उत्तरायण तथा दक्षिणायण के समय सूर्य किरणें सीधे मूर्तियों के चरणस्पर्श करती है। मन्दिर परिसर में तीर्थ यात्रियों के लिए 82 आर्च (ओटले) बने है। मन्दिर के बाहरी हिस्से में हनुमान समेत कुछ और मन्दिर बने हैं। (चित्र सं.2.55)

## अहिल्या राम मन्दिर

पुण्यश्लोक अहिल्याबाई होलकर ने अपने शासनकाल के दौरान मध्यभारत में कई सारे धार्मिक अनुष्ठान किये, मन्दिरों का निर्माण तथा नदियों के तट पर घाट बांधे। उन्हीं में से एक है नाशिक स्थित अहिल्या राम मन्दिर। जिसका निर्माण इ.स.1786 में वाडा शैली में किया गया है। यह मन्दिर एक महल में बांधा गया है, जिसको अप्रतिम काष्ठों की नक्काशी की हैं। मन्दिर के भीतर संगमरवरी पत्थर में बनी श्रीराम की मूर्ति है। इस मुर्ति में बने राम के हाथ निचली तरफ है। उनके एक हाथ में धनुष तो दूसरे हाथ में बाण है। मन्दिर के बाहरी प्रवेश द्वारपर हनुमान का प्रतिमा है। मन्दिर का मालिकाना हक क्षेमकल्याणी परिवार के पास है।

*चित्र सं. 2.56*

## पंचवटी के पास स्थित अन्य स्थल

सुंदर नारायण मन्दिर तथा कैलाश मठ में राम, सीता, लक्ष्मण की मूर्तियाँ स्थापित है। मन्दिर के सभा मंडप में रामायण के अनेक प्रसंग उत्किर्ण किये गए हैं। पंचवटी में रामेश्वर मन्दिर गोदावरी तटपर रामगया तीर्थ के पास स्थित है। इसे नारोशंकर मन्दिर भी कहा जाता है। जो अति विशाल तथा भव्य है। पंचवटी से कुछ दूरी पर सप्तश्रृंगी देवी पीठ है। जो मध्य भारत का शक्तिपीठ कहलाता है। यहाँ साक्षात सप्तश्रृंगी माता विराजमान है। ऐसा माना जाता है कि राम सीता पंचवटी निवास के दौरान सप्तश्रृंगी देवी का दर्शन करने जाते थे। वहाँ जाकर राक्षसों से संघर्ष के लिए शक्ति की आराधना करते थे। (चित्र सं.2.56) इस परिसर में रामायण से सम्बन्धित अनेक प्रथा, परंपराएं लोक संस्कृति का अभिन्न हिस्सा बनी हुयी है।

## रामकुंड तथा कुशावृत तीर्थ, त्र्यंबकेश्वर

पश्चिम भारत में ब्रह्मगिरी पर्वत श्रृंखला आध्यात्मिक दृष्टि से बड़ी महत्त्वपूर्ण मानी गई है। यह भूमी साक्षात भगवान शिव, माता गंगा, ऋषि गौतम, श्रीराम, सीता, लक्ष्मण के पावन स्पर्श से पुनीत हुयी है। यहाँ की भूमि ऋषि-मुनियों की तपस्या स्थली मानी गई है। भगवान शिव के बारह ज्योतिर्लिंगों में से त्र्यंबकेश्वर आठवा ज्योतिर्लिंग है। यहाँ पर गोदावरी नदी का उगमस्थल है, जिसे दक्षिण गंगा कहा जाता है। उत्तर में जो महत्त्व गंगा का है, वह दक्षिण में गोदावरी का है। (चित्र सं.2.57) त्र्यंबकेश्वर

*चित्र सं. 2.57*

*चित्र सं. 2.58*

मन्दिर का निर्माण मराठा सत्ता काल में पेशवाओ द्वारा किया गया है। नागर शैली में काले पत्थरों को तराशकर निर्मित यह मन्दिर वास्तू स्थापत्य का अद्भुत नमुना है। मन्दिर के गर्भगृह में शिवलिंग स्थापित है, जो तीन रूपों में दिखाई देता है। जिसमें भगवान ब्रह्मा, विष्णू एवं रुद्र ऐसे तीन मुख है। पास ही राम कुंड, लक्ष्मण कुंड, सीता कुंड बने हैं। ऐसा माना जाता है कि राम जब पंचवटी में निवासरत थे, तब उन्होंने यहाँ के कुशावृत तीर्थपर ऋषियों के साथ अपने पिता राजा दशरथ का श्राद्ध किया था। आज भी अनेक लोग यहाँपर अपने माता-पिता का श्राद्ध करने पहुँचते हैं। ऐसा माना जाता है की यहाँ श्राद्ध करने से मृत व्यक्ति को स्वर्ग में जगह मिलती है। (चित्र सं.2.58) रामायण से सम्बन्धित जनश्रुतियों के अनुसार गोदावरी नदी अपने उगमस्थल गोमुख से आगे लुप्त हो गई थी, तब श्रीरामने बाण द्वारा पुन: गोदावरी को यहाँ प्रकट किया था। जिस स्थानपर राम ने बाण चलाया था, वहाँ एक कुंड बना है, जिसे रामकुंड कहा जाता है।

## जगदंबा मन्दिर, टाहाकारी

अहमदनगर जिले के अकोले तहसील में टाहाकारी गांव है। यहाँ नागर शैली में बना माता जगदंबा का उत्तराभिमुख मन्दिर है। मन्दिर का निर्माण 12 वीं शताब्दी में यादव राजाओं ने करवाया था। ऊंचे जगती पर स्थित मन्दिर में सभा मंडप, अंतराल, गर्भगृह एवं प्रदक्षिणा पथ बना है। सभा मंडप में बने स्तंभ काफी अलंकृत किये गए हैं, जिसमें किर्ती मुख, यक्ष की प्रतिमाएँ काफी आकर्षक है। त्रिदल स्थापत्य में बना सभा मंडप का छत वृत्ताकार होकर नक्काशी से सुसज्जित है। नीचे महालक्ष्मी, भद्रकाली एवं शिवलिंग की मूर्तियाँ स्थापित है। ऊपर पांच शिखर बने हैं। गर्भगृह का प्रवेश द्वार काफी कलात्मक ढंग से अलंकृत किया गया है। जहाँ सनातन धर्म से सम्बन्धित देवी-देवताओं की मूर्तियाँ स्थापित है। गर्भगृह में देवी का तांदला बना है, पिछे महिषासुरमर्दिनी की काष्ठ की मूर्ति स्थापित है। मन्दिर के बाहरी हिस्से पर प्रदक्षिणा पथ पथ बना है। जहाँ बने देवकोष्ठ में गणेश, चामुंडा, नटराज और भगवान शिव की मूर्तियाँ स्थापित की गई है। यहाँ बाहरी दीवारों पर रामायण, महाभारत के अलावा मदनिकाएँ, गणपति एवं मिथुन दृश्य उत्कीर्ण हैं। यहाँ एक शिलालेख भी बना है, जो अस्पष्ट दिखाई देता है। मन्दिर परिसर में कुछ गोसावीयों की समाधियाँ बनी है। यहाँ नवरात्रि तथा चैत्र उत्सव बड़े उत्साह पूर्वक मनाया जाता है।

जब पंचवटी से रावण ने सीता हरण कर लिया। तब राम चिंताग्रस्त हो गए, वे इधर-उधर माता सीता को ढूंढने निकल पड़े। जंगल पहाड़ियों में माता सीता का नाम लेकर पुकारने लगे। पेड़ों को आलिंगन देने लगे। सीता का विरह वे नहीं सह पा रहे थे। राम ने माता सीता के नाम से इसी स्थलपर बड़ी पुकार लगायी। जिसें मराठी में टाहो कहा जाता है। इसलिए इस जगह कों टाहाकारी नाम पड़ा। उसी समय आकाश मार्ग से भगवान शिव-पार्वती जा रहे थे। उनको राम की पुकार सुनाई दी। तब माता पार्वती ने सीता का रूप धारण करके राम को दर्शन दिए और उन्हें आशीर्वाद प्रदान किया। माता पार्वती जगदंबा

*चित्र सं. 2.59*

*चित्र सं. 2.60*

के रूप में यहाँ स्थापित हो गई। यहाँ बने मन्दिर की बाहरी दीवारों पर रामायण के परिदृश्य उत्कीर्ण किये गए हैं। (चित्र सं.2.59) , (चित्र सं.2.60) यहाँ बनी एक प्रतिमा में राम, सीता, लक्ष्मण खड़े हैं। मन्दिर परिसर में सनातन धर्म से सम्बन्धित कई प्राचीन मूर्तियाँ दिखाई देती है। उनमें से कुछ खंडित है।

## सिद्धेश्वर मन्दिर, कायगाव-टोका

कायगाव टोका एक प्राचीन स्थल है, इस गांव में सिद्धेश्वर, घटेश्वर, गौतमेश्वर, संगमेश्वर ऐसे मन्दिर है। जिनमें से कुछ मन्दिर यादवकालीन तो कुछ पेशवाकालीन बताये जाते है। यहाँ सबसे अत्याधिक महत्व सिद्धेश्वर मन्दिर का है। जो प्रवरा तथा गोदावरी नदियों का संगम पर स्थित है। चौतर्फा तटबंदी के बीच मन्दिर बना है। जिसके आसपास ओवरीयाँ बनी है। नागर शैली में पुर्वाभिमुख बने इस मन्दिर का निर्माण इ.स.1767 में पेशवाओं के सरदार विष्णू महादेव गद्रे ने करवाया था। सिद्धेश्वर मन्दिर की रचना नंदी, सभा मंडप, अंतराल, गर्भगृह ऐसी है। प्रवेश द्वार पर द्वारपाल जय-विजय, व्याल, किन्नर, कीर्तीमुख स्थापित है। सभा मंडप के अलंकृत स्तंभों पर यक्ष- यक्षिणी स्थापित है। वितान पर रासलीला के परिदृश्य उत्कीर्ण किये गए हैं। गर्भगृह में शिवलिंग स्थापित है। मन्दिर के सामने बनी दीवार पर विष्णु के दशावतार उत्त्कीर्ण है। आजू बाजू में बनी दीवारों पर गणपति, नर्तिका, वादिका, मदनिकाएँ, राजा का शाही जुलूस एवं द्रौपदी स्वयंवर का परिदृश्य चित्रित किया गया है। मन्दिर के शिखर पर काल्पनिक गजविराल प्राणी की मूर्ति है।

सिद्धेश्वर मन्दिर के आजू-बाजू में देवी गजरा माता तथा विष्णु के दो छोटे मन्दिर बने हैं। गजरा माता मन्दिर में सभा मंडप, अंतराल, गर्भगृह ऐसी रचना की गई है। सभा मंडप में देव कोष्टक बने हैं। जिसमें देवी देवताओं की मूर्तियाँ स्थापित की गई है। गर्भगृह में गजरा माता की मूर्ति स्थापित है। मन्दिर की बाहरी दीवारों पर सप्तमातृकाएँ एवं अंधकासुर वध की मूर्तियाँ है। बाजू में बने विष्णु मन्दिर की भी रचना लगभग वैसी है। यहाँ सभामंडप में देवकोष्ठ तथा छत पर में कृष्णलीला की मुर्तिया है। जिनकी भावभंगिमाएँ काफी आकर्षक है। गर्भगृह में काले पाषाण में भगवान विष्णु की त्रिविक्रम रूप में मूर्ति स्थापित है।

इस क्षेत्र का रामायण से काफी घनिष्ठ संबंध रहा है। जिस कारण सिद्धेश्वर मन्दिर की बाहरी दीवारों पर रामायण से सम्बन्धित मूर्तियाँ दिखाई देती हैं। जिनमें राम- रावण युद्ध का परिदृश्य चित्रित किया गया है। दसमुखी रावण अपने बीस हाथों से राम-लक्ष्मण से युद्ध लड़ रहा है। राम-लक्ष्मण के हाथों में धनुष है तथा वह बाण चला रहे हैं। बाजू में एक पेड़ पर हनुमान लटके हैं। दूसरे एक परिदृश्य में माता सीता अशोक वन में हनुमान से वार्तालाप कर रही है। जनश्रुतियों के अनुसार इसी परिसर में सुवर्णमृग अर्थात मारीच आकर छुप गया था। (चित्र सं.2.61) (चित्र सं.2.62) भगवान शिव की कृपा से रामने मारीच को ढूंढने की सिद्धता प्राप्त की थी, इसलिए इसे सिद्धेश्वर कहा जाता है। यहाँ मारीच का वध श्रीराम द्वारा किया था। कार्य सफल होने पर यहाँ रामने शिवजी की पूजा थी,

*चित्र सं. 2.61*

*चित्र सं. 2.62*

इसलिये इसको सिद्धेश्वर कहा जाता है। ऐसा माना जाता है कि इस शिवलिंग के दर्शन से मन की सभी इच्छाएँ पुरी होती है।

## मारीच से सम्बन्धित स्थल

वनगमन के दौरान पंचवटी में सीताने कांचन मृग देखा। सीता उसपर मोहित हो गई। उसने सोचा कि इसके खाल से चोली बनाकर अयोध्या जाऊंगी। लेकिन वह मारीच था। राम को भटकाने हेतु मारीच नें राम की आवाज की नकल की। तब सीता के कहनेपर लक्ष्मण उनकी सहायता करने पहुँचे। राम लक्ष्मण की जहाँ मुलाकात हुई, उसे मध्यमेश्वर कहा जाता है। राम ने जहाँ खड़े होकर मारीच को बाण मारा, उसे बाणेश्वर कहा जाता है। कायगांव में राम के बाण से मारीच का धड़ गिरा था, तो खांडगांव में मारीच का सिर अर्थात मुंडी गिरी थी। टोकगांव में मारीच को रामने भवसागर से मुक्ति दिलाई थी, इसलिए उसे मुक्तेश्वर कहा जाता है। मारीच वध के पश्चात श्रीराम ने गोदावरी तथा प्रवरा के संगमपर घट स्थापित कर शिव की पूजा की थी, उसे घटेश्वर कहा जाता है। यह सब स्थल मारीच वध से सम्बन्धित है, जो राम के पदस्पर्श से पावन हुए हैं। मृग की याद में नाशिक के पास नांदुर मध्येश्वर में मृगव्याधेश्वर मन्दिर स्थापित है। (चित्र सं.2.63) इसी स्थल पर राम के बाण द्वारा कांचन मृग को

*चित्र सं. 2.63*

व्याधि पहुँचकर उसकी मृत्यु हुई थी। जहाँ एक शिवलिंग बना है। इस क्षेत्र में गोदावरी दक्षिण दिशा में बहती है, जिसे बड़ा पवित्र माना गया है इसीलिए इसको दक्षिण काशी कहा जाता है। अब यहाँ नांदुर मध्यमेश्वर अभयारण्य बना है।

## सर्वतीर्थ, ताकेड़

सर्वतीर्थ नाशिक जिले के इगतपुरी तहसील की ताकेड़ गांव में मौजूद है। सीता हरण के पश्चात राम-लक्ष्मण उनको ढूंढने निकले। तब उनकी पहली मुलाकात जटायु से हुई थी। वह सीता हरण का विरोध करने लगा। तब उसका रावण से युद्ध हुआ। रावण ने उसे घायल कर दिया। तब वह अर्धमरा अवस्था में यहाँ पड़ा था। राम लक्ष्मण को जटायु ने रावण के बारे में यहीं पर बताया। यहीपर राम ने जटायु की प्यास बुझाने हेतु बाण चलाकर धरती से जल निकाला था, फिर जटायु की मृत्यु हुई थी। (चित्र सं.2.64) तब राम-लक्ष्मण ने इसी स्थलपर जटायु का अंतिम संस्कार किया था। जिसे सर्वतीर्थ कहा जाता है। यहाँ जटायु की समाधि बनी है। बारहमासा लोग यहाँ आते जाते रहते हैं। जटायु के दर्शन लेते हैं।

*चित्र सं. 2.62*

## पलसनाथ मन्दिर

सोलापूर जिले के उजनी बांध परियोजना क्षेत्र में पलसनाथ मन्दिर स्थित है। इ.स.1975 तक यहाँ पलसदेव नामक गाँव था। यहाँ भीमा नदी तट पर घाट था। बाजू में पलसनाथ, नागनाथ और काशी विश्वनाथ के मन्दिर बने थे। यहाँ बनी सिंचाई परियोजना के कारण यहाँ का पलसनाथ मन्दिर पानी में डूब गया। जब धरण का पानी कम होता है, तब मन्दिर दिखाई देता है। नहीं तो यह मन्दिर पानी के भीतर ही रहता है। पहले इस मन्दिर के गर्भगृह में शिवलिंग स्थापित था। लेकिन मन्दिर धरण क्षेत्र में डूबने से गांव के लोगों ने शिवलिंग की स्थापना गांव के मन्दिर में की है। इस मन्दिर का निर्माण चालुक्य कालीन का बताया जाता है। इस मन्दिर में मंडप, अंतराल, गर्भगृह ऐसी रचना है। बाजू में बना बलि या सरडेश्वर मन्दिर ध्वस्त हुआ है। काशी विश्वनाथ मन्दिर तटपर होने के कारण वह डूबा नही। इसका निर्माण 15 वी शताब्दी का बताया जाता है। पश्चिमाभिमुख बने इस मन्दिर में प्रवेशद्वार, सभामंडप, गर्भगृह ऐसी रचना है। गर्भ गुफा में कोई मूर्ति स्थापित नहीं है। लेकिन काशीविश्वेश्वर नाम होने से यह शिव का मन्दिर लगता है। कुछ लोग इसे राम मन्दिर भी कहते हैं। सभा मंडप में पत्थरों के स्तंभ स्थापित है। मन्दिर की बाहरी दीवारों पर रामायण के शिल्प उत्कीर्ण हैं। जिसमें धनुष चलाते राम-लक्ष्मण, सीता हरण, वानर सेना द्वारा सेतुबंध का निर्माण, राम रावण युद्ध जैसे परिदृश्य प्रमुख

है। एक मूर्ति में राम धनुष की प्रत्यंचा खिच रहे है और लक्ष्मण उनके पिछे खड़े हैं। दोनों के सिर पर मुकुट, कानों में कुंडल, पावों में कड़े हैं। दुसरा सेतु निर्माण का दृश्य काफी रोचक नजर आता है। इसमें दो वानर पत्थर उठा रहे हैं। बाकी दो उनको प्रोत्साहन दे रहे हैं। नीचे के समंदर में मछलियां तैर रही है। अन्य शिल्प में तीन वानर एक बड़ी शीला उठाकर सेतु निर्माण कर रहे हैं। सीता हरण के शिल्प में रावण के पांच मुख हैं। दोनों और दस हाथ बने हैं। जिनमें कई सारे शस्त्र उत्कीर्ण किये गए हैं। एक हाथ में वह सीता को उठाकर लेकर जा रहा है। यहाँ बनी मूर्तियाँ अलंकृत है। एक मुर्ति में रावण के पांच मुख तथा दस हाथ बने हैं। उसके सिर पर मुकुट तथा हाथों में अलग-अलग शस्त्र है। एक हाथ खंडित हो चुका है। कुछ खंडित शिल्प मन्दिर परिसर में बिखरे पड़े हैं। समय के साथ पानी की मार से यह मन्दिर भी ध्वस्त होने की कगार पर है। (चित्र सं.2.65) , (चित्र सं.2.66) , (चित्र

*चित्र सं. 2.65*

*चित्र सं. 2.66*

*चित्र सं. 2.67*

*चित्र सं. 2.68*

*चित्र सं. 2.69*

सं.2.67) , (चित्र सं.2.68)

## राम मन्दिर, चाफळ जिला सातारा

सहयाद्री के बीचोंबीच सातारा जिले में चाफल गांव है। यहाँ समर्थ रामदास स्वामीने शके १५६९ (इ.स.१६४८) राम मन्दिर का निर्माण किया। जनश्रुतियों के अनुसार समर्थ रामदास स्वामी को स्वप्न में दृष्टांत हुआ था, की गांव के नदी में राम तथा अंगलाई देवी की मूर्ति है। तब उन्होंने नदी से मूर्ति निकालकर उसकी स्थापना की। मन्दिर का निर्माण काले पत्थर के ओटेपर तारकाकृति तरीकेसे किया गया है। मन्दिर के बाहरी हिस्सों पर विष्णु के दस अवतारों की मुर्तियाँ उकेरी गयी हैं। मन्दिर के गर्भगृह में राम, सीता तथा लक्ष्मण की मूर्ति है। राम की मूर्ति की विशेषता यह है कि उसके हाथ में गुलाब के फूल है। बाजू में समर्थ रामदास एवं हनुमान की छोटी-छोटी मूर्तियाँ है। मन्दिर के पश्चिम बाजू में आठ मैल दूरीपर पर्वत में रामघळ है, जहाँ समर्थ रामदास स्वामी का वास्तव्य था। (चित्र सं.2.69)

## रामलिंग, येडशी

उस्मानाबाद जिले के येडशी गांव में रामलिंग स्थित है। यह भगवान शिव का तीर्थ स्थल है। लोक मान्यताओं के अनुसार सीताहरण के पश्चात भगवान राम और जटायु की भेट यहाँ हुई थी। राम ने बाण मारकर यहाँ जलकुंड बनाया, उसका पाणी जटायु को पिलाया और अंतिम संस्कार किया।

*चित्र सं. 2.70*

उसके बाद राम ने यहाँ भगवान शिव का लिंग स्थापित किया, इसलिए इसको रामलिंग कहा जाता है। (चित्र सं.2.70) राम द्वारा निर्मित त्रिकोणी जलकुंड आज भी यहाँ विद्यमान है। आगे तुलजापूर के मां सती ने घाटशीला पर श्रीराम को दर्शन दिये थे तथा परीक्षा ली थी। फिर दक्षिण दिशा की और सीता अन्वेषण में सफल होने का आशीर्वाद दिया था। यहाँ से राम दक्षिण में लंका की ओर प्रस्थान कर गए थे। आगे मलय पर्वत और चंदन वनों को पार करते हुए राम-लक्ष्मण माता सीता की तलाश करते हुये दक्षिण की ओर आगे बढ़े। तब ऋष्यमूक पर्वत पर उनकी भेंट हनुमान तथा सुग्रीव से हुई। यह पर्वत वानरों की राजधानी किस्किंधा के निकट था। यह जगह हनुमान का जन्म स्थली माना जाता है। यहाँ राम ने बाली को मारकर सुग्रीव को राजा बनाया और वानर सेना की मदत से दक्षिण में सीता खोज की खोज शुरू की।

## रामायण सम्बन्धित अन्य स्थल

छत्तीसगढ़ के राजनांदगांव जिले के गंडई में स्थित शिव मन्दिर में रामकथा के कई दृश्य उत्किर्ण हैं। जिसमें राम-बाली युद्ध का दृश्य प्रमुख है। देवबलोदा के मन्दिर में हनुमान की मुर्ति उत्कीर्ण की गई है। इसमें राम धनुष की प्रत्यंचा खींचे हुए खड़े हैं। उनके सामने एक पुरुष खड़ा है, पीछे की ओर सीता जी एक पेड़ के नीचे खड़ी है। तुम्मान जिला बिलासपुर में निर्मित मन्दिर के द्वार पट्टिका पर विष्णु के दस अवतारों का अंकन है। रायपुर संग्रहालय में रखी रतनपुर से प्राप्त मुर्तियों में दशावतार का अंकन

*चित्र सं. 2.71*

है। रतनपुर दुर्ग के एक प्राचीर पर रावण से सम्बन्धित शिल्प उत्कीर्ण है। जिसमें शिला खंड पर रावण यज्ञ का रोचक दृश्य विद्यमान है। जिसमें रावण यज्ञ के समक्ष प्रज्वलित अग्नि में अपने मस्तको को चढ़ाते हुए दिखाया गया है। रायपुर में स्थित दूधाधारी मन्दिर में रामायण से सम्बन्धित शिल्प उकेरे गए हैं। जिसमें राम की वानर सेना, राम रावण युद्ध तथा अन्य कई परिदृश्य प्रमुख हैं। (चित्र सं.2.71) मध्य प्रदेश के भानपुरा में स्थित राज्य संग्रहालय में होलकर राज्य से सम्बन्धित मूर्ति शिल्प रखे गए हैं, जिसमें हनुमान का शिल्प प्रमुख है। (चित्र सं.2.72) अमरावती जिले में मोढू नदी तटपर सालबर्डी भगवान शिव का तीर्थ स्थल है। जहाँ एक बड़ी गुफा में शिव विराजमान है। जिनको छोटा महादेव कहा जाता है। ऐसा माना जाता है की राम वनगमन के दौरान सालबर्डी आए थे। उन्होंने यहाँ एक रात्रि के लिए विश्राम किया था, दूसरे दिन प्रात:काल यहाँ स्थित महादेव की पूजा की थी। यहाँ से कुछ दूरी पर मोढू नदी का घाट है, जिसे सीता नहानी कहा जाता है, जहाँ माता सीता ने स्नान किया था। राम के पावन स्पर्श से यह भूमि पावन हुई है। जहाँ राम-लक्ष्मण का मन्दिर बना है। पुणे के पास शिरूर में रामलिंग देवस्थान स्थित है। जनश्रुतियों के अनुसार राम जब लंका जा रहे थे, तब घोड नदी के किनारे रूर नामक राक्षस का उन्होंने वध कर दिया था। उसका शिर यहाँ गिरा था, इसलिए इसे शिरूर कहा जाता है। भगवान श्रीराम ने यहाँ भगवान शिव का पूजा की थी, जहाँ रामलिंग देवस्थान बना है। माता सीता का शोध करते-करते राम मुंबई के समंदर किनारे तक पहुँच गए थे। वहाँ राम ने बाण मारकर

*चित्र सं. 2.72*

मीठे जल का स्त्रोत निर्माण किया था। जिसे बाणगंगा कहते हैं, वह मलबार हिल स्थित है। जहाँ भगवान शिव का मन्दिर बना है। फलटण बाणगंगा नदी के तटपर बसा नगर है। त्रेतायुग में जब राम, सीता, लक्ष्मण वनगमन में भ्रमण कर रहे थे, तब इस क्षेत्र में राम की मुलाकात श्री दत्तात्रय से हुई थी। यहाँपर राम ने अर्धचंद्राकृती बाण चलाकर पाताल से जल लाया था। उसी जल से दत्तात्रय की पूजा करके वे स्त्री हत्या के पापसें मुक्त हुए थे। उसी जल से बाणगंगा नदी का उगम हुआ है। अन्य किवंदतियों के अनुसार जब अयोध्या में सीता के चरित्रपर एक धोबी संशय किया, तो रामने सीता का त्याग किया। तब लक्ष्मणने सीता माता को यहाँ छोड़ा था। इसलिए इसको सीता पहाड़ी कहा जाता है। यहाँ जबरेश्वर का मन्दिर स्थित है जिसकी बाहरी दीवारों पर रामायण के शिल्प उकेरे गए हैं (चित्र सं.2.73)

जालना जिले में शिवली के निकट नागरदास मन्दिर स्थित है। जहाँ राम ने किसानों को हल चलाना सिखाया था। इसी याद में किसान आज भी यहाँ हल की पूजा करते हैं। यहाँ श्रीराम ने शंभू नामक दैत्य का वध किया था। पश्चात शिव की पूजा की थी, इस मन्दिर के पास एक कुंड है। जिसमें सदा जल बना रहता है। इसी के आगे अंबड के निकट पहाड़ियोंपर सीता की नहानी स्थित है। पहले यहाँ श्रीराम का मन्दिर हुआ करता था, जो नष्ट हुआ है। यहाँ से नजदीक रामस गांव में राम का मन्दिर स्थापित है। जहाँ रामेश्वरलिंग, सिद्धेश्वर लिंग तथा लक्ष्मणेश्वर मन्दिर हैं, जो गोदावरी नदी तटपर बसे हैं। शनैश्वर मन्दिर राक्षसभुवन बीड़ में बना है। जनश्रुतीयों के अनुसार वनगमन के दौरान राम को शनि की साढ़ेसाती लगी थी। तब उन्होंने शनिदेव की यहाँ विशेष पूजा की थी। इसलिए यहाँ

*चित्र सं. 2.73*

शनि महाराज का मन्दिर बना है। जो राम के पावन स्पर्श से पुनीत हुआ है। रामघाट और सीता नहानी, बेनापूर तह.खाणापूर जिला सांगली में स्थित है। राम सीता नें वनगमन के दौरान इसी घाट से यात्रा की थी, इसीलिए इसे रामघाट कहा जाता है। यहाँ एक झील में माता सीता ने स्नान किया था, इसीलिए उसे सीता नहानी कहा जाता है। श्रीरामने यहाँ अपने हाथों से शिवलिंग की स्थापना की थी। विठ्ठल मन्दिर पल्ली में भी पाषाणपर राम-लक्ष्मण, सीता की प्रतिमा उकेरी गई है। (चित्र सं.2.74)

राम और शिव का संबंध अनन्यपूर्ण है, कहा जाता है कि वह एक दूसरे के आराध्य देवता थे। राम जब लंकापति रावण को परास्त करके अयोध्या वापिस लौट रहे थे, तब वह मुर्डेश्वर रिठद से गुजरे थे। उस समय भगवान शिवने राम दर्शन हेतु अपनी मुल स्थिति बदली थी, इसलिए इसको मुर्डेश्वर कहा जाता है। जो विदर्भ के वाशिम जिले में स्थित है। उनकेश्वर यवतमाल जिले का एक गर्म जल का स्रोत है, यहाँ पुरातन काल में शरभंग ऋषि का आश्रम था। जनश्रुतियों के अनुसार राम, लक्ष्मण, सीता यहाँ आए थे। उन्होंने ऋषि के कुष्ठ को दूर भगाने हेतु अग्निबाण चलाया था, जिसके कारण यहाँ गर्म जल का स्त्रोत बन गया। जो अभी भी निरन्तर बहता रहता है। रामेश्वर बुलढाणा जिले के सिंदखेड राजा में स्थित है। जहाँ शिव का प्राचीन मन्दिर है। कहाँ जाता है कि इस मन्दिर की स्थापना राम ने की थी। राम वनगमन के दौरान यहाँ आए थे, इस परिसर में सीता की नहानी भी मौजूद है। मन्दिर के बाजू में राजे लखुजी जाधवराव तथा और कुछ अन्य लोगों के स्मारक स्थल हैं। अकोला जिले के मूर्तिजापुर तहसील में उमा नदी के तटपर बसे माना गांव में सातवाहन कालीन मन्दिरों के अवशेष मिले हैं। इस गांव में

*चित्र सं. 2.74*

राम कृष्ण का संयुक्त मन्दिर है। जिसमें राम तथा कृष्ण की प्राचीन मूर्तियाँ विराजमान है। इ.स.1932 के दौरान अंग्रेजों के शासन में यहाँ राम मूर्ति प्राप्त हुई थी। अंग्रेज उसको नागपुर ले जाना चाहते थे, लेकिन गांववालों ने भारी विरोध जताया। तब मूर्ति गांव में स्थापित की गई। उस पश्चात इ.स.1952 में खुदाई करते समय कृष्ण की मूर्ति मिल गई। अब दोनों मूर्तियाँ गांव के बीचो-बीच बने राम-कृष्ण मन्दिर में विराजमान है। चंद्रपुर जिले में रामदेगी यह एक पर्यटन स्थल है, जंगल पहाड़ियों के बीच बसे इस स्थलपर शिव मन्दिर तथा राम मन्दिर है। यह इरई नदी का उगम स्थल है, जहाँ बारहमासा पानी बहता है। जनश्रुतियों में ऐसी मान्यता है की त्रेता युग में यहाँ ऋषि मुनि तपस्या करते थे। यहाँ ताडोबा नामक असुर की गुफा थी। प्रभु श्रीराम ने इस ताडोबा असूर का वध किया और ऋषि मुनियों को संरक्षण दिया। यहीपर श्रीराम ने शिवलिंग की स्थापना की, इसलिए इसको रामदेगी कहा जाता है। अब यह स्थल ताडोबा व्याघ्र परियोजना का हिस्सा है। महाराष्ट्र के मल्लिकार्जुन मन्दिर लोनी भापकर जिला पुणे, गोदेश्वर मन्दिर सिन्नर जिला नासिक यहाँ भी राम अवतार का चित्रांकन शिल्पों में दिखाई देता है।

रामायण से सम्बन्धित मूर्ति शिल्प भारत भर दिखाई देते हैं। इसमें कई स्थानों की पुनरावृत्ति भी होती है। कई जगह लोग रामायण के संदर्भ अपने अपने तरीके से देने लगते हैं, क्योंकि राम सभी के आराध्य है। वह सभी को अपने लगते हैं।

## संदर्भ


1. डॉ. बुल्के कामिल, रामकथा (उत्पत्ती और विकास) , द्वितीय आवृत्ती1962, हिंदी परिषद प्रकाशन, प्रयाग विश्वविद्यालय प्रयाग.
2. शशांक छोटे पाटील खिद्रापूर, जिला कोल्हापूर इनका साक्षात्कार तथा फोटोग्राफी.
3. कवल रामलाल, प्राचीन मालवा में मन्दिर वास्तुकला, स्वाती पब्लिकेशन, दिल्ली 1984
4. श्रीवास्तव शशीबाला, भारतीय मन्दिर एवं मूर्तियां, रामानंद विद्याभवन, 1989 दिल्ली
5. दक्षिण कोसल, ललित शर्मा, रायपूर
6. J N Bannerjee, Development of Hindu Iconography,
7. वासुदेव शरण अग्रवाल, भारतीय कला और संस्कृती
8. वासुदेव शरण अग्रवाल, भारतीय कला
9. डॉ नीलकंठ पुरुषोत्तम जोशी, प्राचीन भारतीय मूर्ती विज्ञान
10. डॉ ब्रिजभूषण श्रीवास्तव, प्राचीन भारतीय प्रतिमा विज्ञान व मूर्तिकला,
11. https://asi.in
12. https://whc.unesco.org
13. https://indian culture.gov.in
14. hoto://culture.maharashtra.gov.in
15. https://chikmagalurtourism.org.in/amrutesvara-temple-chikmagalur
16. https://www.karnatakatourism.org/tour-item/virupaksha-temple-hampi

# रामायण मूर्तिकला (शिल्प) के विशेष

भारतीय संस्कृति में मन्दिर स्थापत्य के साथ मूर्तिकला का भी विशेष महत्त्व है। जहाँ मन्दिर वहाँ मूर्ति यह संकल्पना लगभग सभी भारतीय मन्दिरों में देखी जा सकती है। भारतीय जनमानस पुरातन काल से ही मन्दिरों में जाकर मूर्ति दर्शन करके कृतार्थ भावना प्रकट करता रहा हैं। भारतीय संस्कृति में मूर्ति को निर्गुण निराकार ब्रह्मा का प्रतीक माना गया है। जहाँ परमेश्वर का निराकार रूप प्रत्यक्ष रूप में साकार होता है। इसीलिए ब्राह्मण, बौद्ध एवं जैन धर्मो में मूर्तिपूजा का महत्त्व अत्याधिक है। लेकिन यह भी सत्य है की कई प्राचीन मन्दिरों के गर्भगृह में मूर्तियाँ स्थापित नहीं है। काल के साथ वह गायब हो गयी या ध्वस्त की गयी। प्राचीन काल से ही भारतीय उपमहाद्वीप में ईप्सित कार्य सिद्धि, मनोकामना, पुण्य तथा मोक्षप्राप्ती हेतु मूर्ति में बसे अलौकिक शक्ति की आराधना की जाती है। वैदिक काल में इंद्र, वरुण, अग्नि यह देवताएँ प्रमुख थी। पौराणिक काल में उनकी जगह ब्रह्मा, विष्णु, शिव आ गए। इंद्र जैसा देव दिग्पाल बन गया। गुप्त काल में वैष्णव धर्म से सम्बन्धित विष्णु को ज्यादा महत्व प्राप्त हो गया। सनातन परंपरा में त्रिदेवो में ब्रह्मा को निर्माणकर्ता, विष्णु को पालनकर्ता तथा शिव को संहारकर्ता माना गया है। उसमें भी शिव तथा विष्णु के उपासक में शैव एवं वैष्णव मतों का विभाजन हुआ है। ब्राह्मण धर्म में विष्णु सबसे लोकप्रिय देव है। विष्णु के अवतारों की पूजा हर जगह की जाती है। (चित्र सं.3.1) प्राचीन भारत में शैव तथा वैष्णव मन्दिरों का निर्माण ज्यादा हुआ। शैव मन्दिर मुख्यतः शिव को समर्पित है। ऐसे मन्दिरों की मूर्तियाँ शिवलीलामृत से सम्बन्धित ज्यादा दिखाई देती है। उसमें भी कहीं-कहीं विष्णु के अवतारों का परिदृश्य चित्रित हुआ है। वैष्णव मन्दिरों में विष्णु की विविध लीलाएं तथा अवतार उत्कीर्ण हुई है। ऐसे मन्दिरों में दशावतार से सम्बन्धित परिदृश्य प्रमुख हैं।

विष्णु के अवतारों में राम सबसे अधिक लोकप्रिय है। भारतीय उपमहादीप में राम की मुर्तियाँ तथा भव्य मन्दिर प्राचीन काल से बनते रहे है। जिसका प्रारम्भ गुप्त काल से होता है। रामायण विषयक मूर्तियाँ गुफाओं, मन्दिरों, प्रासादों, महलों के गर्भगृह में स्थापित है। ऐसे मन्दिरों का निर्माण 'नागर' (उत्तर) 'द्रविड़' (दक्षिण) एवं 'वेसर' (मिश्रित) शैलीयों में हुआ है। उसमें कहीं कहीं वल्लभी शैली भी दिखती है, जिसमें मेहराबदार छतों से शिखर का निर्माण होता है। मन्दिर संरचना में प्रवेशद्वार, मंडप, अंतराल, गर्भगृह तथा परिक्रमा पथ ऐसा क्रम दिखाई देता है। अधिकांश मन्दिरों के प्रवेशद्वारों पर गंगा-

*चित्र सं. 3.1*

यमुना जैसी नदियों की मुर्तियाँ उत्कीर्ण है। मन्दिर के गर्भगृह में राम-सीता, लक्ष्मण की मूर्तियाँ स्थापित होती है। उनके सामने हनुमान अनिवार्य तौरपर कभी खड़े, तो कभी बैठे होते है। कुछ मन्दिरों में द्वार रक्षा हेतु द्वारपाल, नवग्रह (मिथुनों) तथा यक्षों को उत्कीर्ण किया गया है। मन्दिर के उपरी हिस्से में गुम्बद (शिखर) बना होता है। बीच में विमान होता है, जिसके आसपास देव, यक्ष, गंधर्व, वानर आदि मूर्तियाँ देखने को मिलती है। कुछ मन्दिरों के चारों तरफ प्रदक्षिणा पथ बनाया जाता है। मुख्य मन्दिर के चारों तरफ ओवरीयाँ तथा अन्य मन्दिर बने होते है। मध्य भारत में बने अधिकांश प्राचीन राम मन्दिरों में स्थापित मूर्तियाँ बलुआ, काले, संगमरवरी पत्थरों से निर्मित हैं। अलग अलग प्रांतो के कारगिरों द्वारा उसका निर्माण अपने अपने तरीके से किया गया है। (चित्र सं.3.2)

रामायण सम्बन्धित मूर्तियों में शैव तथा वैष्णव परंपरा का अनूठा संगम दिखाई देता है। प्राचीन काल में बनी लंकाधिपती रावण मूर्तियाँ शैव परंपरा से अपना नाता जोड़ती है। एलोरा, एलिफेंटा, औंढा, मार्कडा में बनी रावण की कैलासोत्तोलन मूर्तियाँ उसका अनुपम उदाहरण है। मार्कंडा के एक शिल्प में रावण ने अपने नौ मुख भगवान शिव को अर्पण किये हैं। दसवां मुख वह काटने वाला है। भगवान शिव उसके भक्ति पर प्रसन्न हुए हैं, ऐसा परिदृश्य उत्कीर्ण है। वैष्णव परंपरा से सम्बन्धित राम-सीता, लक्ष्मण, रावण आदि की मूर्तियाँ मनुष्याकार उत्कीर्ण हुयी है। कहीं-कहीं विष्णु के चतुर्भुज रूप में राम मूर्तियाँ बनी है। जिसके चार हाथों में शंख, चक्र, गदा एवं पदम है। तो रावण दसमुखी बनाया गया है,

*चित्र सं. 3.2*

जिसमें कही कही एक मुख गधे का दिखाई देता है। हनुमान, जामवंत, बाली-सुग्रीव, नल-नील के रुप वानर तथा मनुष्य से मिश्रित बनाए गए हैं। हनुमान कहीं खड़े, तो कहीं सोते, तो कहीं उनके हाथों में पर्वत ऐसे कई रूपों में दिखाई देते हैं। राक्षसों की मूर्तियाँ भयानक, विद्रूप तथा बड़ी साकार की गयी है। राम राज्याभिषेक के मूर्तियों में राम, सीता सिंहासन पर तो कही कमल पुष्पोंपर विराजमान ऐसे रूपों में उत्कीर्ण है। उनके सामने हनुमान तथा पीछे भरत, शत्रुघ्न उत्कीर्ण किये गए हैं। हनुमान के हाथो में गदा के होती है। कही कही वह हाथ जोडकर खड़े या बैठे होते है। राम लक्ष्मण के कंधे पर धनुष अनिवार्य तौर पर होता है। तो हनुमान अपने गदा के साथ उत्त्कीर्ण हुए हैं। (चित्र सं.3.3)

भारतीय मूर्तिकला प्राचीन काल से ही सौंदर्य के प्रति सजग रही है। इसका प्रतिबिंब हमे रामायण विषयक मूर्तिकला में भी दिखाई देता है। राम- लक्ष्मण, सीता एवं हनुमान की मूर्तियाँ नखशिखान्त अलंकृत है। जिसमें वस्त्र-प्रावरण, आभूषण, मुकुट प्रमुख होता है। कलाओं में सौंदर्य अभिव्यक्ति के लिए सोलह श्रृंगार महत्त्वपूर्ण माने गए हैं। उसमें आभूषण सबसे महत्वपूर्ण है। जो केस से लेकर पैरों तक धारण होते है। सीता समेत रामायण कालीन स्त्री मूर्तियों में केस में चिमटी, माथे पर बिंदी, कानों में कुंडल तथा कर्णिका, गले में हार, बाजू पर बाजूबंद, कलाई में चूड़ी, कमर में कमरधनी, उंगली में अंगूठी तथा पैरों में पायल, पैजनी यह अलंकरण दृष्टिगोचर होते हैं। कुंडल तथा कर्णिकाओं के प्रकारों में झुमके, बाली, कर्णफुल प्रमुख है। गले में पहने जानेवाले हारों में स्वर्ण सूत्र, कंठ सूत्र, अर्ध हार,

*चित्र सं. 3.3*

रत्न हार, रूचक हार, हिरण्य हार, सुवर्ण हार, दंत हार, चंद्र हार, नवलखा हार, पैसा हार प्रमुख है। चूड़ियों में कंगण, पाटली, बांगडी प्रमुख होती है। अंगुली में पहने जाने वाली अंगुलीमुद्रा एवं मुद्रिका महत्वपूर्ण है। राम-लक्ष्मण, रावण, हनुमान, बाली-सुग्रीव की मुर्तियाँ हाथों में कडा, गले में कंठा, बाहुओं पर बाजूबंद, सिरपर मुकुट, कमर में करधनी ऐसे अलंकारो से अलंकृत है। राम-सीता के गले में हार, सीता द्वारा राम को पहनाई जानेवाली मुद्रिका का अंकन मूर्तियों में विशेष है। लेकिन इसमें एक आश्चर्य की बात है, की सभी काल में बनी मूर्तियों के नाक में नथनी, कील, लौंग आदि आभूषण नहीं दिखाई देता। (चित्र सं.3.4)

राम-सीता सम्बन्धित मन्दिर या गर्भगृह के प्रवेशद्वार पर गंगा-यमुना की मूर्तियाँ पवित्र एवं भक्ति का प्रतीक मानी गई है। जो अपने वाहन मकर, कच्छप आदि के साथ उत्कीर्ण होती है। वहाँ कुबेर भी होता है, जो समृद्धि का प्रतीक माना जाता है। प्रवेशद्वार पर जय विजय द्वारपाल होते है। मन्दिर में ललाटबिंब पर गणेश भी विराजमान होते है। कई मन्दिर के बाहरी दीवारों पर देवकोष्ठ बने होते हैं। जिसमें आराध्य देवता से सम्बन्धित कई मूर्तियाँ स्थापित होती है। कई मन्दिरों के कोनोपर पर अष्टदिग्पालों की मूर्तियाँ स्थापित होती है। जिसमें इंद्र, अग्नि, यम, नैॠत्य, वरूण, वायू, कुबेर एवं ईशान प्रमुख होते है। जो अपने वाहन के साथ होते है। मातृशक्तियों से सम्बन्धित मूर्तियों में सप्तमातृकाएँ प्रमुख है। जिसमें ब्रम्हाणी, वैष्णवी, इंद्राणी, वाराही, चामुण्डा, सरस्वती, दुर्गा प्रमुख है। रामायण से सम्बन्धित पात्रों के साथ अन्य देवी देवताएँ, अनुचर, पुरुष-स्त्री प्रतिमाएँ, सेविकाएँ,

*चित्र सं. 3.4*

गंधर्व-कीचक, गण, वानर तथा असुरों को भी वस्त्र-प्रावरणों तथा अलंकारणों सजाया गया है। रावेरी के सीता मन्दिर में माता सीता के साथ लव-कुश की मुर्तियाँ बडी मनविभावन बनी है। चंद्रखुरी में माता कौशल्या की मूर्ति अधिक आकर्षक है। रामायण दृश्यों को उत्कीर्ण करने हेतू ज्यामितीय अलंकारों में गोलाकार, वृत्ताकार, आयताकार, चतुर्भुजाकार, पंचकोशीय, अष्टकोणीय आदि विभिन्न स्वरूपों को दर्शाया गया है। मूर्तियों के साथ दृश्य सज्जा, बेलबुटे, पशु-पक्षीयों के अलंकृत रूप, विभिन्न मुद्राओं एवं भाव-भंगिमाओं दिखाई देती है। जो राम कथा के दृश्य कों अधिक सौंदर्यता प्रदान करते है। साथ ही परंपरागत पद्धती से बने आकल्पन मूर्तियों को चार चांद लगाते हैं। (चित्र सं.3.5)

*चित्र सं. 3.5*

ऐसी रामायण विषयक मूर्तियाँ तथा मन्दिर भारतीय संस्कृति की पहचान है। साथ-साथ कई मन्दिरों गर्भगृह में गवाक्ष नजर आते हैं। ऐसा माना जाता है कि इससे गर्भगृह में स्थापित देवता बाहरी दुनिया को प्रकाशित करती है। इसलिए इसे सूर्य किरणों का रूप में माना गया है। कई जगह इसे वातायन कहा जाता है। जो वृत्ताकार, चौकोनी, अष्टकोनी होते हैं। मन्दिर की बाहरी दीवारें कई देवकोष्ठों सजी होती है। जिसमें देवी- देवताओं के विभिन्न रूप दिखाए जाते हैं। मन्दिर की सजावट हेतु मिथुन प्रतिमाएँ भी होती है। जो काम, क्रोध, लोभ, मोह, मद, मत्सर जैसे अवगुणों को कम करने का कार्य करते हैं। गर्भगृह में स्थापित देवता के अभिषेक से निकला जल बड़ा पवित्र माना जाता है। जिसे प्रवाहित करने हेतु गर्भगृह के बाहर मकरमुख तथा गोमुख होता है। मकर को गंगा का वाहन माना गया है, तो गोमुख गाय का प्रतीक होता है। मुख्य मंडप में कई जगह वृत्ताकार वितान होता है। जिसमें कई जगह दशावतारों की मूर्तियाँ, कृष्ण लीला की मुर्तियाँ स्थापित होती है। कई जगह मंडप प्रवेशद्वार पर मकर तोरण होता है। मंडप जिन स्तंभों पर खड़ा होता है, वह आकर्षक तरीके से सजाए जाते हैं। हम्पी के विरुपाक्ष मन्दिर के स्तंभ थपथपाने से संगीत की ध्वनियों से गूंजते हैं। जो मन्दिर स्थापत्य का अनुपम उदाहरण है। (चित्र सं.3.6)

*चित्र सं. 3.6*

*चित्र सं. 3.7*

मध्य भारत कई मन्दिरों में मदनिकाओं की मुर्तियाँ अत्यंत आकर्षक तथा वैशिष्टपूर्ण हैं। जिनको देवांगनाएँ, सुरसुंदरी, अप्सरा, परीयाँ कहा जाता है। इनकी निर्मिती समुद्रमंथन से हुई ऐसा माना जाता है। जिनकी निश्चित संख्या नहीं है। लेकिन उसमें अलसा, तोरणा, मुग्धा, शुभगमना, नुपूर पादिका, जया, मर्दला, उर्वशी, रंभा, मेनका, तिलोत्तमा, विन्यासा, सुगंधा, जया, विजया, कर्पूरमंजिरी प्रमुख होती है। हर एक की अपनी विशेषत: है। जिसमें दर्पण में निहारती दर्पणा, मृदंग बजाती मृदंगवादिनी, हाथी एवं पैरों पर सर्प धारण किये हुए विषकन्या, तोते के साथ सुकसारिका, पत्र लिखती हुई पत्रलेखा, हाथों में धनुष धारण किये हुए मरीचिका, हाथों में चामर पकड़ी चामरवाहिनी, विभिन्न नृत्य मुद्राओं में नर्तकी, वीणा वादन करती वीणा वाहिनी, वृक्ष की शाखा पकड़ी शालभंजिका, सर्प से भयभीत भुजंग त्रासिता, कुंदन खेलने में मग्न कुंदन क्रीडा, पिचकारी खेलती मदनिकाएँ प्रमुख है। इनका स्वरूप बहुत आकर्षक होता है, जिसमें नवयौवन झलकता है। सुनहरा पट्टा, पुष्ट वक्षस्थल, कर्णकुंडल, बाहूभुषण, नुपुर इत्यादी से वह पूरी तरह अलंकृत होती है। सिर पर मुक्तजाल, चूड़ामनी, बिंदी होती है। कानो में कर्णफुल, कुंडल होते है। गले में हार, कंठी, मालाएँ एवं हाथों में कंगन, पाओं में नूपुर होते है। जो राम मन्दिर की शोभा और बढ़ाती है। (चित्र सं.3.7)

कई राम मन्दिरों पर हाथी घोड़ो एवं विभिन्न काल्पनिक प्राणियों की परते बनी है। मूर्तिकला में व्याल यह प्राणी कई जगह उत्कीर्ण किया गया है। यह प्राणी वास्तव में न होकर कल्पित है। मन्दिरों में जहाँ भी दो दीवारें आपस में जोड़ी जाती है, वहाँ यह उत्कीर्ण दिखाई देता है। हर जगह उसके अलग-

*चित्र सं. 3.8*

अलग रूप दर्शाए हैं और उसका स्वरूप भी कई तरह से बनाया गया है। सिद्धेश्वर मन्दिर कायगाव टोका के शिखर पर गजविराल यह काल्पनिक प्राणी का मूर्ति है। जिसमें उसका मुख गज का और धड सिंह का उत्कीर्ण किया गया है। हमारी प्राचीन मूर्तिकला इतनी संपन्न थी कि आज के विज्ञान युग की कई बातें उस समय मूर्तियों में उत्कीर्ण की गई है। होयसलेश्वरा मन्दिर की बाहरी दीवारों पर अंकित महाभारत से सम्बन्धित परिदृश्य में संजय युद्ध भूमि में दूर्बीन से देख रहे हैं। दूसरे परिदृश्य में कौरव पांडवों के बीच अग्निबाण चल रहे हैं। बाहरी पट्टी ऊपर बैठे राम सेना के वानर हेलमेट पहने हैं। यह सब परिदृश्य तत्कालीन भारतीय वैज्ञानिक दृष्टिकोण को दृष्टिगोचर करते हैं। (चित्र सं.3.8)

प्राचीन काल में कलाओं की विषयवस्तु अधिकांश धर्ममुलक रही है। उसमें भी धर्म के साथ-साथ लौकिक विषयों को भी कला में सम्मिलित किया गया। जो भारतीय संस्कृति की विविधता और जीवन प्रणाली को दर्शाते हैं। मन्दिर के आसपास भीतर या बाहर रामलीला, राम भजन, कीर्तन, गायन, वादन, नृत्य का आविष्कार राम भक्ति को और बढ़ाता है।

# भारतीय भित्ति चित्रों का परिप्रेक्ष्य

सभी कलाओं में चित्रकला को श्रेष्ठ माना गया है। जो काष्ठ, कपड़ा, भित्ति, कागज़ तथा चर्म आदि के सतहपर निर्माण की जाती है। चित्रकला का एक अहम हिस्सा भित्ति चित्रों का है। जिसका भूमिक, भित्ति तथा छत ऐसा वर्गीकरण किया जाता है। भारतीय उपमहाद्वीप में बने ज्यादातर भित्ति चित्र पौराणिक एवं राजसी परिदृश्यों से सम्बन्धित है। उनको धार्मिक अधिष्ठान होने से पवित्र माना गया है। वैसे तो भारतवर्ष में भित्ति चित्रों परंपरा प्रागैतिहासिक काल से चल रही है! जिसके साक्ष भीमबैठका, जोगिमारा जैसी गुफाओं में आज भी मौजूद है। भीमबेटका गुफा में बने शैलचित्र पाषाण कालीन मनुष्य के जीवन को दर्शाते हैं। जिसकी अधिकांश तस्वीरें नैसर्गिक तरीके सें बने लाल और सफेद रंगों में अविष्कृत हुई है। साथ में पीले, हरे रंग के बिंदुओं को उस में सम्मिलित किया गया है। यहाँ तत्कालीन जनजीवन से सम्बन्धित शिकार दृश्यों के अलावा घोड़े, हाथी, बाघ आदि के चित्र उकेरे गए हैं। (चित्र सं. 4.1) ऐसे आदिमानव द्वारा तीस हजार वर्ष पूर्व बने शैलचित्र ही भित्ति चित्रों का प्रारम्भिक रूप है। तब उपलब्ध संसाधनों के अनुसार सफेद मिट्टी, चूना, गेरू और खनिज रंगों से चित्रों उनका अंकन हुआ है। विशाल चट्टानों के नीचे उस समय आदिमानव ने पशु-पक्षी, प्राणी एवं शिकार दृश्यों

*चित्र सं. 4.1*

*चित्र सं. 4.2*

को चित्रित किया है। जिसपर उनका जीवन निर्भर था। चित्र सं.4.2) काल के साथ जैसे जैसे मानवी सभ्यता का निरन्तर विकास हुआ, वैसे भित्ति चित्र भी विकसित होते रहे।

मध्य भारत में अजंता की गुफाओं में बने भित्ति चित्र प्राचीन चित्रों का बेहतरीन नमूना है। यह गुफाएँ देखकर ऐसा प्रतीत होता है, तब भारत में भित्ति चित्रों की कितनी समृद्ध धरोंहर रही होगी। बौध्द काल में बने यहाँ के भित्ति चित्र कई रूपों में अविष्कृत होते हैं। यहाँ राज परिवार, भिक्षुक ब्राह्मण, वीर सैनिक, कुंचक और प्रतिहार, निरीह सेवक, क्रुर व्याघ्र, निर्दय वधिक, प्रशांत तपस्वी, साधु वेशधारी धूर्त, कुलांगना, वार वनिता, परिचारिका, ब्राह्मण जातक, मातृपेरू जातक, शरभ जातक, महाजनक जातक, उम्मग जातक, विधुर पंडित जातक, वेसांतर जातक तथा शिबी जातक आदि भित्ति चित्र बने हैं। (चित्र सं.4.3) इन चित्रों में कई तरह की जातक कथाएँ छिपी है। जो बुद्ध की जीवनी, पूजा तथा उपासना से सम्बन्धित है। यहाँ गुफाओं की छतों पर मानव, पशु-पक्षी, पेड़, फूल एवं तरह-तरह की लताओं को चित्रित किया गया है। कमल पुष्प के कई रूप यहाँ दिखाई देते हैं। जिसमें रेखाओं, वृत्तों की ज्यामितिक कृतियों का प्रयोग बखूबी से हुआ है। यहाँ कक्षों के चारों कोनोंपर बने अंतरिक्ष विहारी सबका ध्यान खीच लेते है। पहले यहाँ प्राय: सभी गुफाओं में चित्र बने हुए थे, लेकिन अब पहली, दूसरी, सोलहवीं, सत्रहवीं गुफाओं में ही भित्ति चित्र बचे हैं। इन चित्रों का निर्माण पूरी तरह नैसर्गिक रंगों से हुआ है। (चित्र सं.4.4) जिनके निष्पादन में लगभग आठ शताब्दीयों का वक्त लगा था। जो संभवत: दूसरी सें सातवी शताब्दी ई.पु. तक बताया जाता है। शुंग, सातवाहन, वाकाटक, चालुक्य, कुशाण तथा गुप्त काल में बने यह चित्र अलग-अलग संस्कृति के परिचायक है। इसी कड़ी में एलोरा गुफाएँ आती है। जिनमें शैव, बौद्ध तथा जैन धर्मों से सम्बन्धित चित्रों का अंकन हैं। पहले यहाँ के कैलाश मन्दिर, लंकेश्वर, इंद्रसभा तथा गणेश लेणी में खंडित भित्ति चित्र मौजूद थे, लेकिन वह समय के साथ लुप्तप्राय: हो चुके हैं। उनके कुछ अवशेष मात्र शेष है। यहाँ बने चित्रों में जातक कथाओं के

*चित्र सं. 4.3*

*चित्र सं. 4.4*

*चित्र सं. 4.5*

अलावा पद्मपानी, नृत्यांगना, गंधर्व, बेल-बूटी, पशु-पक्षियों के साथ तत्कालीन जीवन प्रसंग दर्शाए गए हैं। लगभग आठवीं शताब्दी में बने यह चित्र प्राचीन संस्कृति की अनमोल विरासत माने जाते हैं। ऐसे ऐतिहासिक तथ्यों से पता चलता है की भारतवर्ष में भित्ति चित्रों की परंपरा आठवीं शताब्दी से ही प्रारम्भ हुयी थी। तब कुछ जगह चित्रों का निर्माण भुर्ज एवं ताडपत्रों पर किया जाता था। इसके कई सारे आयाम थे। चितेरों को कोई भी विषय वर्ज्य नही था। (चित्र सं.4.5) तबसे ही जैन संप्रदाय के महानुभावों ने धार्मिक परंपराओं को चित्रकला के माध्यम से जीवित रखने का प्रयास किया था। जिसके साक्ष आज भी कई जगह जैन मन्दिरों पर दिखाई देते हैं।

तेरहवीं शताब्दी के पश्चात अलाउद्दीन खिलजी ने यादवों को परास्त करके मध्य भारत काबीज़ कर लिया। बाद में मोहम्मद बिन तुग़लक ने दौलताबाद अपनी राजधानी बना ली। फिर बहामनी शासकों ने यहाँ शासन किया। सनातन धर्म से सम्बन्धित धरोहरों पर बार बार आक्रमण होने से 15 वीं शताब्दी में भारतीय कलाएँ पिछड़सी गयी। मुगल साम्राज्य स्थापित होने से मुगल शैली का प्रभाव बढ़ता गया। कई मन्दिर, स्मारकों को आक्राताओं ने ध्वस्त कर दिया। मुगल काल में बने किले, स्मारकों पर मुगल शैली में अंकन होने लगा। बादशाह बाबर और हुमायूं के काल में फारसी चित्रशैली का प्रभाव बढ़ता गया। अकबर जैसे कलाप्रेमी शासक नें निश्चित कुछ परंपराएं शुरू की। कलाओं को आधार दिया। जिससे भारतीय एवं फारसी के मिश्रण से मुगल शैली प्रारम्भ हुई। जिसके

साक्ष बुरहानपुर जैसी जगह मौजूद हैं। यह नगर मुगलों के काल में कुछ समय तक राजधानी के रूप में प्रतिष्ठित प्रतिष्ठित था। यहाँ स्थापत्य कला की इमारते मौजूद है। (चित्र सं.4.6) आगे औरंगजेब की काल में कलाओं का क्षेत्र काफी पिछड़ गया। इसके पहले भारत में भक्ति आंदोलन चल पड़ा। जिसमें भगवान विष्णु के राम, कृष्ण जैसे अवतारों को मुख्य रूप से जनमानस के सामने प्रस्तुत किया गया। जिससे कला रूपों को कई तरह से प्रोत्साहन मिला। राजस्थान और पहाड़ी रियासतों के शासक इस भक्ति आंदोलन से काफी प्रभावित थे। उन्होंने कई कलाकारों को संरक्षण दिया तथा भक्ति काव्यों को चटकीले रंगों में चित्रित करने का प्रयास किया। ऐसी स्थिति लगभग 17 वीं शताब्दी तक बनी रही। इसी दौरान भारत भूमी में कई चित्र शैलीयाँ विकसित हुयी। कई चितेरोंने उसमें अपने प्रदेशों की परंपरा तथा संस्कृति की झलक पिरोई। इन चित्रशैलियों में दख्खनी, पहाड़ी, कांगड़ा, कुल्लू, बसोली, मालवी, बुंदेली, निमाड़ी, मराठा, तंजावूरी शैलीयाँ प्रमुख थी। जिसमें स्थानिक परिवेशों को कला में नया आयाम मिला मिला। चितेरों ने उसमें अपने हुनर का बखुबी से इस्तेमाल किया।

सोलहवीं शताब्दी में छत्रपति शिवाजी महाराज ने हिंदवी स्वराज की स्थापना की। जिसका केंद्र पुणे के आसपास था। कई मराठा सरदारों ने तब अपनी ताकद, पराक्रम के बलबूते पर मुगलों को परास्त किया। औरंगजेब ने छलपूर्वक छत्रपति संभाजी का वध किया, लेकिन तब भी मराठों ने हार नहीं मानी। सातारा तथा कोल्हापुर ऐसे मराठा सत्ता के दो केंद्र बने। सातारा के छत्रपति शाहू द्वारा पेशवा

*चित्र सं. 4.6*

प्रधानमंत्री के रूप में नियुक्त हुए। पेशवा बाजीराव (प्रथम) ने मराठा साम्राज्य का राज्य दूर-दूर तक विस्तार किया। कई मराठा सरदार भारत के अन्य प्रांतों में शासन करने लगे। जिसमें सिंधिया, होलकर, गायकवाड, नागपूरकर भोंसले प्रमुख थे। मराठा शासक सनातन धर्माभिमानी थे, उन्होंने कई मन्दिरों का निर्माण किया। साथ ही आक्रांताओं द्वारा तोड़फोड किये गये मन्दिरों, स्मारकों का पुन:निर्माण किया गया। नदियों पर घाट बांधे गए। औरंगजेब के निधन के बाद मुगल सत्ता का पतन होने लगा। मराठाओं ने सोलहवीं से अठारहवीं सदी के बीच फिरसे सनातन धार्मिक परंपराओं का पुन:निर्माण का कार्य किया। तब मध्य भारत के अंतर्गत नर्मदा के दक्षिण तट से मालवा, निमाड़, खानदेश, मराठवाड़ा, बुंदेलखंड, विदर्भ, तेलंगाना का क्षेत्र हुआ करता था। जिसे दक्कन भी कहा जाता है। नागपुरकर भोंसला का राज्य छत्तीसगढ़, उड़ीसा, झारखंड, पश्चिम बंगाल तक फैला था। मराठा शासक जितने पराक्रमी थे, उतनेही कलाप्रेमी थे। उनके काल में कला, साहित्य, संस्कृति का पुनरुत्थान हुआ। मराठा शासकों ने कई कलाकारों को आश्रय प्रदान किया था। पुणे, इंदौर, झांसी, नागपुर, उज्जैन, ग्वालियर, बड़ौदा, तंजौर इसके प्रमुख केंद्र थे। यहाँ बने मराठा सरदारों के दरबार में देश के विभिन्न भागों से आये संगीतकार, कलाकार, धर्म शास्त्रीयों का सन्मान होने लगा। पुणे में पेशवा तथा उनके सरदारों ने खास रूप से अपने निवास हेतु महल बनवाएँ। वहाँ खास राजस्थानी चितेरों को बुलाकर दीवारों पर चित्रकारी की गयी। उस समय सनातन धर्म से सम्बन्धित रीती रिवाजों, परंपराओं तथा अनुष्ठानों का बड़ी मात्रा में प्रचलन बढ़ गया। शिव, विष्णु तथा उनके दशावतार समाज में काफी लोकप्रिय हुए थे। वैष्णव देवी-देवताओं की भक्ति काफी मात्रा में बढ़ती गई। इसी कारण रामायण, महाभारत से सम्बन्धित भित्ति चित्रों का निर्माण बड़ी मात्रा हुआ। चितेरे अपने संरक्षकों के अभिरुची अनुसार चित्रों को साकार करते थे। पुणे में स्थित पेशवाओं अधिकृत निवासस्थान शनिवारवाडा के दरबार हाँल में पूरी चित्रकारी की गई थी। इसी से सटे नाना वाडा में पौराणिक परिदृश्यों से सम्बन्धित चित्र प्रमुख थे। (चित्र सं.4.7) साथ ही निपानी, कोल्हापुर, सातारा, वाई एवं नागपुर रियासतों में बने मन्दिरों, मराठों के महलों तथा वाड़ो में चित्रकारी की गई। इस काल में बने भित्ति चित्र की काफी वैशिष्ट्यपूर्ण थे, जिसमें मानवी आकृतियाँ सुंदर भावपूर्ण मुद्राओं से सजी थी। देवी-देवताओं की आकृतियाँ शांत, प्रसन्नचित्त करनेवाली थी। तब मालवा के उज्जैन, मंदसौर और देवास (चरणदास मन्दिर) जैसे स्थलोंपर भित्ति चित्र बने। उज्जैन के तिलकेश्वर तथा राम जनार्दन मन्दिर के शिखरपर बने चित्र खास तौरपर पुणे से बुलाए गए चितेरों ने रेखांकित किये थे। जो चित्र पौराणिक परिदृश्यों से सम्बन्धित थे, जिसमें रामायण, महाभारत एवं मराठी संतों को अंकित किया गया है। (चित्र सं.4.8) उन्ही चितेरों ने इंदौर के राजबाड़ा में रामायण, महाभारत, राजदरबार, महारास, दुर्गा आदि के चित्र बनवाएँ। इस काल में बने भित्ति चित्रों पर राजस्थानी, पहाड़ी और मुगल शैली का प्रभाव देखा जा सकता है।

भारत देश में भित्तिचित्रों की धरोहर बिखरी पड़ी हैं। राजधानी क्षेत्र दिल्ली एक प्राचीन नगर है। यहाँ कई सारे प्राचीन मन्दिर, स्मारक एवं किलों का निर्माण हुआ है। मुगल सल्तनत का राजधानी रहा

*चित्र सं. 4.7*

*चित्र सं. 4.8*

यह नगर ऐतिहासिक दृष्टि से भी महत्त्वपूर्ण है। मध्ययुगीन काल के दौरान इस नगर में कई महलों, मन्दिर एवं समाधियों पर भित्ति चित्र हुआ करते थे, जो समय के साथ नष्ट हो गये। अब सिर्फ दक्षिण पश्चिम दिल्ली के नांगल देवास गांव में अठारवीं के उत्तरार्ध या उन्नीसवीं सदी पूर्व में बना एक पुरातन मन्दिर है। इस मन्दिर के भीतर भित्ति चित्र दिखाई देते हैं। लेकिन रखरखाव के अभाव में वह भी नष्ट होने के कगार पर है। इसके अलावा दिल्ली राजधानी क्षेत्र से पूरे भित्ति चित्र लुप्त हो गए।

काश्मीरी भित्ति चित्र परंपरा में रामनगर के भित्तिचित्र महत्त्वपूर्ण है। स्वतंत्रता पूर्व भारत में रामनगर जम्मू-कश्मीर के वादियों में बसी एक रियासत थी। जिसपर चंद्रवंश के चंबा शासकों के परिवार से जुड़े बंद्राल राजपूत शासन किया करते थे। बंद्राल्टा शासकों ने यहाँ कई सालों तक शासन किया। राजा सूचेत सिंह के काल में यहाँ कलाओं को राजाश्रय तथा प्रोत्साहन मिला। उन्होंने ही इस नगर में शिश महल तथा पुराना महल का निर्माण करवाया। शिश महल के दीवारोंपर काफी मात्रा में भित्ति चित्र बनवाएं, यह महल कांच और छोटे शीशों से सजाया गया है। इसके प्रवेश द्वार के दोनों ओर सजावटी कक्ष है, जिसे दरबार हाँल कहा जाता है। इसमें कई भित्ति चित्र अंकित है, जो रामायण, भागवत एवं पुराणों के प्रसंगों पर आधारित है। यहाँ दूसरे कक्ष में शिकार, दरबार के दृश्य, नदियों, बेलो-फूलों के पट्टीयों की सजावट है। छतपर भी कई नायकों के चित्र है। कुछ ताको में राजकुमार नायिकाओं का अंकन हैं। (चित्र. सं.4.9) इसके आगे रंग महल की दीवारों पर कृष्ण लीला के परिदृश्य चित्रित किये गए हैं। इसके साथ नायिकाओं, रागिनीयों, शिकार दृश्य तथा आकल्पन बने हैं। यहाँ बने रामायण से सम्बन्धित भित्ति चित्र काश्मीरी लोक संस्कृति से राम का रिश्ता जोड़ते हैं। इस प्रदेश का जम्मू क्षेत्र भी कई ऐतिहासिक स्थलों से समृद्ध है। जहाँ शिव-वैष्णव ऐसी दोनों धार्मिक धाराएँ समान रूप से बहती है। जम्मू क्षेत्र में सुई तथा भुर्ज ऐसे दो पुरातन मन्दिर बने हैं। जिसकी दीवारों पर पौराणिक भित्ति चित्र अंकित किये गए हैं। 19वीं सदी में बनाए गए यह चित्र पहाड़ी शैली में चित्रित है। जिसमें रामायण महाभारत तथा कई पौराणिक परिदृश्य अंकित हुए हैं। लाल, पीले, हरे, सफेद, काले एवं नीले रंगों से बने यह चित्र पूरी तरह नैसर्गिक रंगों से बने हैं। (चित्र सं.4.10)

देवभूमि से मशहूर उत्तराखंड के देहरादून एवं हरिद्वार में भित्ति चित्रों की पुरानी परंपरा रही है। यहाँ के मन्दिरों, गुरुद्वारों, महलों एवं हवेलियों की दीवारों पर भित्ति चित्र दिखाई देते हैं। देहरादून में इ.स.1676 में डेरे की स्थापना गुरु राम राय ने की थी। गुरु राम राय का इ.स.1687 में निधन हो गया। उसके पश्चात औरंगजेब ने उनके सम्मान में एक स्मारक बनवाया, जो गुरु राम राय दरबार साहिब के नाम से जाना जाता है। इसकी दीवारों तथा गर्भगृह में भित्ति चित्र अंकित हैं। जिसपर मुगल शैली का प्रभाव देखा जा सकता है। यहाँ पहाड़ी शैली में भित्ति चित्र बनवाये गए हैं। (चित्र सं.4.11) कनखल में भारामल की हवेली, लढ़ौरा राजघराने के राजघाट पर स्थित राधाकृष्ण मन्दिर, सती घाट स्थित गुरु अमरदास गुरुद्वारा, दरभंगा नरेश राजा कामेश्वर सिंह के दरभंगा हाउस के काली और शिव मन्दिर तथा पंचायती निर्मल अखाड़ा, श्री पंचायती उदासीन अखाड़ा यहाँ भी भित्ति चित्र अंकित किये हैं। यहाँ बने

चित्र सं. 4.9

चित्र सं. 4.10

चित्र सं. 4.11

ज्यादातर भित्ति चित्र रामायण, महाभारत एवं पौराणिक प्रसंगों पर आधारित है। जिसमें भगवान विष्णु, कृष्ण लीला, शिव-पार्वती विवाह, राम-रावण युद्ध, राम दरबार, हनुमान सीता भेंट, राजाओं की शाही सवारी, शेर-हाथी, पेड़-पौधे, पुष्प-लताएँ, पशु-पक्षी एवं आकल्पन प्रमुख है। (चित्र सं.4.12) इन चित्रों का निर्माण नैसर्गिक रंगों, कोयला, चुना, खडियाँ, गोंद में हिरोंजी, पीली मिट्‌टी, सिंगरफ, नील के मिश्रित रंगों से किया गया है। लेकिन अब यह चित्र काफी धूमिल हो चुके है। अतीत में लंढौरा राज्य की महारानी धर्मकौर द्वारा बनाये गये दशेश्वर महादेव मन्दिर, पटियाला हाउस, कलसिया हाऊस, पंचायती नया उदासीन अखाड़ा, मंगला वादी की हवेलियाँ, लाला भारमल के भवन, उदासीन पंचायती बड़ा अखाड़ा राजघाट, रामलीला चौक के किरपी देवी मकान की दीवारों पर काफी सारे भित्ति चित्र हुआ करते थे, लेकिन अब वह नष्ट प्राय: हो चुके हैं। उत्तराखंड क्षेत्र के ज्यादातर भित्ति चित्रों पर राजस्थानी शैली का प्रभाव दिखाई देता है।

सहारनपुर क्षेत्र के सहारनपुर नगर, चिलकाना, कोटा एवं देववृंद आदि ठिकानों पर पुरातन भित्ति चित्रों का रेखाटन किया गया हैं। जिसमें लखनलाल का मन्दिर चिलखाना कस्बा, शिव मन्दिर ग्राम कोटा एवं गौरी मन्दिर देववृंद प्रमुख है। यहाँ कोटा गांव भित्ति चित्रों के लिए प्रसिद्ध है। यहाँ लाला चरणदास प्रसिद्ध व्यक्ति थे। उन्होंने इस गांव में श्री लक्ष्मी नारायण तथा शिव मन्दिर का निर्माण करवाया। इन मन्दिरों के दीवारों एवं छतों पर कारीगरों ने भित्ति चित्र बनवाये थे, जो उस काल के चित्रकला की अद्‌भुत मिसाल है। इन चित्रों में कई धार्मिक कथाएँ परिलक्षीत हुई है। (चित्र सं. 4.13) इस नगर के बायपास मार्ग स्थित शिव मन्दिर, ककराली परिसर के राधा कृष्ण मन्दिर, दुर्गादास मोहडीया धर्मशाला, मुबारक अली मोहल्ला के हकीम महमूद की बैठक आदि पर भित्ति चित्र बने हैं। इस क्षेत्र के अंकित भित्ति चित्रों में ब्रह्मा, विष्णु, महेश, दुर्गा, भैरव, शेषनाग, गणेश, रिद्धि-सिद्धि, नटों के करतब, मस्तानी एवं समुद्र मंथन आदि चित्र प्रमुख है। यहाँ रामायण महाभारत आदि पौराणिक चित्रों में राम राज्याभिषेक, सीता स्वयंवर, राम रावण युद्ध, कुंभकर्ण युद्ध, कृष्ण लीला, कंस वध, बकासुर वध, कालिया मर्दन, चिरहरण, सुदामा भेंट आदि चित्र अंकित किये गये है। यहाँ बने अन्य चित्रों में राजसी स्त्री-पुरूष, सेविकाएँ, नवयौवना, सेवक, दरबान, सैनिक, पशु-पक्षी, पेड़-पौधे, फूल-पत्तियां, बेल-बूटे, गुलदस्ते ऐसे चित्र प्रमुख है। कई चित्रों के पास इबारते भी लिखी गई है। इन चित्रों का निर्माण दीवारों पर सफेद सतह बनाकर लाल, पीले, हरे, नीले रंगों में किया गया है। जिसके लिए फ्रेस्को तकनीक इस्तेमाल की गई है। (चित्र सं.4.14)

हरियाणा के कई मन्दिरों, हवेलियों, चौपालों तथा छतरीयों पर भित्ति चित्रों की समृद्ध परंपरा दिखाई देती है। ढेड़ सौ-दो सौ साल पूर्व हरियाणा के कई नगरों में संपन्न व्यक्ति, महाजनों, साहूकारों की हवेलियाँ बनी। जिनकी दीवारों पर भित्ति चित्रों का अद्‌भुत रेखांकन है। जिसमें नारनौल के मुहल्ला देवस्थान में सेठ हीरालाल की हवेली, हरदोई वाले सेठों की हवेलीयाँ, बड़े तालाब के निकट बनी हवेलियाँ भित्ति चित्रों से अलंकृत है। रोहतक, भिवानी, झझ्झर, सोनिपत, हिसार, महेंद्र गढ, कैथल,

चित्र सं. 4.12

चित्र सं. 4.13

चित्र सं. 4.14

गुरगाव जिले के कई कस्बो, गांवों में बनी हवेलियाँ भित्ति चित्रों से सजी है। हरियाणा में चौपालों का अपना अलग महत्त्व है। यहाँ महम चौबीसी के गांवों में बनी चौपालों पर भित्ति चित्रों का अंकन दिखाई देता है। (चित्र सं.4.15) जिसमें फरमाना खास, भैनी सुरजन, भैनी चंद्रपाल, सीहसर की चौपाले प्रमुख है। हरियाणा के कई गांवों में श्रीमंत, सेठ, साहूकार एवं महाजनों ने अपने पुरखों की स्मृति में छतरीयाँ बनायी है। जिनके गुम्बदो के अंदर भित्ति चित्र दिखाई देते हैं। जिसमें भिवानी के बडबीसर सरोवर के पास लाला मोलचंद, जीवन राम, मालूराम डालमिया, नंदराम के भाई तथा झुंवारमल की छतरीयों पर भित्ति चित्र बने हैं। फरुख नगर में उदरामफल-छमन की छतरीयों तथा चरखी दादरी में दीवान चंद्रसेन तथा उसके परिजनों की छतरीयों पर भित्ति चित्रों का अंकन हुआ है। इसके साथ ही कुरुक्षेत्र, कैथल, करनाल, जींद एवं पानीपत जिलों के कई मन्दिरों में उत्तर-मध्यकालीन भित्ति चित्र देखने को मिलते हैं। यहाँ दशाश्वमेध तीर्थ, सालवन घाट के कक्ष में रामायण से सम्बन्धित चित्र है। तो पराशर तीर्थ, भलोलपुर के मन्दिरों में भित्तियोंपर विष्णु एवं शिव से जुड़े चित्र उकेरे गये है। रोहतक के पास गोरखपंथी बाबा तोतानाथ की छतरी की दीवारों एवं गुम्बद भित्ति चित्रों से सजे है। यहाँ बने चित्रों में मुख्य द्वारों तथा सामने की दीवारों पर भित्ति चित्रों का अंकन दिखाई देता है। जिसमें पौराणिक दृश्यों के साथ फूल-पुष्प, पशु-पक्षी, जंगल-पहाड़िया, पेड़-पौधे, बेल-बूटी एवं आकल्पनों का निर्माण

*चित्र सं. 4.15*

कलात्मक ढंग से किया गया है। इनमें हरियाणा के प्रादेशिक विशेषताओं के साथ मुगल, राजपूत, कांगड़ा, पहाड़ी तथा कंपनी शैली का संम्मिश्रण स्पष्ट रूप से दिखाई देता है।

हिमाचल में भित्ति चित्रों की संख्या जरा कम दिखाई देती है। कांगड़ा जिले के नूरपुर तहसील में स्थित दमतल मठ की दीवारों पर रामायण के चित्र बने हैं। जिसमें सीता स्वयंवर, राम-लक्ष्मण द्वारा युद्ध की तैयारी, राम लक्ष्मण सीता की अयोध्या वापसी ऐसे चित्र प्रमुख है। इसका निर्माण इ.स. 1440 में रामानंद संप्रदाय के बैरागी नारायण जी द्वारा किया गया था। डलहौजी में राजा उमेद सिंह ने रंगमहल का निर्माण करवाया। जिसमें मुगल तथा ब्रिटिश शैली का अनोखा समन्वय दिखाई देता है। यहाँ 18 वीं शताब्दी में पूजा गृह तथा निवास कक्ष में पहाड़ी शैली में बेहतरीन भित्ति चित्र बनाए गए। जो कृष्ण लीला से सम्बन्धित है। उनमें से कई चित्र विविध संग्रहालयों में देखे जा सकते हैं।

पंजाब की धरतीपर कई जगहोंपर भित्ति चित्र दिखाई देते है। वैसे तो पंजाब का रामकथा से काफी अटूट संबंध रहा है, रानी कैकई मद्र नरेश कैकेय-राज की पुत्री थी। यहाँ सिख धर्मगुरु गोविंद सिंह का रामावतार (गोविंद रामायण) प्रसिद्ध है। जिसमें राम को श्रेष्ठ चरित एवं योद्धा के रूप में दर्शाया गया है। इसके अलावा यहाँ कई रामकथा सम्बन्धित ग्रंथों का निर्माण हुआ, जिसका लोकमानस पर काफी प्रभाव है। जिसमें अमृतसर में अखाड़ा बालानंद, गुरुद्वारा बाबा वीर सिंह (तरण तारण) , हरदान जी का शिवाला, भैयानाथ का मन्दिर, सरदार लाल सिंह की समाधि प्रमुख है। गुरुनानक देव विश्वविद्यालय के परिसर में फतेह सिंह समाधि के अंदर दीवारों पर सिख धर्मगुरु तथा शिव, राधा कृष्ण, मीरा, नारद, संत कबीर, नाथ संप्रदाय के गोपीचंद आदि के भित्ति चित्र अंकित किये गये है। इन चित्रों का निर्माण महाराजा रणजीत सिंह के काल में किया गया। इसी काल मेंदमताल मन्दिर पठानकोट में भी राम तथा कृष्ण से सम्बन्धित चित्र बने हैं। महारानी चांदकौर मन्दिर में भी पौराणिक चित्र दिखाई देते हैं। गुरदासपुर जिले के बटाला में भित्ति चित्रों की अनमोल विरासत दिखाई देती है। इस मन्दिर का निर्माण कृष्णचंद भंडारी ने किया था। यह मन्दिर राधा-कृष्ण को समर्पित है। इसके गर्भगृह में पौराणिक दृश्यों पर आधारित भित्ति चित्र अंकित किये गये हैं, जो कृष्ण लीला से सम्बन्धित है। (चित्र सं.4.16) यहाँ दीवारों पर बने चित्रों में कृष्ण यशोदा, कालिया मर्दन, कृष्ण लीला, राधा कृष्ण, गोवर्धन पर्वत, पुतना मौसी वध, कंस वध, बाल कृष्ण, कृष्ण सुदामा भेट, द्रोपदी चीर हरण ऐसे प्रमुख चित्र है। 19 वीं सदी में बने भारत के महानतम चित्रों में इनका समावेश होता है। पिंडोरी स्थित रघुनाथजी मन्दिर का निर्माण 18 वीं शताब्दी में नरोत्तमदास के समय हुआ था। इस मन्दिर की दीवारों पर रामकथा से सम्बन्धित भित्ति चित्रों का अंकन दिखाई देता है। पटियाला यह पंजाब प्रांत की पुरानी रियासत थी। यहाँ नगर के बीचों बीच किला मुबारक दस एकड़ में फैला है। जिसमें मुख्य महल, मेहमान खाना, दरबार कक्ष प्रमुख है। महल का दरबार कक्ष सार्वजनिक सभा एवं पर्वो के लिए इस्तेमाल हुआ करता था। इसके एक कक्ष में लकड़ी और कांच की शानदार कारगिरी के साथ में भगवान विष्णु के अवतारों को चित्रित किया गया है। उसके साथ शयन कक्ष में प्रेम प्रसंगोंपर आधारित चित्रों का निर्माण किया गया

*चित्र सं. 4.16*

है। कुछ जगह राजसी पुरूषों के चित्र भी बने हैं। साथ ही यहाँ बने रंगमहल, शिशमहल जगह बड़ी संख्या में भित्ति चित्रों का अंकन किया गया है। जिसका निर्माण 19 वीं शताब्दी में महाराजा नरेंद्र सिंह के कार्यकाल में हुआ था। यहाँ बने मोती महल की दीवारों पर पहाड़ी शैली में रामकथा सम्बन्धित चित्र बने हैं। होशियारपुर जिले में बाबा कलाधारी गुरुद्वारा में हिंदू तथा सिख धर्म विषयक भित्ति चित्र है। फिरोजपुर में सेठ पन्नालाल फूलचंद शारदा की हवेली में हिंदू सनातन धर्म से सम्बन्धित दस भित्तिचित्र है। संगरूर तथा बठिंडा जिले में भी कुछ समाधि तथा मन्दिरों पर भित्तिचित्रों का अंकन दिखाई देता हैं। पंजाब के स्थापत्य, शिल्प एवं चित्रों पर मुगल, पहाड़ी तथा राजस्थानी शैली का प्रभाव दिखाई देता है।

ग्वालियर सिंधिया की रियासत था। यहाँ मराठा काल में कई सारे मन्दिरों, मठों एवं महलों की दीवारोंपर भित्ति चित्र अंकित किये गए थे। उसमें सरस्वती महल प्रमुख है। जिसे अब कमला राजा गर्ल्स कॉलेज कहते है। यहाँ बने चित्रकला विभाग की दीवारों पर हिंदू देवी-देवता, राजसी जुलूस, हाथी-घोड़े, मन्दिर-स्मारक, देवी अहिल्याबाई तथा सिंधिया राज घराणे से सम्बन्धित भित्ति चित्र अंकित है। यहाँ के मोती महल में कृष्णलीला तथा रागिनीयों के चित्र है। यहाँ बना सिंधिया दरबार का परिदृश्य सबसे आकर्षक है। (चित्र सं.4.17) यहाँ बने गजराराजा भवन में पहले काफी विचित्र हुआ करते थे लेकिन वह नष्ट हो गए। अब यहाँ रिद्धि सिद्धि के साथ गणेश, सिंधिया राजाओं का जुलूस तथा कुछ आकल्पन के चित्र बचे हैं। गोरख की मन्दिर सिंधिया शासकों का पूजाघर है, उसमें जय-विजय, माता सीता के पैर छूते हनुमान, राधा कृष्ण, ब्रह्मा-विष्णु-महेश, दत्त आदि भित्ति चित्र उकेरे गये है। ग्वालियर

*चित्र सं. 4.17*

का कोटेश्वर मन्दिर भगवान शिव को समर्पित है। इस मन्दिर में कई सारे भित्ति चित्र मौजूद है। जिसमें राम दरबार, माता दुर्गा, रिद्धि सिद्धि के साथ गणेश, भगवान शिव, कृष्ण रासलीला एवं शेषशायी विष्णु प्रमुख है। ग्वालियर में सिंधिया शासकों की छतरियां बनी है। जहाँ सनातन धर्म से सम्बन्धित रामायण, महाभारत, राजसी स्त्री- पुरूष आदि के भित्ति चित्र बने हैं। लष्कर परिसर में बने राम जानकी मन्दिर में राम कथा से सम्बन्धित भित्ति चित्र दिखाई देते हैं। जिनमें रामकथा के कई परिदृश्य चमकीले रंगों में अंकित किये गए हैं। यहाँ की दीवारों पर पूरी रामायण क्रमबद्ध तरीके से चित्रित की गई है। देवी अहिल्या की राजधानी रहा महेश्वर कई महलों के लिए प्रसिद्ध है। यहाँ बने राजमहल की दीवारों पर पहले भित्ति चित्र थे, लेकिन अब वह नष्ट हो चुके हैं। ओम्कारेश्वर के राजमहल पर भी कृष्णलीला के चित्र अंकित थे, जो अभी नहीं रहे।

इंदौर का होलकर राजवाड़ा तो भित्तिचित्रों के लिए प्रसिद्ध था। यहाँ हर मंजिल की दीवारों, छतोंपर काफी सारे भित्ति चित्र अंकित किये गए थे। लेकिन महल में लगी आग के कारण नष्ट हो गए। उनमें से कुछ चित्र लालबाग संग्रहालय में अभी देखे जा सकते हैं। जिसमें होलकर शाही परिवार, दुर्गा, रामायण आदि पौराणिक प्रसंगों के चित्र प्रमुख है। इंदौर में बड़ा रावला यह प्राचीन भवन है। जो रावराजा राव नंदलाल मंडलोई का निवास स्थान रहा है। यहाँ पूजाघर में गणेश, विष्णु, नागदेवता तथा कृष्ण लीला से सम्बन्धित कई परिदृश्य चित्रित किये गए हैं। इंदौर के समीप शिवलिंग गुटकेश्वर में भित्ति चित्र नए तरीके से बने हैं। उनका कोई ऐतिहासिक महत्त्व नहीं है। विक्रमादित्य की नगरी उज्जैन

*चित्र सं. 4.18*

में कई जगह भित्ति चित्र दिखाई देते हैं। इसमें राम जनार्दन मन्दिर दीवारों पर राम विवाह का चित्र है। (चित्र सं.4.18) विष्णु जनार्दन मन्दिर की दीवारों पर विट्ठल-रुक्मिणी तथा कुछ मराठी संतों के चित्र बने हैं। सत्यनारायण मन्दिर उज्जैन का प्रमुख मन्दिर है। जहाँ की दीवारों पर कृष्ण लीला, स्वर्ग नरक, यमराज, नरसिंह अवतार आदि के चित्र बने थे, लेकिन उसपर अब लिपापोती कर दी गयी है। उज्जैन का गोपाल मन्दिर सिंधिया देवस्थान ट्रस्ट, ग्वालियर द्वारा संचालित किया जाता है। इस मन्दिर का निर्माण दौलतराव सिंधिया की पत्नी राणी बायजाबाई ने किया था। जो राधा कृष्ण को समर्पित है। मराठा शैली में बने इस मन्दिर के गर्भगृह में कृष्ण लीला से सम्बन्धित चित्र अंकित किये गये है। (चित्र सं.4.19) इस नगरी में पहले काफी सारे मन्दिरों तथा महलों पर भित्ति चित्र हुआ करते थे, लेकिन वह समय के साथ नष्ट हो गए हैं। मालवा के देवास में पहले जुना राजवाडा के दीवारों पर राजाओं का जुलूस तथा कृष्ण लीला से सम्बन्धित चित्र थे, जो अभी नष्ट हो चुके हैं। यहाँ बाहरी प्रवेश द्वार पर गणपति का चित्र विद्यमान है। इसी नगर के तिलकेश्वर महादेव मन्दिर, चरणदास मन्दिर की दीवारों पर पहले अभी सारे पौराणिक चित्र बने थे। साथ ही शीलनाथ की धुनी एवं मठ के दीवारों पर पहले काफी सारे भित्तिचित्र अंकित किये गए थे, लेकिन वे भी नष्ट हो गए।

बुंदेलखंड में दतिया तथा ओरछा भित्तिचित्रों का प्रमुख केंद्र हैं। ऐतिहासिक दृष्टि से दतिया पहले से ही महत्त्वपूर्ण था। यहाँ ज्यादातर चंदेला शासकों ने शासन किया। यहाँ बने मन्दिरों, महलों तथा समाधीयों पर भित्ति चित्रों का अंकन दिखाई देता है। यहाँ राजा पारीछत की समाधि पर राम

*चित्र सं. 4.19*

राज्याभिषेक, राम बारात के दृश्य चित्रित किये गए हैं। यहा हनुमान का अंकन सबसे महत्वपूर्ण है। जो राम-लक्ष्मण को कंधे पर बिठाकर ले जाते अंकित है। (चित्र सं.4.20) यहाँ बने महाराजा भवानी सिंह तथा गोसाईयों के छतरी पर हनुमान का अंकन है। आगे अवध बिहारीजी के मन्दिर में राम दरबार चित्रित किया गया है। ओरछा के राजा महल में राम दरबार, असुर-हनुमान युद्ध विशेष रूप से दिखाई देता है। यहा बने लक्ष्मी मन्दिर में ताड़का वध, सीता स्वयंवर, राम बारात, राम दरबार, राम रावण युद्ध, कुंभकर्ण युद्ध, मारीच वध, बाली वध, शूर्पणखा प्रसंग चित्रित किये गए हैं। पूरी तरह नैसर्गिक रंगों से बने यह भित्ति चित्र तत्कालीन संस्कृति के संवाहक है। कारगिरों ने तब समाज में प्रचलित धार्मिक अवधारणाओं को इन चित्रों के जरिए प्रकट करने का कोशिश की है। लेकिन समय के साथ अब यह भित्ति चित्र दिनोंदिन धूमिल हो रहे हैं। (चित्र सं.4.21) छत्तीसगढ़ में सीता बेंगरा के पास जोगीमारा गुफा स्थित है। इस गुफा की लंबाई पंद्रह फीट चौड़ाई बारह फीट और ऊंचाई नौ फीट है। इन गुफाओं के दीवारों पर भित्ति चित्र बने हैं। जो भारतीय भित्ति चित्रों के प्राचीन धरोहर है। जिसमें फल-फूल, बेल-बूटी, पशु-पक्षी, देव-दानव, योद्धा, हाथी प्रमुख है। एक चित्र में पांच युवतियों का चित्र है। गुफा में ब्राह्मी लिपि में कुछ पंक्तियां भी उकेरी गई है। इस गुफा में लगभग आठ मूर्तियाँ संग्रहित है, जो शिलाखंडो को तराश कर बनायी गई है। यह पुरातन शैलचित्र है। जिसके कारण यहाँ रामायण, महाभारत से सम्बन्धित कोई चित्र नहीं है। राजस्थान में सदियों से भित्ति चित्रों की समृद्ध परंपरा विद्यमान है। इस धरतीपर कई चित्र शैलीयों का जन्म हुआ। जिसमें राजपूत, किशनगढ़, मेवाड़,

*चित्र सं. 4.20*

*चित्र सं. 4.21*

मारवाड़, ढूंढार, हाड़ौती, कोटा जैसी शैलीयाँ प्रमुख है। आगे चलकर यही शैलीयाँ देश में फैली ओर उस उस प्रदेश के परिवेश में मुखर होती गई। मध्यकाल में राजस्थान के झालावाड़, बूंदी, और कोटा में सुंदर भित्ति चित्र बने। जिसका प्रभाव मालवा, बुंदेलखंड तथा मराठा शैली में बने भित्ति चित्रोंपर दिखाई देता है। यहाँ से कई सारे कलाकारों ने बाहर जाकर भित्ति चित्रों का निर्माण किया हैं। जिसका प्रभाव मध्य प्रदेश, महाराष्ट्र, गुजरात, हरियाणा, पंजाब तथा उत्तरप्रदेश के भित्ति चित्रों पर पड़ा है। राजस्थान के किशनगढ़ की हवेलिया तो भित्ति चित्रों के कई विषयों से सजी है। इस क्षेत्र में शेखावाटी हवेलियां भित्ति चित्रों के लिए प्रसिद्ध है। जिनका निर्माण उन्नसवीं तथा बीसवीं सदी के दौरान हुआ

*चित्र सं. 4.22*

है। जिसमें नवलगढ़, मंडावा, चूरु, झुंझुनू , बिसाऊ, महनसर, रामगढ़ तथा फतेहपुर आदि केंद्र प्रमुख है। मुख्यत: वैश्य एवं अग्रवाल समाज के व्यापारी परिवारों ने इन हवेलियों का निर्माण करवाया है। शेखावाटी हवेलियों के बाहरी तथा अंदर की दीवारों पर बड़ी मात्रा में भित्ति चित्र रेखांकित किये गए हैं। (चित्र सं.4.22) संकरी गली में स्थित यह हवेलियाँ अधिकतर दो तलों में निर्मित है। जिसके मुख्य द्वार के ऊपर गणेशजी की प्रतिमा स्थापित है। जहाँ से सीधा भीतर चौक में पहुँचा जा सकता है। जहाँ ज्यादातर मिट्टी का खुला क्षेत्र और तुलसी वृंदावन है। प्रवेश द्वार के सामने ही दाये अथवा बायी ओर बैठक बनायी गयी है, जहाँ से परिवार का मुखिया व्यवसाय तथा अन्य कार्य चलाता था। वहाँ गद्दी, तकिए तथा लोड रखे जाते है। जहाँ कई लोगों के आने-जाने का ताता लगा रहता था, इसलिए वहाँ दीवारें अधिक आकर्षक बनायी गई है। कुछ हवेलियों में बैठक को सुनहरे रंग से सजाया गया है। इसके लिए वहाँ कई सारे भित्ति चित्रों का निर्माण किया गया है। बैठक तथा बाहरी दीवारों पर बने ज्यादातर भित्ति चित्र पौराणिक है। उसमें भी रामकथा के परिदृश्य कई जगह झलकते है। धन की देवता लक्ष्मी की कई सारी छवियाँ यहाँ दिखाई देती है। उसमें भी गजलक्ष्मी के चित्र सबसे आकर्षक है। रामायण सम्बन्धित चित्रों में सीता से हनुमान की लंका में भेंट सबसे अधिक लोकप्रिय है। कहीं-कहीं उत्सव, पर्वो से सम्बन्धित होली, गणगौर, तीज, दिवाली, राजसभा, जुलूस, राजसी शोभायात्राओं के परिदृश्य भी भित्ति चित्रों में अंकित किये गए हैं। इस क्षेत्र में बनी हवेलीयोंपर कई भित्ति चित्रों में चतुर्भुज गणेश की प्रतिमा दिखाई देती है। (चित्र सं.4.23) कहीं-कहीं पशु-पक्षी, बेल-बूटे, पुष्प-लता एवं आकल्पन रेखांकित हैं। सौ-ढेड़सो साल से पुरानी हवेलीयाँ आज भी तत्कालीन संस्कृति का दर्शन

*चित्र सं. 4.23*

कराती है। जयपुर के पास बने अंबर पैलेस भोजशाला में उन्नसवीं शताब्दी में भित्ति चित्र बनाए गए, जो वैष्णव धर्म से सम्बन्धित है।

गुजरात की भूमि में भगवान राम तथा कृष्ण दोनों आराध्य है। यहाँ विभिन्न नगरों में राम, कृष्ण के मन्दिर बने हैं। यहाँ बने भित्ति चित्रों में कृष्ण लिला सबसे ज्यादा अंकन दिखाई देता है। गुजरात के खेड़ा जिले में टोपेश्वर मन्दिर एवं सोजिया गांव के कुछ हवेलियों में भित्ति चित्र का अंकन किया गया है। भरूच के गजेरा गांव में भी हवेलियों पर चित्र रेखांकित किये गए हैं। जामनगर के लखोटा मन्दिर में भित्ति चित्रों का अंकन दिखाई देता है। बड़ौदा के कमाटी बाग में स्थित कामनाथ महादेव मन्दिर में भित्ति चित्र दिखाई देते हैं। जिसमें भगवान शिव, माता पार्वती तथा गणेश का चित्र प्रमुख है। जिसमें भगवान शिव कैलाश पर्वत पर बैठे हैं। उनके दोनों तरफ ब्रह्मा तथा गणेश मोरछल से हवा कर रहे हैं। सामने नंदी बैठा है। यहाँ बने रामायण सम्बन्धित भित्ति चित्रों में राम वानर सेना के साथ लंका पर आक्रमण करते देखे जा सकते हैं। अंकन में राम को मुंछोवाले रूप में तो रावण को सैनिक बनाकर बंदूकधारी फिरंगी लिबास पहनाया गया है। (चित्र सं.4.24) इसके अलावा यहाँ कई राजसी तथा पौराणिक विषयों से सम्बन्धित भित्ति चित्र बने हैं। जिस पर गुजरात में प्रचलित लोकनाट्य भवाई का गहरा प्रभाव दिखाई देता है। सफेद सतह पर गहरे काले रंग से बने यह भित्ति चित्र गुजराती संस्कृति को प्रदर्शित करते हैं। यहाँ बने तांबेकर वाड़ा में भी भित्तिचित्र बने है। मराठा शैली में बने इन चित्रों में गजेंद्र मोक्ष, गोपिका चीरहरण, राजसी स्त्री-पुरूष तथा दशावतार से सम्बन्धित चित्र प्रमुख है। यहाँ एक राम दरबार का चित्र बना है। नर्मदा और ओरसांग और सरस्वती के संगम पर स्थित चांदोद पवित्र स्थल है। यहाँ के काशी विश्वनाथ मन्दिर के गुम्बद पर पौराणिक भित्ति चित्रों का अंकन किया गया

*चित्र सं. 4.24*

*चित्र सं. 4.25*

हैं, जिसमें अहिरावण महिरावण के यज्ञ को भ्रष्ट करते हनुमान का चित्र आकर्षण का केंद्र है। (चित्र सं.4.25) भिलापुरा का शिव मन्दिर भी चित्रों से सजा है। यहाँ बने चित्रों पर गुजराती पेहराव, आभूषण तथा स्थानीय संस्कृति का गहरा प्रभाव दिखाई देता है।

*चित्र सं. 4.26*

दक्षिण भारत की बादामी चालुक्य राजवंश के आरंभिक राजाओं की राजधानी थी। यहाँ की गुफाओं में सनातन धर्म सें सम्बन्धित मूर्तियां, तांडव नृत्य, विष्णू का त्रिविक्रम रूप तथा दशावतारों से सम्बन्धित पौराणिक दृश्यों को दर्शाया गया है। जिसका निर्माण चालुक्य नरेश मंगलेश ने किया था। यहाँ कुछ गुफाएँ बौद्ध तथा जैन धर्म से सम्बन्धित बताई जाती है। जो भारतीय संस्कृति का महत्वपूर्ण हिस्सा है। सातवीं शताब्दी में दक्षिण क्षेत्र पर पल्लव राजाओं ने शासन किया। जो बड़े कलाप्रेमी एवं कला संरक्षक थे। महेंद्र वर्मन प्रथम ने तमिलनाडु के कांचीपुरम, पनामलई एवं कैलाशनाथ आदि मन्दिरों का निर्माण करवाया। यहाँ बने भित्ति चित्र बेहतरीन थे। हालांकि अब उन चित्रों के कुछ अंश वहाँ बचे हैं। जिसमें पनामलाई देवी की आकृति बड़ी सुंदर एवं कलात्मक है। जिसमें इस्तेमाल किये गए रंग, रेखाएँ काफी सटीक है। उनके पश्चात पांडय राजाओं का शासन रहा। वह भी बड़े कला प्रेमी थे, उन्होंने तिरुमलईपुरम और सित्तनवासल की गुफाएं बनवायी। तंजावुर के पास कृष्णा नदी के किनारे सित्तनवासल की गुफाएं स्थित है। जिसका निर्माण नौवी शताब्दी में पल्लव नरेश महेंद्र वर्मन तथा उसके पुत्र नरसिंह वर्मन के द्वारा किया गया। यहाँ पल्लव कला से सम्बन्धित भित्ति चित्र अंकित हैं। यहाँ बने चित्रों में शैव धर्म, जैन तीर्थकर एवं साधू, भैंसा, हाथी, मछलियाँ आकर्षक तरीके से बनायी गई है। यहाँ बने फूल-पत्ते, बेल-बूटे, पशु-पक्षी एवं आकल्पन कारागिरी का सुंदर नमुना हैं। (चित्र सं.4.26)

दक्षिण भारत में भित्ति चित्रों की परंपरा चोल नरेशों तक जारी रही। उनके काल में कला और स्थापत्य कला उच्च शिखर पर पहुँचा। दसवीं शताब्दी में चोलों द्वारा निर्मित तंजावुर का बृहदेश्वर मन्दिर भित्ति चित्रों का अनुपम उदाहरण है। मन्दिर के चारों ओर बरामदे बनाए गए हैं, परिक्रमा पथ

*चित्र सं. 4.27*

बनाया गया। वहाँ से एक सुरंग भी गुजरती है, जो चोल राजा के राजमहल तक पहुँचती है। यह भगवान शिव का मन्दिर होने से यहाँ के ज्यादातर भित्ति चित्र शिव से सम्बन्धित है। भगवान शिव के कई रूप यहाँ चित्रों द्वारा प्रकट हुए हैं। जैसे कैलासवासी शिव, त्रिपुरान्ताक शिव, नटराज शिव आदि। जो लगभग दस फीट से ज्यादा लंबे हैं। अन्य चित्रों में राजराजा चोल, नंदी, गुरु कुरूवुरार के चित्र है। मन्दिर के सामने बना नंदी मंडप की बरामदे एवं छत चित्रों से अंकित है। सुंदर रेखाओं से निर्मित इन चित्रों में हावभाव, अंग-प्रत्यंगों की लचक देखते ही बनती है। पूरी तन्मयता एवं परिपक्वता से इन चित्रों का निर्माण किया गया है। (चित्र सं.4.27) इसी परिसर में बने अम्मन देवी मन्दिर में सनातन धर्म से सम्बन्धित देवी-देवताओं की विविध भित्ति चित्र रेखांकित हैं। इस मन्दिर की छत चित्रों के पटो से सजी है। यहाँ के गणेश मन्दिर में मराठा कालीन भित्ति चित्र के कुछ अवशेष बचे हैं। यहाँ बने सुब्रमण्यम मन्दिर के सभा मंडप में भोंसला राजाओं की छवियाँ बनी हैं।

मध्य काल में इ.स.1530 के दौरान राजा अच्युतराय नें नायक बंधुओं द्वारा हिंदूपुर के पास लेपाक्षी (आंध्रप्रदेश) में वीरभद्र स्वामी मन्दिर का निर्माण करवाया। जिसमें कई भित्ति चित्रों का निर्माण किया गया है। मुख्य मन्दिर वीरभद्र स्वामी और भगवान पापनाशेश्वर का है, जिसे शिव का स्वरूप माना गया हैं। मन्दिर की छतों पर रामायण, महाभारत और पौराणिक कथाओं से सम्बन्धित चित्रों का अंकन किया गया है। जिसमें हिंदू, बौद्ध तथा जैन धर्मों से सम्बन्धित प्रतिमाएँ महत्त्वपूर्ण है। यहाँ बने गिरिजा कल्याणम समूह में अग्निदेव अर्धमंडप की छतपर शिव के विभिन्न रूप अंकित किये गए हैं। जैसे दक्षिणामूर्ति, चंदेशा अनुग्रह मूर्ति, भिक्षाटन, अर्धनारीश्वर, कल्याणसुंदर, त्रिपुरान्तक आदि के चित्र है। यहाँ के अंकनों में भगवान शिव-गिरिजा, विष्णु, राम, बौद्ध, जैन तीर्थंकर, वानर प्रमुख है।

*चित्र सं. 4.28*

(चित्र सं.4.28) इसके साथ चक्र, कमल, अनंतनाग, स्वस्तिक, कल्पवृक्ष के चित्र यहाँ दिखाई देते है। जो चितेरों के भावाभिव्यक्ति का सहज अविष्कार है, आज भी वह सजीवता से परिपूर्ण लगते हैं। नाट्य मंडप में सबसे पहला चित्र तिरुवरूर घाटी में घटित प्रसंग का है। बीच में कमल पुष्प के आसपास किरातार्जुन घटनाएँ अंकित है। जिसके आगे द्रौपदी स्वयंवर, कृष्ण और वीरभद्र, शिव-पार्वती, नटराज एवं रामपट्टाभिषेक का अंकन है। यहाँ गर्भगृह के भीतर फोटोग्राफी प्रतिबंधित है।

मराठा शासक व्यंकोजी ने तंजावुर में साम्राज्य स्थापन किया था। यहाँ उन्होंने मराठा पैलेस का पुन:निर्माण तथा कई मन्दिरों का निर्माण किया। मूलत: मराठा पैलेस जिसे स्थानीय भाषा में अरमानई पैलेस कहा जाता है। इसका निर्माण नायक राजाओं द्वारा इ.स.1530 के दशक में किया गया। बाद में उस पर मराठों का अधिपत्य हो गया। भोंसलाओं ने इस महल में परिवर्तन तथा परिवर्धन किया। इसलिए इसका प्रारूप पुरी तरह से बदल गया। यहाँ बेल टावर, शस्त्रागार, आर्ट गैलरी, सरस्वती महल पुस्तकालय, राजा सरफोजी मेमोरियल हॉल, शाही संग्रहालय, दरबार हॉल, संगीत महल प्रमुख है। मराठा पैलेस के पुराने हॉल में मराठा शैली में बने तीन सौं साल पुराने भित्ति चित्र अंकित किये गए हैं। जिसमें रामायण, महाभारत सहित कई पौराणिक प्रसंगों पर आधारित अंकन दिखाई देता है। (चित्र सं.4.29) जिसका निर्माण नैसर्गिक तरीके से बनाए गए जल रंगों से किया गया है। जिसमें तत्कालीन मराठा तथा दक्षिण भारतीय शैली के कई विशेष मौजूद है। वैसे तो तंजावुर के चित्र अपनी संरचना तथा आकर्षक रंगों के लिए विश्व प्रसिद्ध है। जो लकड़ी के पटरों पर (पलागायी पदम) तैयार की जाती है। इन चित्रों को सजाने हेतु बहुमूल्य पत्थरों, सोने के कंकरो, मोतियों और शीशे के टुकड़ों का इस्तेमाल हुआ है। चित्रों को और आकर्षक बनाने के लिए धागों, डोरीयों तथा

*चित्र सं. 4.29*

पतले सोने के पत्थरों को तराशकर चढ़ाया गया है। कई भागों में चमकीले रंगों का प्रयोग भी हुआ है। मराठा पैलेस तंजावुर के भित्ति चित्र दक्षिण भारत का रिश्ता मध्य भारत से जोड़ते हैं। (चित्र सं.4.30) इसके साथ तिरूपराकुनरम, श्रीरंगम, तिरुवारूर के मन्दिरों, महलों की दीवारों पर महाभारत, रामायण से सम्बन्धित भित्ति चित्रों का अंकन किया गया है। नायक एवं विजयनगर शैली में बने यह चित्र परंपरागत तकनीक से निर्माण किये गये है। जिसमे इस्तेमाल चमकीले रंग चित्रों को और भी बेहद खूबसूरत बनाते है।

केरल में कई मन्दिरों तथा महलों के दीवारों, गोपुरों, नालबलम की दीवारोंपर भित्ति चित्रों का अंकन हुआ हैं। जिसमें महाकाव्यों एवं पुराणों के दृश्यों को चित्रित किया गया है। जिसमें कोची का मट्टानचेरी पैलेस, कायमकुलम (आलपुष्पा) का कृष्ण पुरम महल, पदमनाभपुरम महल, पुण्डरीकापुरम का विष्णू मन्दिर, त्रिपरयार का श्रीराम मन्दिर और त्रिसूर का वडक्कुनाथन मन्दिर प्रमुख है। यहाँ ज्यादातर रामायण और भागवत से सम्बन्धित भित्ति चित्र अंकित किये गए हैं। एर्नाकुलम जिले के मट्टानचेरी पैलेस का निर्माण पुर्तगालियों द्वारा किया गया। इ.स.1665 में डचों ने इसकी मरम्मत करवाई, तब से यह डच महल के नाम से भी जाना जाता है। इस महल के पल्लियराई (शयनकक्ष) , कोवनीतलम (सज्जा कक्ष) , त्रिपुनितुरा अप्पन और निचले मंजिलपर बने शयन कक्षों में चित्रों का अंकन है। (चित्र सं.4.31) पल्लियराई शयन कक्ष में पूर्वी दीवार पर पहले चरण में पिले रंग में कृष्ण लीला के अंकन दो पटलोंपर किये गये हैं। दूसरा चरण रामायण से सम्बन्धित दृश्यों का है। यहाँ संपूर्ण रामायण सात पटलोंपर अंकीत किया गया है। जिसका प्रारम्भ राजा दशरथ अपने मंत्री सुमंत को पुत्रकामेष्ठी यज्ञ करने के लिए कह रहे, ऐसी घटना से होता हैं। आगे ऋषि श्रृंग यज्ञ करते है। फिर

चित्र सं. 4.30

चित्र सं. 4.31

पायस पात्र को लेकर अग्निदेव का निकलना, विष्णु आशीर्वाद, राम, लक्ष्मण, भरत, शत्रुघ्न का जन्म, नन्हे शिशुओं की लीलाएँ अंकित हुई है। आगे विश्वामित्र के यज्ञ की रक्षा, सीता स्वयंवर, परशुराम का सामना, राजा दशरथ की राम को राजा बनाने की घोषणा चित्रित हुई है। उसके बाद अगले पटलपर राम, सीता और लक्ष्मण के पंचवटी निवास का चित्र है। सभागृह में बने चित्रों में अशोक वाटिका में हनुमान की सीता से भेंट एवं मुद्रिका प्रदान करना, हनुमान सुरसा युद्ध, कुंभकर्ण को जगाना, राम कुंभकर्ण युद्ध, राम-रावण युद्ध, सीता की अग्नि परीक्षा चित्रित की गई है। आगे पुष्पक विमान द्वारा राम-सीता लक्ष्मण का अयोध्या आगमन, महल में माताओं द्वारा स्वागत चित्रित किया गया है। इन चित्रों में हरा रंग प्रबल तौरपर इस्तेमाल हुआ है। इन चित्रों का कार्यकाल सोलहवीं शताब्दी बताया जाता है। इसी पटल पर प्रबल पिले रंग में कृष्ण लीला से सम्बन्धित चित्र भी बने हैं, जिसका काल सत्रहवीं शताब्दी का प्रारम्भिक काल बताया जाता है। कोविनीतलम सज्जा कक्ष में पौराणिक चित्र बने हैं। जिसमें शामला देवी, शेषशायी विष्णु, ब्रम्हा, नारद आदि प्रमुख है। नीचे कमल पंखुड़ियों पर देवियाँ विराजमान है। सामने की दीवार पर शिव-पार्वती, गणेश, स्कंद और अन्य ऋषी दिखाई देते हैं। नीचे अर्धनारीश्वर, मोहिनी तथा दुर्गा है। अगले पटलपर कृष्ण लीला के दृश्य है। जिसमें कृष्ण की रासलीला, गोवर्धन पर्वत दृश्य चित्रित है। आगे त्रिपुनितुरा अप्पन चित्र में विष्णु को चित्रित किया गया है। दाई तरफ उमा महेश्वर, भैरव, सेविकाएँ, चतुरहस्त महेश्वर का चित्रण है। उत्तरी दीवार पर शिव का मोहिनी रूप है, जिसमें वे विष्णु के साथ कामुक मुद्रा में चित्रित है। महिला कक्ष में पार्वती विवाह के पांच दृश्य है। जिसका वर्णन कालिदास ने कुमारसंभव नाटक के सातवे सर्ग के चौदहवें श्लोक में किया है।

दक्षिण क्षेत्र का पदमनाभपुरम ऐतिहासिक नगर है। यह पहले त्रावणकोर राजाओं की राजधानी था। यहाँ बना पदमनाभपुरम महल चौदह महलों का संकुल है। जो राजाओं के उत्तराधिकारीयों ने बनवाये। इस महल के तीसरी मंजिल पर रामायण, महाभारत तथा अन्य पौराणिक प्रसंगों को चित्रित किया गया है। जिसमें पद्मनाभस्वामी, अनंतसयन, अन्नपूर्णा, गजलक्ष्मी, वेणुगोपाल, सुब्रमण्यम, रामपट्टाभिषेक, महा विष्णु- लक्ष्मी, शिवलिंगम, शिव-पार्वती, पार्थसारथी हरि हर, शिव पार्वती का विवाह एवं पौराणिक कथाओं के चित्र प्रमुख हैं। (चित्र सं.4.32) ऐसा माना जाता है की जिसका निर्माण 17-18 वीं शताब्दी में हुआ था। बेहतरीन रूपरेखाओं द्वारा गहरी पृष्ठभूमी पर हल्के लाल, हरे, पीले, कत्थई एवं सफेद रंगों द्वारा इन चित्रों का निर्माण किया गया है। कृष्ण पुरम महल केरल का सुप्रसिद्ध महल है, जो लगभग 154 वर्ग फुट में फैला है। यहाँ तालाब के सामने बनी दीवार पर गजेंद्र मोक्ष का चित्र है। इसका निर्माण कैकोटा नम्बोदरीस ने नारायण पट्ट द्वारा करवाया गया था। महल के गलियारों में मट्टानचेरी चित्रों की कागज पर बनी प्रतियाँ प्रदर्शित की गई है। जिसमें राम द्वारा एक तीर से सात पेड़ों का भेदन, बाली वध का परिदृश्य दिखाया गया है।

केरल के कोट्टयम जिले में पुण्डारीकापुरम मिदय्यीकुन्नम पहाड़ियों पर स्थित है। यहाँ नम्बूदरि

*चित्र सं. 4.32*

*चित्र सं. 4.33*

ब्राह्मण परिवार द्वारा विष्णु मन्दिर स्थापित कराया गया है। इस पूर्व मुखी मन्दिर के गर्भगृह में सनातन धर्म से सम्बन्धित भित्ति चित्रों को अंकित किया गया है। जिसमें रामपट्टाभिषेकम चित्र प्रमुख है। इसमें राम-सीता सिंहासन पर विराजमान है। दोनों को आकर्षक वेशभूषा एवं अलंकारिक आभूषणों से अलंकृत किया गया है। (चित्र सं.4.33) दूसरे राम राज्याभिषेकम चित्र में श्रीराम के साथ अन्य देवतागन खड़ी मुद्रा में है। यह चित्र भी आकर्षक वेशभूषा तथा अलंकारिक आभूषणों से सजाया गया है। यहाँ बने अन्य चित्रों में गणेश, महिषासुरमर्दिनी, अर्धनारीश्वर, हरिहर, वेंगोपाला, गोपी वस्त्र हरण, मोहिनी, शिकार के दृश्य, यक्षी, खजूर के वृक्ष, चिड़िया एवं गिलहरी आदि प्रमुख है। केरल की पारंपरिक चित्रशैली में इनका निर्माण हुआ है। एट्टुमानुर के शिव मन्दिर में भी पुरातन भित्ति चित्र अंकित गये है। केरल के अधिकांश भित्ति चित्र रामायण, महाभारत से सम्बन्धित हैं। हर मन्दिर में अलग तरह की चित्रकारी की गई है, जो उस मन्दिर में स्थापित मुख्य देवता के इर्द-गिर्द घूमती है। कुछ दंतकथाओं को दर्शाती है। इन चित्रों को बनाने में जो तकनीक इस्तेमाल की गई है, उसका उल्लेख प्राचीन ग्रंथों में मिलता है। शैल चुर्ण, चिकनी मिट्टी, गोबर, भूसा, पेड़-पत्तियों, फुलों के रंगों का फलस्तर बनाया जाता। उसे मुलायम कपड़े से पाँलीश किया जाता था। उसे सुखाकर फिर चित्र बनाए जाते। केरल में बने अधिकांश चित्र काफी अलंकृत किये गए हैं, जिसे प्रचुर मात्रा में वस्त्र और आभूषणों से सजाया गया है। जिसे बनाने का तरीका भी पूरी तरह अलग शैली का है, जिसपर किसी भी अन्य शैली का प्रभाव दिखाई नहीं देता। सफेद सतहपर बने यह चित्र गडद लाल तथा हरे रंग से बनाए गए हैं। जिसमें कहीं-कहीं गेरुआ

*चित्र सं. 4.34*

रंग भी इस्तेमाल हुआ है। चित्रों की बाहरी रेखाएं भी इन्हीं रंगों में सजी है। जिसमें नैसर्गिक तकनीक से बनाए गए गेरूआ, लाल, पीला, हरा, सफेद, नीला, काला, सुनहरा रंग इस्तेमाल किया गया है। यहाँ बने अधिकांश चित्र धार्मिक, पौराणिक प्रसंगोंपर आधारित है। मन्दिरों के अलावा यहाँ कई महल भित्ति चित्रों से सजे है। रामनाथपुरम का रामलिंगाविलास महल मराठा भित्ति चित्रों के लिए प्रसिद्ध है। (चित्र सं.4.34)

दक्षिण भारत में बने भित्ति चित्रों का रामायण से काफी नजदीक रिश्ता रहा है। रामायण की कई घटनाएँ दक्षिण भारत में घटित हुई थी। जिसका प्रभाव वहाँ के जनमानस पर गहरा दिखाई देता है। जो भित्ति चित्रों के जरिए भी अभिव्यक्त होता रहा है। रामेश्वरम में लंका पर चढ़ाई करने से पहले भगवान शिव की पूजा की। फिर नल-नील की मदद से धनुषकोडी के तटपर राम सेतु बनाया। जिसका आकार धनुष के समान है। वहाँ से राम वानर सेना के साथ लंका पहुँच गए। लंका के मध्य में रावण का महल था, जो नुवारा एलिया पहाड़ियों के पास स्थित है। यहाँ रावण गुफा, अशोक वाटिका, विभीषण का महल आदि स्थल मौजूद है। लेकिन वह अब खंडहर बन चुके हैं। पुरातात्विक जांच से वह रामायण कालीन के होने की पुष्टि होती है। इस प्रकार दक्षिण भारत का राम से अटूट संबंध रहा है। जिसकी अभिव्यक्ति भित्ति चित्रों में कई जगह होती है।

## संदर्भ


1. नर्मदा प्रसाद उपाध्याय, मालवा के भित्ति चित्र, जनजातीय लोककला एवं बोली विकास अकादमी, भोपाल, मध्यप्रदेश संस्कृति परिषद, आवृत्ती 2018
2. नर्मदा प्रसाद उपाध्याय, बुंदेलखंड के भित्ति चित्र, जनजातीय लोककला एवं बोली विकास अकादमी, भोपाल, मध्यप्रदेश संस्कृति परिषद, आवृत्ती 2021
3. गुलाम मोहम्मद शेख, निरखे वही नजर, राजकमल प्रकाशन प्रा. लि. तथा रजा फाउंडेशन का सह प्रकाशन नई दिल्ली, आवृत्ती 2019
4. indian culture.gov.in/hi/painting/kaerala-kai-bhaitatai-caitarakalaaen
5. बर्नियर आर.एम., केरल के मन्दिर कला: एक दक्षिण भारतीय परंपरा, नई दिल्ली, एस.चंद, आवृत्ती-1982
6. बी.एन. गोस्वामी एड जे.एस.ग्रेवाल, दी मुगल एंड सिक्ख रुलर्स एंड दी वैष्णवास पिंडोरी, शिमला, पृष्ठ संख्या 8-9
7. डॉ सुषमा जैन, इंदौर, इनका साक्षात्कार दि.17 अगस्त 2022
8. रणबीर सिंग, फेडिंग फ्रेस्को ऑंफ हरियाणा, द ट्रिब्यून इंडिया डॉट कॉंम, 23 ऑंगस्ट 2003
9. मीरा सेठ, वॉल पेंटिंग ऑफ वेस्टर्न हिमालयाज देहली, पृ. सं. 70
10. The Sunday Tribune, Spectrum, August 26, 2007. (The wall of bhandari temple)

11. uditbhargavajaipur.blogspot.com/2010/04/blogpost
12. Kour Navjot, Mural Painting from Jammu : Sui and Burn, Sahapedia.org
13. Shekhavati History, facebook
14. Kamnath Mahadev Temple, Murals, Baroda (1969) _Asia Art Archive
15. chandod murals, wwwgujarattourism.com
16. andhraportal.org/lepakshi-painting
17. www.tamilnadutourism.com
18. Mattancheri, wikipedia comence
19. https://sreenivas.com
20. http://www.hindu-blog.com pund...
21. keralatourism.org

# मध्य भारत के रामायण भित्ति चित्र

भारतीय उपमहाद्वीप में राम सबसे लोकप्रिय देवता है। राम का अस्तित्व साक्षात परमेश्वर की अनुभूति कराता है, जो मानवी श्रद्धा, भक्ति का परिचायक है। सदियों से राम के विभिन्न रूपों को यहाँ के जनमानस नें अपने अनुकूल गढ़ लिया है। रामकथा की व्याप्ती आध्यात्मिक एवं सांस्कृतिक दृष्टि से भी महत्वपूर्ण है। यहाँ जगह-जगह राम-सीता, लक्ष्मण की पूजा की जाती है, उनसे संबंधित उत्सव तथा पर्वो को मनाया जाता हैं। विभिन्न कलाओं में भी राम हर जगह अविष्कृत होते हैं। जिसमें चित्रकला प्रमुख है, उसमें भी भित्ति चित्रों को अहम माना गया है। दक्षिण एशियाई देशों में रामकथा से सम्बन्धित भित्ति चित्र मध्ययुगीन काल में अधिक बने। यह काल तुलसीदासजी के रामचरित मानस के बाद का है। तब राम जनमानस में सबके प्रिय बने और रामायण लोकप्रियता के नये नये आयाम छुने लगी। संभवत: उसी प्रभाव में तत्कालीन चितेरों ने रामायण का विभिन्न शैलीयों में भित्ति चित्रों के जरीये अविष्करण किया। उस समय भारत में मुगलों का शासन था। सनातन देवी-देवताओं, मन्दिरों तथा मठों का अस्तित्व खतरे में था। फिर भी भारतीय संस्कृति में राम का महत्त्व कम नहीं हुआ। मुगल शासकों को शायद तब राम नाम का महत्त्व समझ आ रहा था। इसीलिए तब रामायण का फारसी, उर्दू में अनुवाद कराया गया। रामायण के सचित्र ग्रंथ भी बनवाये गये। उसी समय मेवाड़ के राजा जगतसिंह ने रामायण चित्र बनवाएँ। उसमें मनोहर नामक चितेरे ने इ.स.1649 में रामायण का निर्माण किया। उसी से सम्बन्धित चित्र छत्रपति शिवाजी वास्तु संग्रहालय, मुंबई में संरक्षित है।

सोलहवीं शताब्दी में छत्रपति शिवाजी महाराज ने हिंदवी स्वराज्य की स्थापना की। पेशवा काल में लगभग आधे हिंदुस्तान पर मराठाओं का कब्जा हो गया। मराठा शासक प्रखर सनातन धर्माभिमानी थे। उनके काल में सनातन संस्कृति को और बढ़ावा मिला। ब्राह्मण धर्म से सम्बन्धित प्रथा, परंपराएँ, रीति रिवाज, पर्वो एवं उत्सव उल्हासपूर्ण तरीके से मनाए जाने लगे। रामायण, महाभारत जैसे ग्रंथों की लोकप्रियता और बढ़ी। जिसका गहरा प्रभाव समुचे भारतीय जनजीवन पर पड़ा। राम-सीता, लक्ष्मण, हनुमान की मूर्तियाँ, चित्रों एवं नाम शुभकारक माना गया। इससे प्रेरित होकर मध्ययुगीन काल में कई मन्दिरों, महलों, प्रासादों तथा छतरीयों पर रामायण से सम्बन्धित भित्ति चित्रों का निर्माण हुआ।

## 1.ग्वालियर

भारतीय संस्कृति के दृष्टि से ग्वालियर पुरातन, धार्मिक, ऐतिहासिक तथा पर्यटन से संबधित महत्त्वपूर्ण स्थल है। ऐसा माना जाता है की इस क्षेत्र में ग्वालियर राज्य की स्थापना कुन्तलपुरी या कुतवार राजा सूरज सेन द्वारा की गई थी। रामायण काल में इस प्रदेश को भद्रक तथा महाभारत काल में इसे भद्रकार के नाम से जाना जाता था। 17 वी शताब्दी में बाजीराव पेशवा ने राणोजी शिंदे, मल्हारराव होलकर के सहयोग से मराठा राज्य का विस्तार उत्तर भारत में किया। पानीपत के तृतीय युद्ध के बाद खंडेराव हरी, जो महादजी सिंधिया के सेनापति थे, उन्होंने ग्वालियर दुर्ग जीत लिया और ग्वालियर राज्य मराठों के अधीन हो गया। सिंधिया वंश के प्रथम शासक राणोजी सिंधिया थे। महादजी सिंधिया जब शासक बने तब उत्तर भारत में पुन: मराठों को शक्ति एवं प्रतिष्ठा प्राप्त हुई। महादजी शिंदे ने इ.स.1794 तक ग्वालियर पर शासन किया। उनके पश्चात दत्तक पुत्र के रूप में दौलतराव गद्दी पर बैठे। वह अपनी वीरता, कठोर अनुशासन और राजनैतिक कौशल्य के कारण शक्तिशाली बने। उन्होंनें जनकोजी राव को दत्तक लिया गया। तब बायजाबाई ने अपने हाथ में शासन ले लिया। इससे खफा होकर जनकोजी ने अंग्रेजी रेसिडेंट की मदद ली। बायजाबाई उज्जैन में रहने लगी। फिर जयाजीराव सिंधिया शासक बने। फिर माधवराव शासक बने। मराठा काल में ग्वालियर राज्य में कला, साहित्य, संस्कृति को और बढ़ावा मिला। कई जगह मराठा शैली में भित्ति चित्रों का निर्माण हुआ। (चित्र सं.5.1) ग्वालियर राज्य में सिंधिया शासकों ने कई कलाकारों को आश्रय देकर बसाया था। जिसमें हिंदू, मुस्लिम तथा युरोपियन

*चित्र सं. 5.1*

चित्रकार थे, जिन्होंने यहाँ के महलों, मन्दिरों, राजबाड़ो की दीवारों और छतों एवं स्तंभोंपर बेहतरीन चित्रकारी की। जिसमें कई जगह रामायण के परिदृश्य चित्रित हुए हैं।

## गुजरी महल

ग्वालियर दुर्ग में स्थित गुजरी महल का निर्माण 15 वीं शताब्दी में किया गया। इस महल का निर्माण बड़े पत्थरों को तराश कर किया गया है। महल में झरोखे, तलघर, तोमर कालीन कला का प्रमाण देते हैं। अभी यहाँ पुरातत्व विभाग का संग्रहालय बना है। जिसमें प्राचीन कलाकृतियों की दीर्घाए बनी है। जिसमें अलग-अलग युग की मूर्तियां, जैन तीर्थकरों की मूर्तियां, बाघ गुफाओं के भित्ति चित्र एवं गुप्त काल की मूर्तियां, सिक्के रखे है। देवनागरी, ब्राह्मी और भारतीय लिपियों में प्राप्त शिलालेख यहाँ है। यहाँ दीर्घाओं में स्थित लघुचित्रों में चंगेजखाँ, सम्राट बाबर, बादशहा हुमायूँ, अकबर, जोधाबाई, बादशहा जहांगीर, नूरजहाँ, बीरबल, शाहजाह, मुमताज, औरंगजेब, दाराशिकोह, बहादूर शाह, घोड़े पर सवार मराठा सरदार, सरदार शितोळे, भगवान कृष्ण, यशोदा-बालकृष्ण, घोड़े पर सवार रानी लक्ष्मीबाई, तात्या टोपे, बाज बहादुर, रानी रूपमती, राजा मानसिंह, सिंधिया शासक एवं मराठा सरदार, जयाजीराव सिंधिया, जीवाजी राव सिंधिया, बायजाबाई, अप्पासाहेब पाटणकर, दौलतराव सिंधिया एवं मुगल राजकुमारी के अंकन है। यह चित्र राजपूताना, बुंदेली शैली में बनाए गए हैं। यहाँ रामायण से सम्बन्धित भित्ति चित्र नहीं है।

## मोती महल

मोती महल का निर्माण जीवाजीराव सिंधिया ने इ.स.1872 में करवाया था। इस भवन के ऊपरी मंजिल के कमरों की दीवारोंपर 42 रागमाला का सुंदर अंकन किया गया है। जिसका निर्माण इ.स.1843 से 1872 तक हुआ था। हर अंकन के नीचे राग-रागिनी के नाम लिखे गए हैं। यहाँ बने भित्ति चित्रों में राजसी जुलूस का चित्रण महत्वपूर्ण है। जिसमें पहाड़ियों पर महल का अंकन किया गया है। यहाँ बने भित्ति चित्र काफी आकर्षक है। यहाँ बने दरबार हॉल में चारों ओर लययुक्त रेखाटन किया गया है। जिसमे एक कमान बनी है। इसके सामने वाले हिस्से में राम दरबार का चित्र रेखांकित किया गया है। जिसमें राम-सीता सिहासन पर विराजमान है। पीछे लक्ष्मण चवर से हवा कर रहे है। सामने हनुमान हाथ जोड़कर बैठे हैं। श्वेत वर्णीय राम के सिर पर मुकुट तथा गले में मोतियों की माला यह है। उन्होंने रेशमी वस्त्र परिधान किये

*चित्र सं. 5.2*

हैं। माता सीता ने लाल साड़ी तथा कई आभूषण धारण किये हैं। उनके सिर पर पल्लू है। लक्ष्मण ने पीली धोती पहनी है। उनके सिर पर भी मुकुट है। पीछे राजमहल का परिदृश्य चित्रित किया गया है। (चित्र सं.5.2)

## कमला राजा भवन

कमला राजा भवन ग्वालियर का ऐतिहासिक भवन है। इसको पहले कंपू कोठी के नाम से जाना जाता था। इसका निर्माण जयाजीराव सिंधिया द्वारा इ.स.1856-57 में करवाया गया था। इसके दरबार हॉल में कई भित्ति चित्र मौजूद है। इस भवन में प्रवेश द्वार से ऊपर जाते ही प्रेम में युक्त नायक-नायिका का चित्रण है। इसके सामने राम, सीता, लक्ष्मण वनगमन का चित्र अंकित किया गया है। जिसमें वे गंगा नदी पार कर रहे हैं। केवट उनको दोनों हाथों से नाव के पतवार पकड़े हुए संचालन कर रहा है। केवट राम के सम्मुख विराजमान है। राम-लक्ष्मण ने धोती एवं रुद्राक्ष की माला पहनी है। माता सीता हरी चोली एवं पीली साड़ी पहन कर बैठी है। उनके माथे पर बिंदी, हाथों-कानों में आभूषण धारण किये हैं। नाव के पास तैरती हुई मछलियों को भी चित्रित किया गया है। यह चित्र अब काफी धूमिल हो चुका है। (चित्र सं.5.3) इसके ऊपर प्रवेश द्वार पर गणपति, रिद्धि-सिद्धि के साथ चित्रित किये गए हैं। दूसरे कक्ष के द्वितीय खंड के मध्य में राम, सीता का चित्र है। उसके आजू बाजू में कई महिलाएं अंकित की गई है, उनमें से कोई वाद्य बजा रही है, तो कोई पंखा चला रही है। आजू-बाजू में कहीं पुष्पों, पक्षी एवं लताओं के रेखाटन है। यहाँ बने अधिकांश चित्रों में मराठा शैली में कई गतिविधियां रोचक ढंग से अंकित की गई है। साथ में पुष्प, लता, पत्तियों, पशु-पक्षियों के चित्र बड़े रोचक ढंग से बनाए गए हैं। जिसमें चमकीले रंगों का इस्तेमाल बखुबीसें किया गया है।

*चित्र सं. 5.3*

## गजरा राजा भवन

गजरा राजा भवन का निर्माण दौलतराव सिंधिया द्वारा किया गया था। जो उन्होंने महिलाओं को विशेष रूप से युद्ध कौशल सिखाने के लिए बनवाया था। यहाँ की गोपनीय कक्ष में बनी दीवारों पर भित्ति चित्र अंकित है। जिनको चारों अलंकृत है। नीचे पर्वत, पेड़, पौधे बने हैं। इस भवन की छत को गहरे लाल रंग से सजाया गया है। मध्य में अष्टकोणी, पुष्प, पत्तियां बनी है। चारों ओर समान पुष्पों का अंकन है। यहाँ रामायण से सम्बन्धित भित्ति चित्र नहीं है।

## कोटेश्वर मन्दिर

कोटेश्वर मन्दिर का निर्माण सिंधिया शासन काल में हुआ। मन्दिर के प्रवेश द्वार पर दोनों और भगवान विष्णु का अंकन किया गया है। उनके कमरे में धोती, सिर पर पटका, गले में दुपट्टा पहना है। वह समस्त आभूषणों से सुसज्जित है। विष्णु के हाथ में गदा शंख कमल एवं चक्र है। मन्दिर की दीवारे, बरामदों की छत विभिन्न भित्तिचित्रों एवं रेखाटनों से सजाई गयी है। आगे शेषशायी विष्णु के अंकन में विष्णु विश्राम कर रहे हैं, माता लक्ष्मी उनके पैर दबा रही है। दोनों आभूषणों से सज्जित हैं। विष्णु के पास गदा, शंख, पदम तथा एक हाथ में विश्राम की मुद्रा हैं। माता लक्ष्मीजी नें सुनहरी साड़ी तथा हरे रंग की चोली पहनी है। पिछे ब्रह्मा अपने चारों मुखों के साथ कमल पर विराजमान है। मन्दिर के दाहिने दीवार पर राम राज्याभिषेक का चित्र है। (चित्र सं.5.4) सुनहरे सिंहासन पर राम और सीता विराजमान

*चित्र सं. 5.4*

है। राम ने पीली धोती हरा पायजामा, गुलाबी दुपट्टा धारण किया है। उनके गले में कई आभूषण है। सीता ने नीली साड़ी, पीली चोली एवं आभूषण पहने हैं। राम के सामने गुरु वशिष्ठ राम का राज्याभिषेक कर रहे है। उनके पीछे हनुमान, जामवंत, सुग्रीव अन्य वानर गण खड़े हैं। हनुमान ने लंगोट, जनेऊ, मुकुट पहना है। अलंकृत छत वाले सिंहासन के पीछे भरत, लक्ष्मण, शत्रुघ्न एवं विभिषण खड़े हैं।

## गोरखी मन्दिर

ग्वालियर में गोरखी मन्दिर महाराज बाड़े पर स्थित है। यहाँ बने भित्ति चित्रों में चतुर्भुज साधु का चित्र महत्वपूर्ण है। उसके एक हाथ में डमरू, दूसरे हाथ में त्रिशूल, तिसरा हाथ कमरपर तथा उसने एक हाथ आशीर्वाद के लिए उठा रखा है। पीछे एक गाय और महिला खड़ी है, कुछ भवन भी दिख रहे हैं। साधु ने पीली धोती एवं स्त्री ने हरी साड़ी पहनी है। यहाँ बने एक चित्र में माता सीता हनुमान के साथ अशोक वाटिका में स्थित है। माता ने सुनहरी साड़ी, हरी चोली पहनी है। हनुमान माता सीता का चरण स्पर्श कर रही हैं। उनके सिर पर मुकुट, दाहिने हाथ में गदा तथा आभूषण पहने हैं। (चित्र सं.5.5)

*चित्र सं. 5.5*

## राम-जानकी मन्दिर

राम-जानकी मन्दिर की दीवारोंपर बारह चित्र बने थे, जो राम कथा से सम्बन्धित थे। पहला चित्र राम के बाल्यावस्था का, तो दूसरा चित्र सीता स्वयंवर का था। जिसमें राम धनुष भंग करते चित्रित किये गए थे। उनके पीछे वशिष्ठ, विश्वामित्र के साथ लक्ष्मण, भरत एवं शत्रुघ्न खड़े थे। सामने सीता तीन बहनों सहित हाथों में वर्णमाला लिए खड़ी थी। तीसरा चित्र राम विवाह का था। जिसमें राम, लक्ष्मण, भरत, शत्रुघ्न के पीछे राजा दशरथ खड़े थे। (चित्र सं.5.6) उनके सामने सीता, उर्मिला, मांडवी एवं श्रुतकीर्ति आसनों पर विराजित थी। चौथे चित्र में राम सीता वनवास को निकलते समय राजा जनक को मिलने पहुँचे का चित्रण था। पांचवे चित्र में शूर्पणखा नाक छेदन प्रसंग रेखांकित हुआ था। छठे चित्र में सीता हरण का दृश्य चित्रांकित किया गया था। रावण सीता को लेकर रथ में जा रहा था। सातवां चित्र जटायु का था, वह दुखी मन से हनुमान को सीता हरण का प्रसंग बता रहा था। उसके पीछे नल, नील, अंगद खड़े थे। आठवीं चित्र में जटायु राम लक्ष्मण के सामने अंतिम सांस ले रहा था। नौंवा चित्र सुग्रीव के दरबार में खड़े लक्ष्मण का था। जो उसे अपना वचन याद दिला रहे थे। दसवे चित्र में लंका दिखाई गई थी। जो स्वर्णिम दीवार से गिरी थी। उसके बीच रावण खड़ा था। जिसको आठ आठ भुजाएं

*चित्र सं. 5.6*

चित्रित की गई थी। बारहवें चित्र में राम कुंभकर्ण युद्ध दिखाया गया था। तेरहवां चित्र राम रावण युद्ध का था। चौदहवां चित्र राम के अयोध्या वापसी का था। जो दोनों भागों में बटा था। पंद्रहवा चित्र राम राज्याभिषेक का है। जिसमें राम-सीता सिंहासन पर विराजमान थी। यहाँ के सभी भित्ति चित्र नष्ट हो चुके हैं। केवल रामायण से सम्बन्धित ही मूर्तियों के ताक बने हैं। (चित्र सं.5.7)

*चित्र सं. 5.7*

## सिंधिया कालीन छतरीयाँ

ग्वालियर में सिंधिया कालीन छतरीयाँ जीवाजी चौक के समीप छत्री मंडी नामक बस्ती में स्थित है। यहाँ जयाजीराव, जनकोजी राव, दौलतराव सिंधिया तथा बच्चाबाई, मैनाबाई, जीजाबाई, बायजाबाई, कमलाबाई आदि रानियों की छतरियाँ बनी है। जो स्थापत्य कला का अनुपम उदाहरण है। उनकी दीवारों पर टेंपरा पद्धति से सुंदर नक्काशी, आलेखन एवं भित्ति चित्रों का निर्माण किया गया है। यहाँ दौलतराव सिंधिया की छतरी का निर्माण जनकोजी राव सिंधिया ने इ.स.1751 किया था। इस छतरी के भीतर दीवारों, छतों एवं स्तंभों पर भित्ति चित्रों एवं नक्काशी चित्रित की गई है। छतरी के छतपर मध्य में पीला पुष्प एवं चारों कोनों पर अर्ध पुष्प अंकित किया गया है। चारों ओर पट्टिकाओं, कोनोपर अलंकृत पुष्प, पत्तियां अंकित है। जो हरे, लाल, श्वेत, नीले, काले रंगो में चित्रित की गई है। प्रवेश द्वार पर झरोखा एवं श्वेत हाशिया बनाया गया है। यहाँ बने चित्रों में राग रागिनी, युद्ध परिदृश्य, नारियां एवं यूरोपियन स्त्री-पुरुष आकृतियों का अंकन किया गया है। इस छतरी के सभा मंडप दीवारों पर चौकोनी ताक में रामायण से सम्बन्धित कई परिदृश्य चित्रित किये गए हैं। जिसमें राम-सीता लक्ष्मण अपने वनगमन के दौरान कुटिया सामने एक पत्थर पर बैठे हैं। सामने कुछ मयूर विहार कर रहे हैं। लक्ष्मण पीछे खड़े हैं। सीता ने गुलाबी साड़ी तो राम ने पीला पितांबर धारण किया है। उनके गले में फूलों की मालाएँ तथा माथेपर तिलक है। (चित्र सं.5.8) दूसरे ताक में राम राज्याभिषेक का दृश्य चित्रित किया गया है। राम-सीता सिंहासन पर विराजमान है। पीछे लक्ष्मण चवर से हवा कर रहे हैं।

*चित्र सं. 5.8*

आगे ऋषि वशिष्ठ मंत्रोच्चार करके उनका राज्याभिषेक कर रहे हैं। राम के सिर पर मुकुट तथा उन्होंने पीला पितांबर पहना है। उनके गले में लाल दुपट्टा तथा आभूषण दिखाई दे रहे हैं। माता सीता ने हरी साडी पहनी है, उन्होंने सिर पर पल्लू ले रखा है। लक्ष्मण ने हरा पितांबर पहना है। गुरु वशिष्ठ ने सफेद धोतर एवं लाल दुपट्टा धारण किया है। पीछे अयोध्या के महल तथा केले के पेड़ अंकित हैं। (चित्र सं.5.9) दूसरे राम राज्याभिषेक के परिदृश्य में राम सीता सिंहासन पर विराजमान है। उनके सामने हनुमान हाथों में गदा लेकर प्रणाम कर रहे हैं। यह चित्र काफी तमिल हो चुका है। इसके आगे हनुमान हाथ में द्रोणागिरी उठाते हुए छलांग लगा रहे हैं। उनके सिर पर मुकुट, कंधे पर गदा तथा गले में दुपट्टा है। उनकी बड़ी पूंछ बनी है। यहाँ दो वृताकार घेरे बने हैं। जिसमें रामायण के प्रसंग चित्र किये गए हैं। जिसमें पहले चित्र में राम अपने धनुष्य से निशाना लगा रहे हैं। उनके माथे पर तिलक, सिर पर मुकुट, गले में मोतियों की माला, कमर में पीला पीतांबर तथा पैरों में पायल पहनी है। उनके पीछे लक्ष्मण धनुष लेकर दूसरा निशाना लगा रहे हैं। ऊपर हनुमान बैठे हैं। पिछे जंगल पहाड़ियों का दृश्य चित्रित किया गया है। (चित्र सं.5.10) दूसरे घेरे में राम अपने धनुष से सुनहरे मृग पर निशाना लगा रहे हैं। उनके सिर पर मुकुट तथा उन्होंने पीला पितांबर धारण किया है। पीछे लक्ष्मण धनुष लेकर खड़े हैं। उनके सिर पर मुकुट, माथे पर तिलक एवं गले में मोतियों की मालाएँ हैं। मृग गतिशील मुद्रा में चित्रित किया गया है। (चित्र सं.5.11)

*चित्र सं. 5.9*

चित्र सं. 5.10

चित्र सं. 5.11

जनकोजी राव सिंधिया की छतरी का निर्माण रानी ताराबाई द्वारा इ.स.1845 में किया गया था। इस छतरी के प्रवेशद्वार, लघु मंडप, सभा मंडप, अंतराल की दीवारों, स्तंभों एवं छतों पर भित्ति चित्र अंकित किये गए हैं। यहाँ बने चित्रों में राग-रागिनीयों, राजाओं की शाही सवारी, हनुमान चित्र, राम राज्याभिषेक, महिषासुरमर्दिनि, गोवर्धन पर्वत उठाते श्रीकृष्ण, राधा-कृष्ण, शिव-पार्वती के चित्र अंकित किये गए हैं। जो काफी धूमिल हो चुके हैं। आगे जयाजीराव की छतरी यह विशाल स्मारक है। जिसका निर्माण माधवराव सिंधिया द्वारा इ.स.1900 में किया गया था। इस छतरी के दीवारों पर चित्रांकन नहीं है।

## 2. बुंदेलखंड

बुंदेलखंड में झाँसी, ओरछा तथा दतिया भित्ति चित्रों के प्रमुख केंद्र है। यहाँ बने अधिकांश भित्ति चित्र सनातन धर्म से सम्बन्धित है। जिसमें रामायण, महाभारत एवं अन्य पौराणिक घटनाओं को चित्रित किया गया है। इस क्षेत्र में जो भित्ति चित्रों में राजपूत, मुगल एवं बुंदेली शैलीओं का मिश्रण दिखाई देता है।

## रानी महल, झांसी

झांसी मराठा सत्ता की प्रमुख रियासत थी। यहाँ बंगरा नामक पहाड़ी पर ओरछा के राजा वीर सिंह देव ने इ.स.1613 में किला बनवाया था। जिसे झांसी का किला कहते हैं। वैसे तो यह किला अलग-अलग राजाओं के अधीन रहा। लेकिन किले में भित्ति चित्र मौजूद नहीं है। रानी महल का निर्माण नेवालकर परिवार के रघुनाथ द्वितीय (इ.स.1769-96) ने करवाया था। जो शीतला माता मन्दिर के पास स्थित है। ईस्ट इंडिया कंपनी द्वारा जब झांसी किले का अधिग्रहण किया गया। तब रानी लक्ष्मीबाई ने यहाँ इ.स.1853-57 के बीच निवास किया। इस महल में रानी का कक्ष, दरबार कक्ष जैसे छह बड़े कक्ष मौजूद है। इसके अतिरिक्त कई छोटे कक्ष तथा मेहराब युक्त समानांतर गलियारे भी है। दरबार हॉल

*चित्र सं. 5.12*

की दीवारों को विभिन्न भित्ति चित्रों से सजाया गया है। दरबार हॉल के बीच तीन खम्बे बनाकर मेहराब बने है। इसके अंदर बने कक्ष में अभी तीन भित्ति चित्र मौजूद है। (चित्र सं.5.12) जिसमें प्रवेश द्वार के ऊपर बीचों बीच गणपति विराजमान है। उसके दोनों तरफ दो स्त्रिया एकतारी वाद्य (तंबोरा) बजाकर गायन कर रही है। इसके बायी ओर हनुमान का चित्र है। जो अपनी मुट्ठी से असूर पर वार कर रहे हैं। उनके सिर पर मुकुट एवं कंधे पर गदा है। ऐसे ही बायी ओर गरुड़ जी को चित्रित किया गया है जो अपने मुट्ठी से असूर पर वार कर रहे है। सफेद सतह पर बने यह चित्र नैसर्गिक तरीके सें बने लाल, हरा, नीला, कत्थई, काला एवं सफेद रंगों में यह चित्र सजाये गये है।

## चित्रकुट

चित्रकूट प्राचीन काल से ही रामायण की कई घटनाओं से जुड़ा रहा है। राम-सीता, लक्ष्मण ने वनवास के दौरान कई साल यहाँ बिताए। मंदाकिनी नदी के तट पर स्थित यह शहर प्राचीन मन्दिरों एवं स्मारकों के लिए प्रख्यात है। यहाँ राघव प्रयाग घाट के समीप दो सौ साल पुराना बिजावर मन्दिर है। जिसका निर्माण और रानी रत्नेश कुमारी द्वारा किया गया था। इस कारण इसे रत्नेश्वर मन्दिर भी कहा जाता है। जो राम लक्ष्मण सीता को समर्पित है। इस मन्दिर की दीवारों एवं छतो में बने ताक भित्ति चित्रों से सुसज्जित है। मन्दिर के पीछे गरुड़ एवं हनुमान राम-लक्ष्मण को अपने कंधे पर उठाकर गतिशील मुद्रा में चित्रित किये गए हैं। (चित्र सं.5.13) यहाँ बने अन्य चित्रों में रिद्धि सिद्धि के साथ गणेश, विष्णु के वराह अवतार, राधा कृष्ण का नृत्य, गोपी चीरहरण आदि भित्ति चित्र प्रमुख है। दीवारों के ऊपर वर्गाकार ताकों में कृष्ण लीला के दृश्य चित्रित किये गए हैं। इन चित्रों पर मराठा शैली का प्रभाव स्पष्ट तौर पर दिखाई देता है। आगे चित्रकूट में गौरिहार मन्दिर है, जिसका निर्माण राजा गजाधर ने ढाई सौ साल पूर्व करवाया था। यह मन्दिर भी राम-सीता को समर्पित है। यहाँ मुख्य प्रवेश द्वार के ऊपर रिद्धि सिद्धि के साथ गणेश, हुक्का पिता अंग्रेज अधिकारी चित्रित किया गया है। मन्दिर में बेहतरीन नक्काशी तथा आकल्पन आकर्षक तरीके से बनाया गया है।

*चित्र सं. 5.13*

*चित्र सं. 5.14*

## दतिया

दतिया ऐतिहासिक दृष्टि से महत्वपूर्ण स्थल है। जो बुंदेलखंड की प्रमुख रियासत थी। यहाँ दतिया दुर्ग का निर्माण राजा दलपत सिंह ने किया। बाद में उनके उत्तराधिकारी राजा भवानी सिंह ने इस दुर्ग में भित्ति चित्रों का निर्माण करवाया। 19 वीं सदी के उत्तरार्ध में बने इन चित्रों में दशावतार एवं कृष्ण लीला से सम्बन्धित चित्र प्रमुख है। महल में एक कक्ष की छत पर चौकोर आकृतियों में आकल्पन बनाए गए हैं। दूसरे दरवाजे के उपर पट्टिका में नृत्यरत कृष्ण -गोपियों के चित्र है। इसके बाजू में चौकोन बने हैं, जिसके अंदर दशावतार चित्रित किये गए हैं। सबसे ऊपर मत्स्य अवतार है, जिसमें विष्णु चतुर्भुज रूप में मछली के मुख से निकल रहे हैं। उनके गले में फूलों की लंबी माला है। नीचे समुद्र मंथन का चित्र है, जो काफी उखड़ चुका है। इसके नीचे विष्णु का वराह अवतार अंकित किया गया हैं। इस अंकन के नीचे वामन अवतार है। जिसमें बली और उनकी पत्नी, भगवान विष्णु वामन के रूप में चित्रित किये गए हैं। बायी ओर एक अंकन में भगवान कृष्ण ने अश्वमेध के घोड़े को थामें रखा है। (चित्र सं.5.14)

## राजा पारिच्छत की समाधि

दतिया में राजा पारिच्छत की समाधि की दीवारोंपर बने भित्ति चित्र वैविध्यपूर्ण है। यहाँ बाहरी हिस्से की दीवारों पर चौकोनी खंडो में घुड़सवार, उँट सवार, मोर, गणेश, शिव, वानर, संन्यासी, पहलवान,

*चित्र सं. 5.15*

शिकार एवं बेल-बुटों के आकल्पन अंकित हैं। समाधि के भीतर चारों कोनों एवं छत पर चित्र अंकित किये गए हैं। जिसमें कृष्ण-लीला, रामायण, भागवत, राग-रागिनीयों का अंकन सबसे अधिक है। यहाँ विष्णु- लक्ष्मी, कृष्णा-बलराम, शिव-पार्वती, दशावतार, साधु संन्यासी, राजा पारिच्छत के व्यक्तिचित्र, नायिकाएँ, दुर्गा, पशु-पक्षी, पेड़-पौधे, बेल-बुटे तथा प्राकृतिक चीजें बडी मात्रा में उकेरी गई है।

यहाँ एक जगह सबसे नीचेवाले कोने में हनुमान अपने दोनों कंधों पर राम-लक्ष्मण को बिठाकर ले जाते हुए चित्रित किये गए हैं। इसके नीचे एक चौखट में भगवान राम के सामने हनुमान हाथ जोड़कर खड़े हैं। उसके आगे त्रिभुजाकार दीवारपर राम राज्याभिषेक का चित्र अंकित किया गया है। जिसमें राम सिंहासन पर विराजमान हैं। उनका तिलक गुरु वशिष्ठ तथा अन्य ऋषिगन कर रहे हैं। राम के बाजू में सीता बैठी है। उनके पीछे लक्ष्मण, भरत, शत्रुघ्न खड़े है। नीचे हनुमान, सुग्रीव, जामवंत, अंगद तथा अन्य वानरगन का हाथ जोड़कर खड़े हैं। (चित्र सं.5.15) अन्य भित्ति चित्र में राम की बारात दिखाई गई है। जिसमें हाथीपर राम बैठे हैं, उनके सामने कुछ राजसी पुरुष स्वागत कर रहे हैं। यह चित्र काफी धूमिल हो गया है, जिसके कारण कुछ पात्र समझ से परे है। समाधि के छत पर झरोखे और अलंकृत कोने बने हैं। यहाँ बने गवाक्ष से हवा एवं प्रकाश प्रविष्ट होता है। झरोखों के दोनो ओर राजा, हाथी, महावत, फूलों-पत्तियों से अलंकृत किया गया है। यहाँ राम दरबार, शिव परिवार एवं अन्य पौराणिक प्रसंग अंकित किये गए हैं।

## महाराजा विजय बहादुर की छतरी

इस छतरी का निर्माण महाराजा भवानी सिंह ने किया था। जो वर्गाकार प्रांगण में बनी है, जिसके चारों और आयताकार गलियारा है। छतरी की बाहरी दीवारें बेल-बूटे एवं आकल्पनों से सजे है। यहाँ चौकोर आकार के ताकों में कुछ चित्र बनाए गए हैं। जिसमें हाथी, घोड़े, कृष्ण, घुड़सवार साधु एवं हनुमान है। यहाँ कृष्ण रासलीला के ऊपर बंदरों की अनेक छबियाँ वृताकार घेरे में छत पर चित्रित की गई है। जो रामायण से सम्बन्धित है। (चित्र सं.5.16) यहाँ बनी सभी चित्र काफी धूमिल हो चुके हैं।

## महाराजा भवानी सिंह की छतरी

गोविंद सिंह ने इस छतरी का निर्माण करवाया। वर्गाकार प्रांगण में जगती पर स्थित छतरी में गर्भगृह एवं चारों और आयताकार गलियारा है। इसके चारों ओर तीन तीन मेहराबदार द्वार है। गर्भगृह के ऊपर वृत्ताकार है, जिसपर कई सारे चित्र चित्रित किये गये है। प्रवेश द्वार के दोनों ओर बने ताकों एवं दीवारों पर बेलबूटों के आकल्पन चित्रित किये गए हैं। यहाँ घेरे के अंदर जो चित्र बने हैं, उसमें मुकुटधारी हनुमान तथा गदा उठाये वानर को चित्रित किया गया है। (चित्र सं.5.17) (चित्र सं.5.18) आजू बाजू में पशु-पक्षी, पेड़-पौधे तथा नृत्यरत पुरुष तथा महिलाएँ चित्रित है। नीचे कोने में हनुमान के दो अंकन मौजूद है।

## गोसाईंयों की छतरीयाँ

दतिया में कुल चार गोसाईयों की छतरीयाँ बनी है। जिसमें कई सारे भित्ति चित्र बने हैं। जिसमें सनातन देवी-देवताओं के साथ तत्कालीन लोक जीवन के परिदृश्य चित्रित किये गए हैं। पहली छतरी अनूप गिरी गोसाई की है। छतरी के मध्य भाग में प्रवेश द्वार है। जिसके ऊपर गणेश का अंकन किया गया है। जिसमें दशावतार के अंकन चित्रित किये गये है।

## वीर सिंह महल

इस महल का निर्माण ओरछा के राजा वीरसिंह जूदेव ने किया था। महल का प्रवेशद्वार किलेनुमा आकार में भव्य रूप है। जिसके बाजू बाजू में दीवारोंपर दो ड्रैगन के चित्र बनाए गए हैं। जिसके पीछे चंद्र-सूर्य अंकित किये गए हैं। बाजू में बने ताक में भगवान गणेश चित्रित किया गया है, जिसकी पूजा स्त्री कर रही है। यहाँ रामायण से सम्बन्धित कोई भी चित्र नहीं है। (चित्र सं.5.19)

चित्र सं. 5.16

चित्र सं. 5.17

चित्र सं. 5.18

चित्र सं. 5.19

## अवधबिहारीजी का मन्दिर

अवधबिहारीजी के पुरातन मन्दिर का निर्माण दतिया के शासकों ने किया। इस मन्दिर के प्रवेश द्वार, मेहराब एवं अंदर की दीवारोंपर भित्ति चित्र विद्यमान है। यहाँ बने प्रवेशद्वार के ठीक ऊपर राम दरबार का अंकन है। जिसमें राम-सीता सिंहासन पर विराजमान है। राम के सिरपर मुकुट तथा ऊपर छत्री बनी है। उन्होंने कमर में हरे रंग का बुंदेलखंडी पटका बांधा है, जो बायी ओर कंधे की बाहर से पीछे की ओर चला जाता है। उन्होंने गहरे कत्थई रंग का अंगरखा एवं गहरे नीले रंग के फूलों के आकल्पन वाला पायजामा पहना है। बाजू में बाणों को रखनेवाला उपादान है। बाजू में तकिये से लेटकर माता सीता बैठी है। उसने सिर के बालों का जुड़ा बांधा है तथा पारदर्शी पल्लू ओढ़ रखा है। (चित्र सं.5.20) ) उसके लहंगे का रंग गहरा कत्थई है। जिसपर फूलों के आकल्पन बने है। पीछे तीन केले वृक्ष है। उनके सामने मुकुट पहने हनुमान खड़े हैं। बाजू में एक साधू दिखाई दे रहा है। उनके पीछे भरत एवं शत्रुघ्न खड़े हैं। जिनके सिरपर मुकुट है तथा उन्होंने अंगरखा एवं चूड़ीदार पायजामा पहना हैं। उनके कमर को बुंदेलखंडी पटके बांधे हुए हैं। वे अपने हाथों से मोरछल के जरिए राम-सीता को झलते दिखाई दे रहे

*चित्र सं. 5.20*

*चित्र सं. 5.21*

हैं। पीछे कुछ पेड़-पौधे दिखाई दे रहे हैं। प्रवेश द्वार के ऊपर तथा आजू बाजू की दीवारों पर बने आलों में बेल-बूटे, आकल्पन एवं विभिन्न आकृतियां चित्रित की गयी हैं। इस परिदृश्य में सभी ने आकर्षक वस्त्र तथा आभूषण परिधान किये हैं। लाल, पीले, हरे, कत्थई रंगों से बना यह चित्र सभी का ध्यान आकर्षित करता है। (चित्र सं.5.21)

## ओरछा, मध्यप्रदेश

बुंदेलखंड का ओरछा सांस्कृतिक दृष्टि से महत्त्वपूर्ण नगर है। इस प्रदेश पर कई राजाओं ने शासन किया, लेकिन उसमें सबसे प्रभावशाली बुंदेलों शासक थे। उन्होंने ही यहाँ की सांस्कृतिक विरासत को गढ़ा। यहाँ राजा महल, रानीमहल, जहांगीर महल, प्रवीण राय महल, रामराजा मन्दिर, लक्ष्मी मन्दिर, शंकरजी मन्दिर एवं बेतवा नदी किनारे बने स्मारको में भित्ति चित्रों का अंकन दिखाई देता है।

## राजा एवं रानी महल

ओरछा के शासकों का राजा एवं रानी महल निवास स्थान था। राजा महल के निर्माण की नींव राजा रूद्र प्रताप ने इ.स.1531 में रखी थी। जिसको उनके जेष्ठ पुत्र भारती चंद्र ने पूर्ण कराया। इसके बाद उनके छोटे भाई मधुकर शाह ने इसमें कुछ परिवर्तन किए। यह महल दो भागों में विभक्त है। आवास कक्षों के अतिरिक्त दीवाने-ए-खास एवं दीवाने-ए-आम इस महल के प्रमुख भाग हैं। इनमें सुंदर भित्ति चित्रों का आरेखन है। जो मुख्यत: श्रीमदभागवत के आधार पर कृष्णलीला एवं रामायण की कथावस्तु है। यहाँ विष्णु के 10 अवतारों का सुंदर चित्रण किया गया है। साथ ही मल्लयुद्ध, नायक नायिकाएँ एवं राग रागिनीयों के भित्ति चित्र महत्त्वपूर्ण है। जो बुंदेली शैली में चित्रित किये गए हैं।

*चित्र सं. 5.22*

यहाँ एक जगह बेल-बूटे एवं आकल्पनों से सजे ताक में राम दरबार का चित्र है। जहाँ राम-सीता लाल सिंहासन पर बैठे हैं। (चित्र सं. 5.22) सामने हनुमान हाथ जोड़कर खड़े हैं। सिंहासन के पीछे लक्ष्मण, भरत, शत्रुघ्न खड़े हैं। सिंहासन के ऊपर लाल छतरी लगी है। उसके आजू-बाजू में मोर, तोते, पेड़-पौधे हैं। उनपर बंदर उछल कुद कर रहे हैं। सफेद, लाल, पीले, हरे तथा कत्थई रंगों में इस चित्र का निर्माण किया गया है। इसके आगे एक अन्य ताक में हनुमान असुरों का युद्ध अंकित किया गया है। दो असूर भूमी पर पड़े हैं तथा एक असूर हनुमान के साथ लड़ रहा है। लाल, काले तथा कत्थई रंगो में बना यह चित्र साक्षात युद्ध की अनुभूति कराता है। (चित्र सं. 5.23) अन्य कक्षों में चतुर्भुज विष्णु, संन्यासी, कृष्ण लीला की विभिन्न प्रसंग, शेषशायी विष्णु, समुद्र मंथन, वराह अवतार ऐसे भित्ति चित्र है। आगे सीता स्वयंवर में घटित परशुराम प्रसंग चित्रित किया गया है। इससे लगकर बायी ओर शेषशाही विष्णु का अंकन है। इसके आगे राम दरबार का चित्र है। जिसमें राम-सीता सिंहासन पर बैठे हैं। राम, लक्ष्मण, भरत ने घेरेदार लंबा लहंगा पहना है। माता सीता ने साड़ी चोली तथा कई सारे आभूषण पहने हैं। इस चित्र में सभी के चेहरे एकाक्ष शैली में बनाये गये है। उसके सामने हनुमान, सुग्रीव हाथ जोड़कर खड़े हैं। (चित्र सं.5.24) उनके पीछे विभीषण, लक्ष्मण, भरत, शत्रुघ्न धनुष लेकर खड़े है। उनके कमर को ढाल तलवार लटक रही है। सभी ने रंग बिरंगी अंगरखे एवं पटके पहने हुए हैं। जो लाल, हरे, पीले, काले एवं कत्थई बनाए गए हैं। सभी के सिरपर मुकुट हैं। सिंहासन का रंग भी लाल है उसके पीछे दो हरे वृक्ष बनाए गए हैं। यह चित्र बड़ा आकर्षक है तथा इसकी रंग संगती अप्रतिम बनायी गयी है। इसके पीछे परशुराम एवं सहस्त्रार्जुन का युद्ध है। पीछे की और एक कक्ष में राम दरबार का चित्र दिखाई देता है। जिसमें राम सीता सिंहासन पर विराजमान हैं। उनके सामने

चित्र सं. 5.23

चित्र सं. 5.24

*चित्र सं. 5.25*

*चित्र सं. 5.26*

हनुमान तथा जामवंत हाथ जोड़कर खड़े हैं। पीछे लक्ष्मण, भरत, शत्रुघ्न ऐसे तीन भाई खड़े हैं। (चित्र सं.5.25) एक कोने में विष्णु के साथ लक्ष्मी वार्तालाप कर रही है। इस चित्र में भी सभी ने रंग बिरंगी पोशाक तथा अलंकार पहने हैं, उनके पास शस्त्र भी है। यहाँ बने दीवाने खास तथा दीवाने आम में बने भित्ति चित्र लगभग नष्ट हो चुके हैं। इससे लगकर एक कक्ष में राम दरबार चित्रित किया गया है। जिसमें राम सीता का सिंहासन पर विराजमान है। आगे हनुमान पीछे जामवंत हाथ जोड़े खड़े हैं। सामने बने गजेंद्र मोक्ष एवं शेषशायी विष्णु का चित्र धूमिल हो चुका है। इसके सामने और दशावतार के चित्र है। वहाँके कुछ चित्र नष्ट हो चुके हैं। (चित्र सं.5.26)

*चित्र सं. 5.27*

## जहांगीर महल

सम्राट जहाँगीर के लिए वीरसिंह जूदेव ने एक महल बनवाया था, जिसे जहाँगीर महल कहते है। इस महल में ऊपरी मंजिल पर कुछ चित्र बने हैं। जिसमें एक दीवार पर बांसुरी बजाते मुकुटधारी कृष्ण का अंकन है। लेकिन वह अब काफी धूमिल हो गए हैं। महल के बाहरी हिस्सों में कई ताक बने हैं, उसमें सनातन धर्म से सम्बन्धित भित्ति चित्र दिखाई देते हैं। यहाँ रामायण से सम्बन्धित कोई चित्र नहीं है। (चित्र सं.5.27)

## राय प्रवीण (महल)

ओरछा के महाराज वीरसिंह जूदेव के छोटे भाई इंद्रजीत सिंह थे। उनकी राय प्रवीण नामक प्रियसी थी। इंद्रजीत सिंह ने उसके लिए एक महल बनवाया, जिसको राय प्रवीण महल कहा जाता है। इस महल में नृत्यांगनाएँ नृत्य करती थी। इस महल के ऊपरी मंजिल पर एक कक्ष में पाच भित्तिचित्र अंकित है।

## लक्ष्मी मन्दिर

इस मन्दिर का निर्माण वीरसिंह जूदेव द्वारा 17 वीं शताब्दी में कराया गया था, जो ओरछा से कुछ दूरीपर है। यहाँ एक चौखट में गरुड़ की पीठ पर सवार विष्णु, राम-लक्ष्मण के साथ हनुमान तथा युद्ध दृश्य चित्रित किये गए हैं। (चित्र सं.5.28) आगे त्रिभुजाकार दीवारों पर गणेशजी का अंकन है। इसकी बायी ओर रामायण के दृश्य चित्रित किये गए हैं, जिसमें पहला दृश्य हनुमान तथा भरत का है। जब संजीवनी बूटी लेकर हनुमान लंका की ओर लौटते हैं, तो भरत उन्हे बाण से नीचे गिरा देते हैं। जब हनुमान उनको अपना परिचय देते हैं, तब वे पुन: भरत अपने बाणपर हनुमान को बिठाकर उनको लंका की और भेज देते हैं। (चित्र सं.5.29) यहाँ के एक अंकन में राम दरबार चित्रित किया गया है। जिसमें राम-सीता सिंहासन पर वह विराजमान हैं। पीछे लक्ष्मण, भरत, शत्रुघ्न तो सामने हनुमान हाथ जोड़कर खड़े हैं। इसके आगे त्रिभुजाकार दीवारोंपर अयोध्या के राजमहल का चित्र है। महल के बीच बने प्रकोष्ठ में राम-सीता आमने सामने विराजमान हैं। भरत, शत्रुघ्न राम सें वार्तालाप कर रहे हैं। पीछे दो सेविकाएँ खड़ी है, तो एक नीचे बैठी है। हनुमान के साथ वहाँ कुछ वादक भी दिखाई दे रहे हैं। उसके साथ वानर, घुड़सवार है। (चित्र सं.5.30) उनके आगे रथपर राम-लक्ष्मण विराजमान है। उनका रथ वानर खींच रहे हैं। वानर सेना समुद्र तटपर सेतु निर्माण हेतु निकल पड़ी है। समुद्र के दूसरे छोर पर रावण की सेना है। उसके कुछ असुर वानर सेनापर बाण से प्रहार कर रहे हैं। उसके पीछे लंकाधिपती रावण रथपर सवार है, उसने पटका बांध रखा है। उसके पीछे दानव वानर सेना के युद्धरत दृश्यों को चित्रित किया गया है। जिसमें हनुमान रावण की छाती पर लात मार रहे हैं। (चित्र सं.5.31) इसके ऊपर पुष्प वाटिका में हनुमान सीता को राम द्वारा दी गयी अंगूठी प्रदान कर रहे हैं, वहाँ द्वारपाल लंकिनी भी है। इसके ठीक सामने दूसरे गलियारे के त्रिभुजाकार दीवारपर मारीच वध का दृश्य चित्रित किया गया है। जिसमें राम स्वर्ण हिरण के रूप में आये मारिच के पीछे भागते भागते बाण चलाते चित्रित किये गए हैं। इसके आगे बाली वध का अंकन है। जिसमें राम पेड़ों के पीछे खड़े होकर बाली पर बाण चला रहे हैं। इसके आगे भी रामायण के और प्रसंग वर्णित किये गए हैं। जिसमें रामद्वारा शूर्पणखा की नाक काटने का प्रसंग है। चारों और पेड़ पौधे बनाए गए हैं। आगे के दृश्य में राम- रावण सेना युद्ध चित्रित हुआ है। जिसमें विचित्र असुर हाथों में शस्त्र लेकर वानरों से लड़ रहे हैं। कुछ वानर उनको पत्थर मार रहे हैं। पेड़-पौधों के बीच घनघोर युद्ध चल रहा है। एक चित्र में राम राज्याभिषेक है। गुरु वशिष्ठ राम का राजतिलक कर रहे हैं। उनके पीछे लक्ष्मण, भरत, शत्रुघ्न बैठे हैं। आगे हनुमान के साथ वानर खड़े हैं। अन्य एक चित्र में राम-सीता सिंहासन पर विराजमान है। हनुमान उनको हाथ जोड़कर फुल दे रहे है। पीछे लक्ष्मण बाण एवं ढाल लेकर मोरछल से हवा कर रहे है। । राम एवं सीता सिहासन पर विराजमान है। सीता ने पल्लू दार साड़ी पहनी है। राम के सिर पर मुकुट तथा उन्होंने कमरे में पटका बांधा है। (चित्र सं.5.32) आगे चौकोर भित्ति पर राम-सीता-हनुमान, पंचमुखी शिव, गजलक्ष्मी, कृष्ण एवं गोपीकाएँ चित्रित की गई है। आगे एक जगह ताड़का वध परिदृश्य है। जिसमें यज्ञ चल रहा है, वहाँ

चित्र सं. 5.28

चित्र सं. 5.29

चित्र सं. 5.30

चित्र सं. 5.31

चित्र सं. 5.32

चित्र सं. 5.33

*चित्र सं. 5.34*

विश्वामित्र खड़े हैं। लक्ष्मण अपने बाणों से प्रहार कर रहे हैं। यज्ञशाला के दृश्य भी बेहतरीन तरीके से बनाए गए हैं। इसके आगे ऊपरी भाग में राम वनगमन का चित्र है। जिसमें रथ से राम, लक्ष्मण, सीता उतरकर वन की ओर जा रहे है। कंधेपर धनुष्य लेकर राम सबसे आगे चल रहे है, उनके पीछे घुघट ओढकर माता सीता चल रही है। सरयु नदी के पास नौका में तीन केवट राम को बुला रहे हैं। उसके नीचे सीता स्वयंवर का दृश्य चित्रित किया गया है। जिसमें राम धनुष भंग कर रहे हैं। उनके पीछे लक्ष्मण तथा विश्वामित्र खड़े हैं। बाजू में माता सीता हाथों में वरमाला लेकर खड़ी है। उनके पीछे राजा जनक बैठे हैं। (चित्र सं.5.33) उसके नीचे परशुरामजी अपना फरसा लेकर राम के सामने खड़े हैं। लक्ष्मण धनुषपर बाण चढ़ाकर उनसे लढ़ने को तैयार है। पीछे लंकाधिपति रावण है, जिसे एक दानव मोरछल झलाते चित्रित किया गया है। इसके आगे के दृश्य में राम की बारात अयोध्या से जनकपुरी जा रही है। इसमें हाथियों पर भरत, शत्रुघ्न अपने सेवकों के साथ बैठे हैं। राजा दशरथ पालकी में बैठे है। इसमें कुछ सैनिक तथा वादकों को चित्रित किया गया है। उनके साथ घुड़सवार, हाथीसवार, बैलगाड़ी, रथ तथा राजनिशान लेकर चलते सैनिक हैं। आगे एक चित्र में लंका दरबार दिखाया गया है। जहाँ रावण सेवकों के साथ बैठा है। उसके सिर गधे का बनाया गया है। (चित्र सं.5.34) इस मन्दिर में कई दीवारों पर राम रावण युद्ध का अंकन अनेक जगह हुआ है। जिसमें वानरसेना एवं रावणसेना का प्रयाण, रणसंग्राम, अस्त्र-शस्त्र, रथ आदि प्रमुख है। इस मन्दिर की दीवारों पर लगभग रामायण से सम्बन्धित पूरे परिदृश्य चित्रित किये गए हैं। लाल, हरे, नीले, भूरे एवं सफेद रंगों में बने यह चित्र नैसर्गिक रंगों से बने हैं।

## रामराजा मन्दिर, ओरछा

यह ओरछा का सुप्रसिद्ध मन्दिर है। ऐसा माना जाता है कि अयोध्या के राम ओरछा में राजा के रूप में विराजित है। ओरछा नरेश मधुकर शाह की पत्नी गणेशकुवंरी राम की परमभक्त थी। इसीलिए राम रानी महल (रनिवास) में स्थापित हो गये। जिसे राम राजा मन्दिर कहा जाता है। मन्दिर के अंदर कोई भी भित्ति चित्र नहीं है। लेकिन कुछ सालों पहले तक मन्दिर के प्रवेशद्वार के छत पर बने अर्धवृत्ताकार घेरे के चौकोनी ताकों में भित्तिचित्र मौजूद थे। जिसमें शेषशायी विष्णु, सहस्त्रार्जुन परशुराम युद्ध, शंकर पार्वती गणेश, वामन अवतार, राम दरबार, नृसिंह अवतार, कृष्ण तथा वराह अवतार को चित्रित किया गया था। उसके पीछे देवी, समुद्र मंथन, कल्कि अवतार, गजेंद्र मोक्ष, मत्स्य अवतार एवं गजलक्ष्मी के भित्ति चित्र थे।

यहाँ राम दरबार के चित्र में राम-सीता सिंहासन पर विराजमान थे। बाजू में हनुमान हाथों में कमल पुष्प लेकर खड़ा थे। दूसरी और संभवत: भरत सिंहासन के ऊपर मोरछल हिला रहे थे। श्वेत रूप में बने राम के सिरपर मुकुट तथा उन्होंने सुनहरे काठवाली धोती पहनी थी। उन्होंने कई सारे आभूषण पहने थे। माता सीता के गले में मोतियों की माला तथा उसके सिरपर लाल पल्लू था। हनुमान, भरत के वस्त्रालंकार, आभूषण आकर्षक थे। हर ताक बाहर से पुष्प लताओं के अंकन से सजाये गये थे। मन्दिर के पुनर्निर्माण में यह चित्र अब नष्ट हो गये। (चित्र सं.5.35)

*चित्र सं. 5.34*

*चित्र सं. 5.36*

## चतुर्भुज मन्दिर

बुंदेली शैली में बने इस मन्दिर का निर्माण मधुकर शाह ने करवाया था, जो वीरसिंह जूदेव ने पूर्ण करवाया। इस मन्दिर के गर्भगृह पहले हुई मूर्ति स्थापित नहीं थी। यह मन्दिर अयोध्या के रामलला के लिए बनवाया गया था, लेकिन वह इस मन्दिर में विराजे नहीं। इस मन्दिर की दीवारों पर पहले भित्ति चित्र मौजूद थे लेकिन वह समय के साथ नष्ट हो गए। अब केवल मन्दिर के ऊपरी पट्टिका में कुछ भित्ति चित्र दिखाई देते हैं। जिसमें चतुर्भुजी विष्णू, समुद्र मंथन, वराह अवतार, नृसिंह अवतार चित्रित किये गए हैं, जो काफी धुमिल हो चुके हैं। यहाँ रामायण से सम्बन्धित भित्ति चित्र मौजूद नहीं है। (चित्र सं.5.36)

## लिधौरा, जिला निवाड़ी

लिधौरा एक प्राचीन नगर है, जिसपर ओरछा राजाओं का अधिपत्य था। यहाँ दुर्ग बना है, जिसका निर्माण मराठों के आक्रमण से ओरछा राज्य की रक्षा के लिए हठीसिंह द्वारा कराया गया था। यहाँ वर्तमान में श्री लक्ष्मण जू मन्दिर में भित्ति चित्र मौजूद हैं। एक भित्ति चित्र में राम सिंहासन पर खड़े हैं, उनके पीछे लक्ष्मण है। उन दोनों पर कुछ संन्यासी पुष्प वर्षा कर रहे हैं। उसे लगकर राम का राज्यारोहण समारोह दिखाया गया है, जिसमें राम-लक्ष्मण सिंहासन पर बैठे हैं, आगे कुछ साधु बैठे हैं। (चित्र सं.5.37) अन्य एक चित्र में राम रथपर सवार है, दो घोड़े रथ को जोते हैं। उनके पीछे लक्ष्मण बैठे हैं। रथ के आगे वानर सेना चल रही हैं। एक ताक में हाथों में फूल लिए हनुमान चित्रित किया गया है। (चित्र सं.5.38) एक पट्टिका में हाथी के हौदेपर राम बैठे हुए चित्रित किये गये है। उनके

चित्र सं. 5.37

चित्र सं. 5.38

*चित्र सं. 5.39*

पीछे मोरछल से हवा झलते लक्ष्मण है। हाथी के मस्तक पर महावत बैठा है, उनके आगे ढाल लिए कुछ वानर चल रहे हैं। वानरों के सिरपर मुकुट तथा वे पटका बांधे है। एक चित्र में अश्वपर बैठे राम लक्ष्मण दिखाई दे रहे हैं, उनके बीच हनुमान चल रहे है। (चित्र सं.5.39) उसके आगे पिचकारी चलाते राम चित्रित किये गए है, पिछे सीता, लक्ष्मण अन्य वानर बैठे है।

## तोड़ी फत्तेपुर

ओरछा नरेश राजा रायसिंह ने इस गढ़ी की जागीर अपने बड़े पुत्र हिंदू सिंह को दी थी। यहाँ बने महल की दीवारोंपर रामलीला से सम्बन्धित चित्र रेखांकित किये गए हैं। जिसमें सबसे पहले राजा का जुलूस दर्शाया गया है। जिसमें हाथी के ऊपर बैठा राजा दिखाई दे रहा हैं। उसके बाजू में राजकुमार, दो घुड़सवार, वादक तथा अन्य लोग दिखाई दे रहे हैं। जुलूस के आगे कुछ मन्दिर भी बने हैं। इसके दायी ओर माता सीता को सखियों के साथ मन्दिर में दर्शन करते हुए रेखांकित किया गया है। नीचे इबारत लिखी गई है। नीचे उपवन है, उसमें दो केले के पेड़ अंकित किये गए हैं। इसमें राम-लक्ष्मण आमने सामने दिखाई दे रहे हैं। आगे महल का दृश्य है, जिसके नीचे सीता गद्दी पर बैठी है। उसके पीछे सेविकाएँ मोरछल से हवा कर रही है। सामने कुछ सेविकाएँ हाथ जोड़कर खड़ी है। ऊपर महल के झरोखे में कुछ महिलाएं बैठी है। नीचे संभवत: विश्वमित्र, राम-लक्ष्मण, भरत-शत्रुघ्न सामने बैठे हैं। इसके नीचे बारात का स्वागत करते राजा जनक सहित जनकपुरी के नगरवासियों को चित्रित किया

गया है। इसके पीछे राम बारात का चित्र है। सबसे आगे दो घुड़सवार है, उनके हाथों में ध्वजा है। इसके नीचे बारातियों का दृश्य है, जिसमें राम तथा उसके भाई घोड़ो पर विराजमान है। ध्वजा वाहक के साथ दशरथ पालकी में बैठे हैं। उनके पीछे घुड़सवार है। आगे अयोध्या महल का अंकन किया गया है, जिसमें वादक वाद्य बजा रहे हैं। आगे कलशधारी महिलाएँ है। उसके पीछे हाथींपर राम, लक्ष्मण, भरत, शत्रुघ्न विराजमान है। उनके पीछे डोलियों में चार नववधुएँ विराजमान है।

एक चित्र में कौशल्या, सुमित्रा, कैकयी तीनों राणीयाँ बैठी है। माता कौशल्या सामने रखे पात्र में कुछ आभूषण डाल रही है। नीचे राजा दशरथ, राम, लक्ष्मण, भरत, शत्रुघ्न एवं हनुमान अयोध्या वासियों के साथ गाने को सुन रहे हैं। आगे एक गायिका गान गा रही है। उसके पीछे तीन वादक वाद्य बजा रहे हैं। नीचे गुरू वशिष्ठ राम लक्ष्मण को अयोध्या लौटाने आ रहे हैं। एक परिदृश्य में सीता माता कौशल्या को मिल रही है। जिसमें माता सीता कौशल्या के गोद में बैठी है। दूसरे अन्य प्रकोष्ठ में गुरू वशिष्ठ से राम गले मिल रहे हैं। उनके पीछे लक्ष्मण खड़े हैं। पेड़-पौधों से सजा यह आकल्पन बड़ी-बड़ी आकृतियों में बनाया गया है। आगे दीवार पर सीता स्वयंवर का परिदृश्य चित्रित किया गया है। नीले, लाल सतहपर बना चित्र सबसे आकर्षक है। सबसे ऊपर गणेश, ब्रह्मा, महेश- पार्वती तथा अन्य देव विराजे है। उसके आगे राम के गले में सीता वरमाला पहना रही है, उसकी सखियां पीछे खड़ी है। पीछे महल के झरोखों में राजसी महिलाएँ बैठी है। नीचे के पक्ति में राम धनुष भंग कर रहे हैं, उसके पीछे अन्य राजकुमार तथा रावण बैठा है। सबसे नीचे राम परशुराम संवाद को दिखाया गया है।

*चित्र सं. 5.40*

एक अन्य भित्तिपर राम राज्यारोहण का प्रसंग चित्रित किया गया है। जिसमें राम, सीता सिंहासन पर विराजमान है। आगे तीन पंडित राम का राज तिलक कर रहे हैं। सिंहासन के पीछे लक्ष्मण, भरत, शत्रुघ्न खड़े हैं। उनके हाथों में मोरछल, ध्वजनिशान तथा पताका है। उनके पीछे कुछ राजपुरुष, नीचे सुग्रीव जामवंत अन्य वानर है। जमीपर गदा लेकर हनुमान बैठे है, उनके पीछे कुछ संन्यासी बैठे है। सामने कुछ गायिकाएँ गीत गा रही है, उनके पीछे कुछ वादक वाद्य बजा रहे है। उपर देवी माता, शंकर, ब्रह्मा, गणेश, संन्यासी तथा योद्धा चित्रित किये गये है। उनके ऊपर झरोखों में महिलाए बैठी है। (चित्र सं.5.40) यहाँ बने रामायण के चित्र दतिया के छतरीयों में बने चित्रों के समान दिखाई देते हैं। दोनों की शैलीयाँ एक ही लगती है। सफेद सतह पर लाल, केसरी रंगों से इनका निर्माण हुआ है।

## चिरगांव

ओरच्छा राज्य में अष्टगढ़ीया प्रसिद्ध है, जिसकी स्थापना रायसिंह के द्वारा की गयी थी। उन्होंने अपने आठ पुत्रों में इन गढ़ीयों को वितरित किया था, जिसमें चिरगांव की गढ़ी मोहकम सिंह को मिली थी। यहाँ स्थित बावड़ी की दीवारों पर रामलीला का अंकन है। जिसमें एक विस्तृत पट पर वानर सेना का असूरों सें युद्ध संग्राम दर्शाया गया है। भेडिएँ के मुंह वाला असुर लाल जिव्हा निकालकर प्रहार कर रहा है। काले मुंह के बंदर धरती पर हाथ रखकर दौड़ते दौड़ते शत्रुपर आक्रमण कर रहे हैं। महाकाय असुर दो-तीन बंदरों को पटक रहा है। उसने कुछ बंदरों को पाँव तले दबाया है। लाल मुखवाले हनुमान और अन्य दो योद्धाओं का असूर से मुकाबला चल रहा है। हनुमान के सिरपर मुकुट है। उन्होंनें लाल लंगोट बांध रखी है। उनके हाथों में गदा तथा ढाल है। उसके आगे का चित्र भी वानर-असुर युद्ध का है। (चित्र सं.5.41)

*चित्र सं. 5.41*

## हटा

हटा एक प्राचीन नगर है। जो सुनार नदी के तट पर बसा है। यहाँ पहले गोंड राजाओं का अधिपत्य था। जिन्होंने किले का निर्माण करवाया। इस किले की दीवारों पर पहले भित्ति चित्र हुआ करते थे। लेकिन अब वह नष्ट हो चुके हैं। यहाँ सिर्फ अब गजेंद्र मोक्ष, कृष्ण लीला एवं हनुमान का धुमिल अंकन बचा है।

## टीकमगढ़

यह बुंदेलखंड का महत्त्वपूर्ण नगर है, जिसकी स्थापना महाराज विक्रमजितसिंह ने इ.स.1883 में की थी। यहाँ बने रामनिवास मन्दिर, जुगल निवास तथा अन्य स्मारकोंपर आकल्पन है। रामनिवास मन्दिर के भीतर बने चित्रों में राधा-कृष्ण, शेषशायी विष्णु, लक्ष्मी, रासलीला का अंकन है। रामायण से सम्बन्धित एक परिदृश्य में राम दरबार का अंकन है। जिसमें राम-सीता सिंहासन पर विराजमान है। आगे हनुमान हाथ जोड़कर खड़े हैं। (चित्र सं.5.42)

*चित्र सं. 5.42*

## मोहनगढ़

मोहनगढ़ किला ओरछा के नरेश उद्‌देतसिंह द्वारा बनाया गया था। इस किले के दीवारों पर रामलीला का अंकन है। जिसके एक चित्र में लंकाधिपति रावण पद्‌मासन में बैठा है। उसके दायी ओर प्रकोष्ठ में मंदोदरी बैठी हुई है। पिछे लंका के महल, प्रवेश द्वार तथा बड़ा असुर खड़ा है। रावण के पीछे अंगद

*चित्र सं. 5.43*

का प्रसंग है। चारों और लंका के दृश्य चित्रित किये गए हैं। ऊपरी हिस्से में माता सीता एक पेड़ के नीचे बैठी है, सामने हनुमान हाथ जोड़कर खड़े है। हनुमान के उपर एक असुर तलवार लेकर प्रहार कर रहा है। ऊपर पट्टिका में वानर सेना को चित्रित किया गया है। बायी ओर असुर-वानरों का युद्ध चल रहा है। निचली पट्टी में हाथियों पर कुछ व्यक्ति सवार है। उसके पीछे हनुमान तथा उसके पीछे रथ में राम सीता बैठे हैं। नीचे के पट्टीमें दशावतार चित्रित किये गए है। (चित्र सं.5.43)

## छतरपुर

छतरपुर मध्य प्रदेश का प्रमुख नगर है, जिसकी स्थापना इ.स.1885 में सोनेशाह पवार ने की थी। यहाँ एक किला भी बना है। किले की दीवारों पर चित्र दिखाई देते हैं, जिसमें रामकथा प्रसंग दर्शाए गए हैं। एक चित्र में राम राज्याभिषेक को चित्रित किया गया है। जिसमें राम-सीता सिंहासन पर विराजमान है। कुछ ऋषी उनका राजतिलक कर रहे हैं। सामने हनुमानजी बैठे हैं, पीछे उनके भाई तथा कुछ दरबारी खड़े हैं। नीचे ब्रह्मा, विष्णु, महेश दर्शाये गये है। लाल रंग के सतह पर सुनहरे, काले, लाल रंग से

*चित्र सं. 5.44*

इस चित्र का निर्माण किया गया है, जो काफी धूमिल हो चुका है। (चित्र सं.5.44) अन्य चित्र में राजा दशरथ बैठे हुए चित्रित किये गये है। उसके सामने राम, लक्ष्मण, भरत, शत्रुघ्न बैठे हैं, तो पीछे तीन रानियां बैठी है।

## अलीपुरा

अतीत में अलीपुरा यह छोटा राज्य रहा है, यहाँ कई शासकों ने राज्य किया। यहाँ बने महल के बाहरी हिस्सों तथा प्रवेश द्वार के ऊपर कुछ ताको में भित्तिचित्रों का अंकन है। जिसमें एक संन्यासी, राम दरबार का चित्र प्रमुख है। यहाँ बने रामदरबार के चित्र में राम सीता सिंहासन पर विराजमान है। बाजू में हनुमान संजीवनी बूटी के पर्वत को लेकर आकाश मार्ग से जाते हुए चित्रित किये गए हैं। (चित्र सं.5.45)

## गढ़ाकोटा

गढ़ाकोटा में छतपुरिया जैन मन्दिर सबसे महत्त्वपूर्ण मन्दिर है। यहाँ बने अंकनों में गजलक्ष्मी, यमराज, कृष्ण लीला, समुद्र मंथन, दशावतार तथा जैन धर्म से सम्बन्धित भित्ति चित्र प्रमुख है। मुख्य कक्ष के प्रवेशद्वार की बायी ओर एक अंकन है, जिसमें हनुमान अपने दोनों कंधोंपर बिठाकर राम-लक्ष्मण को

चित्र सं. 5.45

चित्र सं. 5.46

चित्र सं. 5.47

ले जाते हुए दिखाई दे रहे हैं। उनका एक पाव नीचे के स्त्री मस्तक पर है। (चित्र सं.5.46) उसके थोड़े आगे राम दरबार का चित्र है। जिसमें भगवान राम-सीता के सामने हनुमान खड़े हैं। आगे अयोध्यावासी चित्रित किये गए हैं। उनके पीछे मोरछल लेकर एक सेवक भी चित्रित है। जिसमें एक चित्र राम दरबार का है। उस चित्र में राम-सीता के साथ सिंहासन पर विराजमान हैं। उनके पीछे लक्ष्मण, भरत खड़े हैं। राम के पाव दबाते हुए हनुमान चित्रित किये गए हैं। जो धरती पर बैठे हैं। भगवान राम-सीता के मस्तकों के पीछे वलय बने हैं तथा पीछे महल का चित्र है। (चित्र सं.5.47) उसके पश्चात एक चित्र में बालीवध का दृश्य चित्रित किया गया है। एक पेड़ के नीचे बाली और सुग्रीव लढ रहे है तथा पेड़ के दुसरी ओर से राम बालीपर धनुष्यबाण से निशाना साध रहे है। वृक्ष के दोनो ओर मोर बने है। आगे के एक चित्र में भरत भेट का दृश्य है। जिसमे राम अपने भाई भरत, लक्ष्मण, शत्रुघ्न को गले मिलाते हुए चित्रित किये गये है। एक चित्र में रावण-जटायु युद्ध का दृश्य है। जिसमें रावण द्वारा जटायू का वध करते दिखाया गया है। इस चित्र में सीता नही है। एक ओर चित्र में राम-लक्ष्मण द्वारा लव-कुश से युद्ध का दृश्य चित्रित किया गया है। राम द्वारा छोडे गये अश्वमेध के घोडे को लव-कुश रोखते है, तभी यह युद्ध होता है। इसमें राम-लक्ष्मण, लव-कुश के हाथों में धनुष के साथ दिखाये गये है। राम-लक्ष्मण के पीछे हनुमान खड़े है। दो पेड़ो के बीच ऋषी वाल्मिकी, माता सीता को चित्रित किया गया है। आगे एक चित्र के दृश्य में अयोध्या का महल दिखाया गया है। जिसके बीच में दशरथ के सन्मुख शिशुरूप में राम, लक्ष्मण, भरत, शत्रुघ्न को चित्रित किया गया है। उनके साथ राणी कौशल्या, कैकेयी, सुमित्रा बैठी है। उनको वस्त्रों एवं अलंकार से सजाया गया है। अगला चित्र रामकथा के प्रसंगपर आधारित है। जिसमें राम लंका पर चढ़ाई से पहले भगवान शिव की पूजा करने जा रहे है। उनके पीछे हनुमान शिलाखण्ड लेकर जा रहे है। मन्दिर में भगवान शिव का शिवलिंग दर्शाया है। नीचे की ओर समुद्र में तरती मछलीयाँ, पत्थर दिखाये गये है। दो वानर फत्थरों पर खडे हुए है। इसके आगे अश्वमेघ यज्ञ का दृश्य है। जिसमें भगवान राम खड़े है, जिनके पीछे हाथ छोडकर जामवंत खडे है। उनके सामने अश्वमेध के सामने अश्वपर छत्र लगा हुआ है।

इन सभी चित्रों में अर्धवृत्ताकार कमान के बाहर राम बारात जो दृश्य चित्रित किया गया है, वह सबसे बेहतरीन है। इस बारात में पहली पंक्ति में वादक डफ, ताशा, ढोल बजाते बजाते निकल पड़े है। पिछे राम, लक्ष्मण, भरत, शत्रुघ्न अश्वोंपर बैठकर जनकपुरी की ओर निकल पड़े हैं। उनके सिरपर मुकुट है। उन्होंने रेशमी वस्त्र, आभूषण पहने हैं। घोड़ों को भी पूरी तरह अलंकारों से सजाया गया है। उसमें हाथीपर बैठकर गुरु वशिष्ठ चल रहे हैं। उनके सिरपर छत्र है। सामने नृत्यांगना नृत्य कर रही है। उनके साथ अश्व, उंट तथा हाथों में तलवार बंदूकें लेकर सैनिक चल रहे हैं। कुछ सैनिकों के कंधेपर राज पताका भी है। नीचे महाराजा दशरथ रथ में सवार होकर निकल पड़े हैं, नीचे रानी पालकी में सवार है, उसके साथ कावड़धारी चल रहा है। आगे पालकी में शिवलिंग है। जनकपुरी पहुँचते ही राम का तिलक राजा जनक कर रहे हैं, उनके पीछे सिरपर कलश रखे उनकी पत्नी खड़ी है। आगे विवाह

*चित्र सं. 5.48*

की तैयारियां चल रही है। कई राज महिलाएं तथा राजपुरुष राम की बारात बड़ी उत्सुकता से देख रही है। प्रकोष्ठ के मंडप में ब्रह्मा, विष्णु, महेश, गणेश विराजमान है। नीचे राम लक्ष्मण भरत के साथ पाणिग्रहण विधी चल रही है। उनके आगे सीता बैठी है, उसके पीछे पंडित एवं राजा जनक की पत्नी बैठी है। यह पूरे बारात का चित्र रंगबिरंगी रंगों से सजाया गया है। आगे राम राज्यारोहण का चित्र है। जिसमें राम सिंहासन पर विराजमान है। गुरु वशिष्ठ उनका राजतिलक कर रहे हैं। हनुमान तथा लक्ष्मण पीछे चवर से हवा कर रहे हैं। हरी साड़ी में माता सीता राम के पीछे बैठी है। पीछे अयोध्या महल का परिदृश्य चित्रित किया गया है। राम लक्ष्मण का वर्ण नील है। तथा उन्होंने कई वस्त्र एवं आभूषण परिधान किये हैं। (चित्र सं.5.48)

## पिछोर

यह मध्य प्रदेश का एक राज्य था। जिसपर बुंदेला तथा जाट राजाओं का शासन था। इ.स.1847 में मराठा शासक महादजी सिंधिया ने यह गढ़ी अपने कब्जे में ले ली। तबसे यह क्षेत्र सिंधिया सरकार में दिनकर राव के अधीन हो गया। यहाँ बने गढ़ी के दीवारोंपर भित्ति चित्र विद्यमान है। जिनमें रामकथा के दृश्य चित्रित हैं। जिसमें दस मुखी रावण तथा धनुष एवं तलवार लेकर सैनिक चित्रित किये गए हैं। उसके ऊपर सीता स्वयंवर का दृश्य है। वहाँ राम धनुष लेकर खड़े हैं। माता सीता अपने सखीयों के साथ हाथों में माला लेकर खड़ी है। राम के पीछे लक्ष्मण, वशिष्ठ, विश्वामित्र खड़े हैं। (चित्र सं.5.49) दूसरे दृश्य में धनुर्धारी राम, लक्ष्मण परशुराम से संवाद कर रहे हैं। एक अन्य दृश्य में राम लक्ष्मण विश्वामित्र के साथ चल रहे हैं, आगे पाषाण से स्त्री रूप में परावर्तित अहिल्या है। आगे का दृश्य राम बारात का है, जिसमें रथपर राजा आरूढ़ होकर चला है। इसके नीचे हाथी पर हौदोंपर कुछ राजपुरुष बैठे हैं। पिछे घुड़सवार सैनिक है। आगे के अंकनो में राम लक्ष्मण अपने तीनों माताओं से वनगमन की आज्ञा ले रहे हैं। (चित्र सं.5.50) यह चित्र सफेद सतहपर लाल, हरे, पीले तथा कत्थई रंग में निर्माण किये गये है। चित्रों के चारों पेड़-पौधो, पुष्प-पत्तियों, फुलों की आकृतियाँ बनी है।

*चित्र सं. 5.49*

*चित्र सं. 5.50*

# 3. मालवा

## राघौगढ़

राघौगढ़ साम्राज्य की स्थापना राजा लालसिंह खींची ने की थी। उनके पश्चात धीरजसिंह यहाँ के राजा बने। जो बहोत कलाप्रेमी थे, उन्होंने कई कलाकारों को अपने राज्य में आश्रय दिया था। इसी वंश के राजा बलवंतसिंह की पत्नी सुंदरकुंवर ख्यातिप्राप्त कवयित्री थी। जिन्होंने अपने राज्य में कई कलात्मक परंपराओं को आगे बढ़ाया। लोग बताते है की पहले राघोगढ़ के किले और आसपास के मन्दिरों की दीवारोंपर भित्ति चित्र अंकित किये गये थे। लेकिन वह अब नष्ट हो गये है। सिर्फ यहाँ के धीरपुर ग्राम में चतुर्भुज मन्दिर की दीवारोंपर बने भित्ति चित्र बचे है। उसका निर्माण काल संभवत: अठारहवीं शताब्दी बताया जाता है। यहाँ रामायण से सम्बन्धित भित्ति चित्रों में राम अवतार का अंकन प्रमुख है। जिसमें राम-सीता सिंहासन पर विराजमान हैं, सामने हनुमान हाथ जोड़कर खड़े हैं। (चित्र सं.5.51) सभी के चेहरे एकचश्म है। माता सीता ने सुंदर साड़ी पहनी रखी है। उन्होंनें मोतियों से अलंकृत कई आभूषण पहने हैं। उनके हाथों में कंगन, बाहों में बाजूबंद, गले में मोतियों की माला तथा पुष्प है। राम के एक हाथ में धनुष्य, तो दूसरे हाथ से वह हनुमान को आशीर्वाद दे रहे हैं। लाल सतह पर बना यह चित्र पुरी तरह नैसर्गिक रंग से बना है, जो रामायण का प्रसंग दर्शाता है। विविधता से भरे यहाँ के भित्ति चित्र अब काफी धूमिल हो गये है।

*चित्र सं. 5.51*

## नरसिंहगढ़

चित्र सं. 5.52

मालवा क्षेत्र में नरसिंहगढ़ के कई मन्दिरों तथा महलों की दीवारों पर भित्ति चित्रों का अंकन दिखाई देता है। जिसमें चापावतजी का मन्दिर प्रमुख है। इस मन्दिर के गुम्बद पर मालवा शैली में भित्ति चित्रों का अंकन किया गया है। छतपर गुम्बद के निचे वृत्ताकार में रास मंडल एवं रामायण के प्रसंग अंकित किये गए हैं। जिसमें भगवान शिव के सामने राम अपनी वानर सेना के साथ बैठे है। आगे हनुमान द्वारा लंका दहन का दृश्य अंकित किया गया है। नैसर्गिक रंगों में बने यह चित्र अब धूमिल हो चुके हैं। (चित्र सं.5.52) इसी नगर में कुंवर चैनसिंह की पत्नी कंवरानीजी द्वारा राम मन्दिर का निर्माण करवाया गया था। जिसके गर्भगृह में राम-सीता की मूर्ति स्थापित है। यहाँ सभामंडप में पहले काफी भित्ति चित्र हुआ करते थे, जिसका नवीनीकरण किया गया है। अब यहाँ मौजूद चित्रों में अभी शिव परिवार, राम सीता हनुमान, शेषशायी विष्णु के चित्र प्रमुख है। अन्य एक चित्र में राम हाथों में फूल लेकर उसकी गंध सुंग रहे है। उनके पीछे चेहरेपर पल्लू ढ़ककर सीता बैठी है। उनके आसन पर तकिया लगा है। पीछे एक सेवक खड़ा है। राम नें सिरपर पगड़ी पहनी है तथा उनके मुखपर मुछें है। आगे हनुमानजी प्रणाम करते हुए अंकित किये गये है। (चित्र सं.5.53)

चित्र सं. 5.53

*चित्र सं. 5.54*

यहाँ के भित्ति चित्रों पर राजस्थानी शैली का प्रभाव दिखाई देता है। सफेद, लाल, नीले, पीले रंगों में इस चित्र का अंकन किया गया है। जलरंग का प्रयोग करके चित्रों की बाह्य रेखाएँ काले, सफेद और नीले रंग से बनायी गई है। नरसिंहगढ़ के पास कोटरा ग्राम में साका श्यामजी गाँव में श्यामजी मन्दिर एवं समाधि स्थल है। यहाँ की दीवारोंपर कई सारे चित्र बने हैं। नर्मदा प्रसाद उपाध्याय इन चित्रों का काल इ.स.1856 मानते हैं। यहाँ बने भित्ति चित्रों में कृष्ण लीला, देवी देवता, जुलूस, पशु-पक्षी, आकल्पन के परिदृश्यों का अंकन किया गया है। यहाँ रामायण से सम्बन्धित चित्र में हनुमान राम-लक्ष्मण को कंधेपर ले जाते अंकन किये गये है। हनुमानजी ने एक हाथों में पर्वत उठाया है। उसके दूसरे हाथ में फुल है। इन चित्रों का अंकन हरा, काला, लाल एवं पीले रंग से किया गया है। (चित्र सं.5.54)

## उज्जैन

उज्जैन भारत का ऐतिहासिक नगर रहा है। इस नगरी पर इ.स.1720 में जब मराठों का अधिकार हुआ तब पेशवा बाजीराव ने उज्जैन को राणोजी सिंधिया के अधीन कर दिया। उन्होंने बाबा रामचंद्र को उज्जैन का सुभेदार नियुक्त किया। तब फिर से उज्जैन का धार्मिक वैभव पुनर्स्थापित हो गया। महादजी सिंधिया के काल में यहाँ कई मन्दिरों, प्रासादों, भवनों का निर्माण हुआ। देशभर से कई श्रद्धालु यहाँ ज्यादा मात्रा में आने लगे। तब कई मन्दिरों का निर्माण हुआ, उसकी दीवारोंपर भित्ति चित्र अंकित किये गये थे। जिसमें बायजाबाई महल, गोपाल मन्दिर, शिंदे कचहरी, तिलकेश्वर महादेव मन्दिर,

*चित्र सं. 5.55*

अनंत नारायण मन्दिर, अनादि कल्पेश्वर मन्दिर, शिव मन्दिर, सत्यनारायण मन्दिर प्रमुख थे। लेकिन उनमें से कई नष्ट हो गए। इस नगर में कई मन्दिरों की दीवारोंपर पहले भित्ति चित्र बने थे। तिलकेश्वर महादेव यहाँ का प्रमुख मन्दिर है। जिसका निर्माण मालवा में पेशवाओं के प्रतिनिधि श्री भावे द्वारा अठारवीं शताब्दी में किया गया था। इस मन्दिर की दीवारों पर पहले सुंदर भित्ति चित्र बने थे, लेकिन अब वह पूरी तरह मिट चुके हैं। सिंधिया के काल में बने गोपाल मन्दिर के सभामंडप में कृष्ण लीला से सम्बन्धित भित्ति चित्रों का अंकन सुव्यवस्थित स्थिति में है। (चित्र सं. 5.55) सत्यनारायण मन्दिर की दीवारों पर बने भित्ति चित्र पूरी तरह नष्ट हो चुके हैं। अनादि कल्पेश्वर मन्दिर का भी यही हाल है, यहाँ भी अब कोई भित्ति चित्र नहीं बचे। अब सिर्फ यहाँ के राम जनार्दन मन्दिर की दीवारों पर पुरातन भित्ति चित्रों की विरासत बची है।

## राम-जनार्दन मन्दिर

यह दोनों मन्दिर एक ही परिसर में स्थित है। जिसका निर्माण मिर्जा राजा जयसिंह द्वारा कराया गया था। मन्दिर की चारों ओर परकोटा तथा कुंड का निर्माण अठारवीं शताब्दी में मराठाकाल में संपन्न हुआ। दोनों मन्दिरों में तथा जनार्दन मन्दिर के सामने कुंड के पास कुछ पुरातन प्रतिमाएँ स्थापित है। कुंड के निकट गोवर्धनधारी कृष्ण की प्रतिमा 11 वीं शताब्दी की है। राम मन्दिर के सभामंडप तथा गर्भगृह के बीच से शेषशायी विष्णु की प्रतिमा 10 वीं शताब्दी की तथा ब्रह्मा, विष्णु और महेश की प्रतिमाएं 12 वीं शताब्दी की है। राम मन्दिर के गर्भगृह में राम, लक्ष्मण तथा सीताजी की मूर्तियाँ स्थापित है। गर्भगृह की चारों दीवारोंपर भित्ति चित्र अंकित किये गए हैं। पहली दीवारपर गणेशजी का ताक बना है। उसके दोनों ओर रामायण से सम्बन्धित भित्ति चित्र अंकित किये गए हैं। उनमें से एक में राम जन्म का दृश्य है।

*चित्र सं. 5.56*

(चित्र सं. 5.56) जहाँ राजा दशरथ दो ऋषियों के सामने हाथ जोड़कर बैठे हैं। ऐसा प्रतीत होता है, कि वह राम जन्म की पत्रिका बना रहे हो। उनके पीछे दो सेवक खड़े हैं। चित्र के निचले हिस्से में गायक तथा वादक गीत गायन कर रहे हैं। सारे बच्चे के जन्म की खुशियां मना रहे हैं। दूसरे चित्र में राजा दशरथ सिंहासन पर बैठे हैं। सामने तीन रानियाँ बैठी हैं, उनकी गोद में शिशु है। माता कौशल्या राम को हाथों के बल चला रही है। आगे पीछे सेविकाएँ खड़ी है। उनकी पीछे छह स्त्रियां गायन वादन कर रही है। आगे दूसरी दीवार पर राम-सीता विवाह का परिदृश्य चित्रित किया गया है। माता सीता राम की गले में जयमाला डाल रही है, उसके पीछे कुछ स्त्रियाँ खड़ी है। राम के हाथ में टूटा धनुष है, उनके पीछे लक्ष्मण तथा अन्य ऋषि मुनि खड़े हैं। कुछ वादक नगाड़ा, शहनाई बजा रहे हैं। चित्र के ऊपर तोरण तथा दिये अटके है। दूसरी ओर भगवान शिव तथा पार्वती का चित्र है। बीच में पीले रंग से गुम्बद की आकृति बनी है, उसके दोनों तरफ पेड़ तथा दो पंछी है। उसके दायी ओर सप्तपदी वर्णित की गयी है। वहाँ कलश रखे गए हैं, पीछे केले के सात पेड़ स्थित हैं। वहाँ बैठे युगल के सामने कुंड में अग्नि प्रज्वलित किया गया है। कुंड के सामने गणेश तथा ब्रह्मा बैठे हैं। उनके पीछे राजा जनक और अन्य राजसी पुरुषों को अंकित किया गया है। (चित्र सं.5.57) सीता के पीछे महिलायें खड़ी है। चित्र के ऊपरी हिस्से में महल अंकित किया है, उसके गुम्बदपर ध्वजा फहरा रही है। दोनों ओर से देवता पुष्प वर्षा कर रहे हैं। यह सभी चित्र गहरे रंग लाल रंगों में बनाए गए हैं। उसमें नीले, हरे, काले रंगों का उपयोग किया गया है। छतपर लाल, कत्थई, हरे, नीले रंगों से पुष्प एवं आकल्पन बने है।

इसी परिसर में जनार्दन मन्दिर स्थित है। जो भगवान विष्णु को समर्पित है। इस मन्दिर के गर्भगृह में भी भित्ति चित्रों का अंकन किया गया है। जिसमें विष्णू मूर्ति के दायी तथा बायी ओर दो आराधिकाएँ खड़ी है। उनमें से एक के हाथ में पूजा थाली, तो दूसरी चवर हिला रही है। सामनें भगवान विठ्ठल

*चित्र सं. 5.57*

*चित्र सं. 5.58*

किया गया है। (चित्र सं.5.58) आगे श्री दत्तगुरु, गरुड़, हनुमान, संत नामदेव, संत एकनाथ के चित्र है। मन्दिर के गोलाकार छत पर कई सारे आकल्पन बने हैं। मन्दिर में नौ प्रकोष्ठ बने हैं, जिसमें कृष्ण लीला का अंकन किया गया है। कत्थई रंग की सतहपर लाल, पिले, सफेद रंगों में इन भित्ति चित्रों का अंकन किया गया है। यहाँ बने भित्ति चित्रों में हनुमान के सिवाय रामकथा से सम्बन्धित कोई ओर चित्र नही है।

## इन्दौर

मराठा सत्ता काल में पेशवा बाजीराव ने इन्दौर क्षेत्र सूबेदार मल्हारराव होलकर को प्रदान किया, तबसे यहाँ मराठों का अधिपत्य स्थापित हो गया। होलकर राजवंश के कई शासकों ने यहाँ शासन किया। जिनमें देवी अहिल्याबाई होलकर सबसे लोकप्रिय शासक थी। उनके काल में सनातन धर्म से

सम्बन्धित प्रथा, परंपराओं, उत्सव, पर्वो का परिचालन तेजी से होने लगा। उन्होंने अपने राज्य में कई महलों, मन्दिरों, घाटों तथा धर्मशालाओं का निर्माण किया। जो मराठा स्थापत्य शैली का बेहतरीन नमूना है।

## राजबाड़ा

इंदौर नगर के बीच में बना राजबाड़ा होलकर शासकों का आधिकारिक निवासस्थान था। इसका निर्माण इ.स.1747 में शुरू हुआ। सात मंजिलो से बने इस महल में सुंदर झरोखों का निर्माण किया गया। इस बाड़े के तीन मंजिलो की दीवारोंपर भित्तिचित्र अंकित किये गए थे, लेकिन वह इ.स.1984 में लगी आग में जल गए। उसकी कुछ प्रतिकृतियाँ लालबाग संग्रहालय पुरातत्व विभाग के पास सुरक्षित हैं। जानकारों के अनुसार राजवाड़ा के प्रथम मंजिलपर रंगमहल था, उसमें रिद्धि-सिद्धि, भगवान गणेश, होली, रासलीला, शिव परिवार, राम दरबार, गोवर्धनधारी कृष्ण, कालिया मर्दन तथा कुछ घुड़सवारों के चित्र थे। दूसरी मंजिल में शेषशायी विष्णू, होली, शिव परिवार, राम सीता, श्रीनाथजी, महिषासुरमर्दिनी तथा त्रिपुरारीवध आदि प्रसंगों के चित्र अंकित किये गये थे। तीसरी मंजिल के कक्ष में बने चित्रों की जानकारी उपलब्ध नहीं है। (चित्र सं.5.59)

*चित्र सं. 5.59*

राजबाड़ा में रामायण से सम्बन्धित चित्रों में राम राज्यारोहण का चित्र अधिक आकर्षक है। रावण वध के उपरांत राम-सीता और लक्ष्मण अयोध्या लौटते है, तो उनका राज्याभिषेक होता है। वह लोककल्याणकारी राज्य की स्थापना करते है। यह प्रसंग इस भित्ति चित्र में अंकित किया गया है। जिसमें राम-सीता सिंहासन पर विराजमान हैं। उनके सिर पर छत्र बना है। सीता कत्थई रंग की नऊवारी साड़ी में है, उसने सिर के बालों का जुड़ा बांधा है। उनके दाई ओर राम है। उनके सिरपर मुकुट, गले में कत्थई रंग का उपर्णा, कमर में पटका, अधोवस्त्र के रूप में धोती पहनी है। उनके बायी बाजू में बाजूबंद तथा हाथों की कलाई में कड़ा हैं। एक पंडित उनका राजतिलक कर रहा है। उसका परिवेश मराठा शैली का हैं। उसके गले में उपर्णा है, तो उसने धोती पहनी है। राम-सीता के पीछे लक्ष्मण, भरत एवं शत्रुघ्न खड़े हैं, उनके सिरपर मुकुट है। सामने हनुमान खड़े हैं। दो सेवकों के हाथों में मोरछल है। आगे सुग्रीव खड़े हैं, उनके कंधे पर गदा है, उनका अधोवस्त्र कत्थई रंग का है। दो पंडित नीचे बैठकर वेदों का पठन कर रहे हैं। उनके आगे चार राजसी पुरुष खड़े हैं। बाजू में वानर सेना भी दिखाई दे रही है। उसके ऊपर शिव, गणेश, ब्रह्मा, विष्णु तथा नारद के भित्तिचित्र अंकित

*चित्र सं. 5.60*

है। चित्र के ऊपरी हिस्से में गवाक्ष बनाए गए हैं। जिसमें माता कौशल्या बैठी है। उसके सामने एक सेविका है, पीछे चार सेविकाएँ है। उनके हाथों में पूजा थाली, तथा हाथों में बर्तन है। उपरी हिस्से में देवता बैठे हैं। कुछ पंडित छोड़कर सभी के चेहरे एकचश्म है। (चित्र सं.5.60) कही कही नक्काशी तथा आकल्पन बनाए गए हैं। सफेद सतह पर बना यह चित्र लाल, हरा, पीला, कत्थई तथा नीले रंग से अंकीत किया गया है। इस चित्र में बने गोल चेहरे, बड़ी आंखें, वस्त्रालंकार तथा आभूषण मराठों की तरह दिखाई देते हैं। इसके अलावा वहाँ उपलब्ध चित्रों में हरिणों का शिकार, युद्धरत घुड़सवार, द्रौपदी स्वयंवर, भगवान विष्णु, माता दुर्गा, भगवान शिव-पार्वती, गजलक्ष्मी, राजमाता अहिल्याबाई, कृष्ण गोपियों का रासनृत्य के चित्र प्रमुख है। इंदौर में स्थित लालबाग होलकर घराने का राजनिवास रहा है, यहाँ की कला सर्वश्रेष्ठ है। नक्काशी, बेल-बुटे, पश्चिमी कलायें तथा आकल्पन हैं, लेकिन यहाँ पुरातन भित्ति चित्र नहीं है।

## बड़ा रावला

यह मंडलोई शासकों का महल रहा है। जहाँ कुछ आकल्पन बचे हैं। वहाँ बने मन्दिर के ताकों में मयुर, पुष्पबेलों तथा कृष्णलीला के चित्र है। जो अत्यंत मनोहारी तथा ऐतिहासिक है। यह चित्र उन्नीसवीं सदी के पश्चातवर्ती काल तथा बीसवीं सदी के प्रारम्भिक काल में बनाए गए होंगे। उनमें से कुछ चित्रों का

*चित्र सं. 5.61*

पुनर्निर्माण भी किया गया है। यहाँ बने सभी चित्र कृष्ण लीला से सम्बन्धित है। कुछ चित्रों में पंछी तथा आकल्पन रेखांकित किये गए हैं। रामायण से सम्बन्धित यहाँ कोई चित्र उपलब्ध नहीं है। बड़ा रावला में बने यह चित्र इंदौर की धरोहर है।

इसके अलावा इंदौर के बाकी मन्दिरों तथा बाड़ों के भित्तिचित्र पूरी तरह मिट गए हैं। कई समय के साथ नष्ट हो गए, तो कई चित्रों को पुतवा दिया गया है। (चित्र सं.5.61)

## देवास

देवास यह मराठों की रियासत थी, जिसकी स्थापना 18 वीं सदी के आरंभिक दशकों में तुकोजीराव तथा जीवाजीराव पवार इन्होंने की। बाद में यह रियासत दो हिस्सों में बढ़ गई। देवास में मराठों के काल से ही चित्रांकन की परंपरा चल रही थी। देवास के राजवाड़ा, चरणदास मन्दिर, शीलनाथ धुनी एवं मल्हार स्मृति मन्दिर की दीवारों पर चित्र बने थे। जिनमें से अधिकांश नष्ट हो चुके हैं। मालवा शैली में बने इन चित्रों पर मराठा शैली का प्रभाव था। अब सिर्फ देवास के राजवाड़ा में प्रवेश द्वार के ऊपर गणपति का भित्ति चित्र दिखाई देता है। चरणदास मन्दिर में कृष्ण लीला से सम्बन्धित भित्ति चित्र मौजूद है। लाल, नीले एवं सफेद रंगों में बने यह चित्र आकर्षक थे। लेकिन वह विलुप्त हो गए। यहाँ रामायण से सम्बन्धित कोई भी अंकन बचा नहीं है।

## बजरंगगढ़

मालवा में बजरंगगढ़ सुप्रसिद्ध जैन तीर्थ क्षेत्र है। जिसकी स्थापना महाराज जयसिंह खीची ने की थी। यहाँ एक पुरातन किला भी है, जिसमें मोतीमहल, दरबार बैठक, रानीवास, बजरंग मन्दिर, राम बाण तोप, कई मन्दिर, छत्रियां, कुंड तथा राजा धीरजसिंह का चबूतरा है। वर्तमान में यहाँ जैन धर्म से सम्बन्धित श्री शांतिनाथ दिगंबर जैन तीर्थ स्थली बनी है। जहाँ शांतिनाथ, कुन्थुनाथ तथा अरनाथ की प्रतिमाएँ है। यहाँ दो और जैन मन्दिर हैं। जिसके भित्तियों पर पहले कई सारे भित्ति चित्र थे। लेकिन मन्दिर के पुनर्निर्माण में वह नष्ट हो गए हैं।

## अमझेरा

मध्यप्रदेश के धार से कुछ दुरीपर यह छोटा सा क्षेत्र है। यहाँ पहले राठौर शासकों का शासन था। यहाँ बने राजवाड़ा के रंगमहल में पहले भित्ति चित्र हुआ करते थे, लेकिन अब नहीं है। सिर्फ कुछ छतरीयों की दीवारों पर भित्ति चित्र दिखाई देते हैं। जो इ.स.1857 के पहले बनाये गये है। इन चित्रों में पनिहारीन, चतुर्भुज विष्णु, भगवान शिव, घुड़सवार, गणेश, श्रीविष्णु, कृष्ण-गोपीकाएँ, शिकार, पहलवान तथा कुछ आकल्पन प्रमुख है। इन चित्रों का निर्माण पीली मिट्टी तथा रामराज की सतहपर रेखाओं से किया गया हैं। उसमें रंग नहीं है। यहाँ एक चित्र में चतुर्भुज विष्णु के सामने सिर्फ हनुमान का अंकन दिखाई देता हैं। (चित्र सं.5.62) इसके अलावा रामायण से सम्बन्धित कोई ओर चित्र वहाँ दिखाई नहीं देता।

*चित्र सं. 5.62*

## रतलाम

चित्र सं. 5.63

रतलाम को रत्नपुरी भी कहा जाता है, यहाँ अधिकांश राठौड़ वंश के राजघराने की सत्ता रही है। यहाँ कई सारे मन्दिर बने है। रतलाम में जैन मन्दिरों की संख्या अधिक है, जिसमें अधिकांश मन्दिरों की दीवारोंपर भित्ति चित्र बने है।

### कोटावाले बाफना सेठ की हवेली

दक्षिण रतलाम नगर में त्रिपोलिया मार्गपर कोटावाले बाफना सेठ की हवेली स्थित है। जिसके एक कक्ष में दीवारों पर बड़ी मात्रा में भित्ति चित्र अंकित किये गये है। यहाँ बने चित्रों में रिद्धि-सिद्धि और गणेश, गोवर्धनधारी कृष्ण, शिव-पार्वती के साथ कार्तिकेय, विष्णु, सरस्वती, नायक-नायिकाएँ तथा राम दरबार का अंकन महत्वपूर्ण है। राम दरबार के चित्र में राम-सीता पीले सिंहासनपर विराजमान है। राम का वर्ण नीला है तथा उनके हाथों में फूल है। (चित्र सं.5.63 ) उन्होंने सिरपर मुकुट तथा लाल रंग की पीली किनारेदार धोती पहनी है। उनके गले में आभूषण भी दिखाई दे रहे हैं। उनका एक हाथ सीता के कंधे पर है। राम के पीछे माता सीता बैठी है, उन्होंने लाल चोली तथा हरा लहंगा पहना है। उनके सिरपर ओढ़नी है। नाक में नथनी, कानो में बाली तथा गले में मोतीयों की माला है। सिंहासन के ऊपर लाल रंग का छत्र भी बना गया है। नीचे हाथों में गदा लेकर हनुमान खड़े हैं, उनके सिर पर मुकुट है। भरत, शत्रुघ्न गौर वर्ण में बनाए गए हैं। उन्होंने लाल, हरी धोती पहनी है। उनके सिर पर मुकुट तथा हाथों में चवर है। गौर वर्ण में बने लक्ष्मण, राम-सीता के सामने हाथ जोड़कर खड़े हैं। उनके कंधेपर धनुष है। उन्होंने कमरपर धोती पहनी है। उनके कंधेपर उपर्णा है। इस चित्र में सभी के चेहरे एकचशम है। सफेद सतह पर बने इस चित्र का रेखाटन काले रेखाओं से किया गया है। उसके अंदर रंग भरे गए हैं। रंगों में नीला, पीला, लाल, कत्थई तथा हरा रंग प्रमुख है। तीसरी मंजिल पर बने मोती महल में पशु-पक्षी, फुल-फल, बेल-बूटे, पुष्पगुच्छ हिरन तथा कुछ मोर, तोता, मैना आदि का अंकन किया गया है। यहाँ पर बाफना परिवार के नाम भी अंकित हैं।

*चित्र सं. 5.64*

## अगरजी मन्दिर

इस मन्दिर को शांतिनाथ मन्दिर भी कहा जाता है, जिसका निर्माण इ.स.1790 में किया गया। इस मन्दिर के बाहरी हिस्से में पहली, दूसरी तथा तीसरी मंजिलोंपर जो चौखानों बने है, उसमें चित्र रेखाटन किया गया है। पहली मंजिल पर बने चित्र में बुट पतलून वाला अंग्रेज, वेणुवादन करते कृष्ण, नर्तिका का चित्र है। दूसरी मंजिल पर बने चित्र में दो नायिकाएं, कृष्ण लीला अंकित है। तीसरी मंजिल पर एक नायिका एवं राधा कृष्ण है। मन्दिर के भीतर जैन तीर्थंकर, द्वारपाल, रिद्धि-सिद्धि के साथ गणेश, झूला झूलती गोपियों संग राधा-कृष्ण, हाथी, गजलक्ष्मी एवं राम दरबार का अंकन किया गया है। राम दरबार के चित्र में राम सीता चौकोनी सिंहासन पर विराजमान हैं। उसके ऊपर छत्र है। राम के हाथों में पुष्प है। उनके सिर पर मुकुट, कान में बाली, गले में हार तथा उन्होंनें धोती पहनी है। राम के पीछे माता सीता विराजमान है। सीता ने साड़ी चोली पहनी है। उसके कानों में बाली, नाक में नथ तथा गले में हार है। उनके सामने दाढ़ी मूछों की मुद्रा में लक्ष्मण खड़े हैं। उनके कंधेपर धनुषबाण है। वह राम को कुछ

वस्तु प्रदान कर रहे हैं। उसके नीचे हाथों में गदा लेकर हनुमान खड़े हैं। बाजू में चवर लेकर भरत, शत्रुघ्न खड़े हैं। उन्होंने घेरेदार लहंगा, कमर में उपर्णा बांधा है। (चित्र सं.5.64) यह चित्र कोटावाले बाफनाजी हवेली में बने राम दरबार की तरह ही है। सफेद सतह पर बना यह चित्र काफी धूमिल हो गया है, साथही चित्रों के अंदर भरे गए रंग लगभग नष्ट हो चुके हैं।

## मंदसौर

मंदसौर पश्चिम मालवा का प्राचीन नगर है, इसको दशपुर भी कहाँ जाता है। इसी नगर में भगवान पशुपतिनाथ का अष्टमुखी शिवलिंग है। मध्यकाल में मालवा क़लम का विस्तार भी इसी नगर से हुआ है।

## शांतिलालजी बागिया की हवेली

गणपति चौक के बागिया गली में यह पुरानी हवेली स्थित है। यहाँ दूसरी और तीसरी मंजिल में दो कक्ष चित्रांकित किये गए हैं। इन चित्रों में पीले रंग का खरबूजा, बैठा हुआ बाघ, फुगड़ी खेलती महिलाएं, दो बदक, एक पुरुष और श्वान, घोड़ा, कुर्सी पर बैठा अंग्रेज, हाथी, लैला मजनू, राजसी पुरुष, झूला झूलते स्त्रियां पुरुष, वादक, नर्तक, शिकार दृश्य, रति चित्र, होली के दृश्य, कामधेनू, किले के दृश्य तथा विभिन्न प्रकार की मानव आकृतियाँ चित्रित की गई है। इन सबके बीच एक बड़े ताक में राम

*चित्र सं. 5.65*

दरबार का अंकन किया गया है। जिसमें राम-सीता सिंहासन पर विराजमान हैं। राम के सिरपर स्वर्ण मुकुट तथा कंधेपर धनुष बाण है। उन्होंनें वस्त्र-प्रावरणों के साथ अलंकार पहने है। राम प्रसन्न मुद्रा में लक्ष्मण से बात कर रहे हैं। सामने हनुमान हाथ जोड़कर बैठे हैं। उनके पीछे मोरछल लिए भरत खड़े हैं। राम के सिरपर छत्र बना है। राम को भूरे रंग में अंकित किया गया है तथा उनके वस्त्र लाल है। उनकी धोती का रंग पीला है। सीता का लुगड़ा लाल है। लक्ष्मण की धोती हरी है। लाल सतह पर बना यह चित्र पीले, हरे, लाल तथा सुनहरे रंगों से बनाया गया हैं। आकल्पन से सजे ताक के नीचे मछलियाँ चित्रित की गई है। (चित्र सं.5.65) चित्र के आसपास अंग्रेजी युगल, सैनिक, पहलवान, बैलगाड़ी, कृष्ण का वेणुवादन, नटों का करतब ऐसे चित्र अंकित हैं। मालवा शैली में बने इन चित्रोंपर मराठा शैली का प्रभाव दिखाई देता है। चित्र के ऊपर लैम्प लटके है, जो ब्रिटिश संस्कृति के परिचायक है।

## सागरमल पोरवाल की हवेली

मंदसौर के मुख्य बाजार से न्यायालय की ओर जानेवाले अशोक मार्ग के कर्जूवाले गली में यह हवेली स्थित है। इस हवेली के दूसरी मंजिल का एक कक्ष पूरी तरह भित्ति चित्रों से सजाया गया है। जो मराठा शैली में बने हैं। सुंदर लकड़ी के पटाव के साथ दीवारोंपर मानव आकृतियों के साथ पशु-पक्षी, मछलियां, पुष्प, बेल-बूटे तथा कई प्रकार के आकल्पन बनाए गए हैं। यहाँ रामायण से सम्बन्धित चित्र नहीं है।

## दुग्गड़जी की हवेली

मंदसौर में दुगगडजी की हवेली प्रसिद्ध है, यहाँ दीवारोंपर कई सारे भित्ति चित्र बने हैं। जिसमें प्रवेशद्वार के उपर पहला अंकन गणेशजी का है। उसके दोनों तरफ गमले लिए स्त्री-पुरुष को चित्रित किया गया है। बाजू में कुछ राजपुरुष, कालिया नाग, चतुर्भुज लक्ष्मी, अर्धनारीश्वर, गजलक्ष्मी, यमराज तथा नरसिंह अवतार का अंकन है। इस हवेली में एक दरवाजे के ऊपर राम, सीता, लक्ष्मण का अंकन है। मराठा शैली में बनी यह चित्र धूमिल हुये हैं। इस चित्र में राम सबको आशीर्वाद दे रहे हैं, उनके पीछे सीता खड़ी है। जो नववारी लुगडे में चित्रित की गई है। आगे हनुमान का अंकन है, जिसके एक हाथ में पर्वत तो दुसरे हाथ में गदा है। हरे पेड़-पौधों के बीच छलांग लगाता हनुमान सफेद रंग में अंकित है। (चित्र सं.5.66) प्रवेशद्वार के बायी ओर ऋषि विश्वामित्र के साथ राम-लक्ष्मण को चित्रित किया गया है। जो अहिल्या उध्दार कर रहे है। अहिल्या हाथ जोड़कर ऋषि विश्वामित्र के सामने बैठी है। राम-लक्ष्मण के सिरपर मुकुट तथा गले में मोतीयों की मालाएँ है। तीनों ने सुनहरे वस्त्र पहने हैं। ऋषि विश्वामित्र ने दुपट्टा लपेटकर धोती पहनी है। इस अंकन में सुनहरे रंग का विशेष प्रयोग किया गया है। जो सबसे अधिक आकर्षक लगता है।

## भानपुरा

भानपुरा मराठा सत्ता का एक केंद्र था, यहाँ अनेक मन्दिर तथा महल स्थित है। यहाँ राजा होलकर यशवंतराव प्रथम की छतरी भी बनी है। महाराजा यशवंतराव होलकर प्रथम एक पराक्रमी शासक थे, उन्होंने अकेले ही अपने दमपर अंग्रेजों के विरुद्ध संघर्ष शुरू किया था। यहाँ उनके स्मृती में बनी छतरी स्थापत्य कला का उत्कृष्ट नमूना है। जो एक विशाल मन्दिर के रूप में किलेनुमा गढ़ी के अंदर बनी है। उसका प्रवेशद्वार पूर्व दिशा की ओर है। यहाँ गर्भगृह में शिवलिंग स्थापित किया गया है। (चित्र सं.5.67) इसकी दीवारोंपर पहले भित्ति चित्र बनाये गये थे। जिसका निर्माण उन्नसवीं सदी में किया गया था। इन चित्रोंपर मराठा तथा राजस्थानी शैली का प्रभाव था। प्रवेशद्वार के आसपास दायी एवं बायी ओर ताकों में सुंदर आकल्पन तथा चित्र बने थे। एक ताक के अंदर नंदीपर बैठे शिव-पार्वती अंकित किये गए थे। नंदी के आगे कुछ गण चलते हुए दिखाए गए थे। आगे एक चौखट में श्रीनाथ तथा उसके बाजू में कृष्ण गोपियों का अंकन था। प्रवेशद्वार के बायी ओर गणेश का अंकन था, जो सिंहासनपर विराजमान थे। उनके पीछे तकिया तथा हाथ में मोदक थे। वह चतुर्भुज थे, उनके हाथ में मालाएँ थी। इसके बाजू में वृक्ष के नीचे त्रिभंगी मुद्रा में खड़ी नायिका पेड़ से लटक रही थी, इसका अंकन काफी सुंदर तरीके से किया गया है। प्रवेश द्वार के सामने एक प्रकोष्ठ में मत्स्यावतार, समुद्र मंथन, वराह अवतार, नरसिंह अवतार, वामन अवतार, सहस्त्रार्जुन, राम दरबार, कृष्ण, गणेश, कल्कि ऐसे अवतारों को चित्रित किया गया था। जिसके लिए लाल एवं सफेद रंगों का इस्तेमाल किया गया था। यहाँ के चित्र काफी धूमिल हो गये थे, इसलिए वह पूरी तरह मिटाये गये। अब यहाँ कोई भित्ति चित्र शेष नहीं है। (चित्र सं.5.68)

# 4. निमाड़

## बुरहानपुर

पूर्व मध्यकाल में बुरहानपुर मुगल सत्ता का अहम केंद्र था। यहाँ बने भित्ति चित्रों के संदर्भ में ऐसा प्रतीत होता है, तब यहाँ महलों, स्मारकों, किलें में काफी मात्रा में मुगल शैली में भित्ति चित्र एवं आकल्पन बनाए गए थे। जिसके साक्ष आज भी मौजूद है, जिसमें राजमहल के भीतर हमाम खानें के आकल्पन प्रमुख है। (चित्र सं.5.69)

## स्वामीनारायण मन्दिर

इस मन्दिर का निर्माण भगवान स्वामीनारायण के शिष्य गोपालानंद के अनुयायी बालमुकुंद दासजी (वडताल) ने किया था। इस मन्दिर के गर्भगृह की छतपर विष्णू के दस अवतारों के चित्र अंकित किये

चित्र सं. 5.67

चित्र सं. 5.68

चित्र सं. 5.69

चित्र सं. 5.70

गये है। जिसमे राम, लक्ष्मण, सीता, हनुमान समेत राम दरबार प्रमुख है। बीसवीं सदी के उत्तरार्ध में बने यह चित्र आधुनिक तैलचित्र के तर्जपर निर्माण किये गये है। जिसमें सुनहरा, मटमैला, हरा, नीला, लाल रंगों का इस्तेमाल किया गया है। यह चित्र पुरी तरह नये तरीके से बने होने के कारण इसका ऐतिहासिक महत्त्व नही है। (चित्र सं.5.70)

## अन्य भित्तिचित्र

मध्य प्रदेश का धार ऐतिहासिक नगर है। यहाँ बने किले में कत्थई रंग के सिर्फ आकल्पन बने हैं। यहा किले तथा बाड़ो में कोई भित्ति चित्र उपलब्ध नहीं है। मध्य प्रदेश का मांडू भी स्मारकों के लिए प्रसिद्ध है। यहाँ बने स्मारकों में दिलावर खान का मकबरा, नाहर झरोखा, गदाशाह की दुकान एवं महल, हिंडोला महल, शाही भवन, चंपा बावड़ी, जहाज महल, होशंगशाह का मकबरा, जामी मस्जिद, अशरफी महल, जाली महल, रानी रूपमती का महल, हाथी महल, चिस्ती खान महल तथा नीलकंठ मन्दिर प्रमुख है। विद्वानों का ऐसा अनुमान है कि मांडू में चित्रांकन की समृद्ध परंपरा मध्य पूर्व काल में रही होंगी। यहाँ अब सिर्फ महलों पर बेल-बुटे, गदाशाह महल, नीलकंठ मन्दिर के कुछ स्मारकों पर अंकन के कुछ धूमिल अवशेष शेष है। गढ़ाकोटा के नजदीक सागर जिले में रहेली यह प्राचीन नगर है। यहाँ मराठाकालीन दुर्गा मन्दिर है तथा भगवान का शिवलिंग है। यहाँ पटनागंज में आठसों साल पुराना जैन मन्दिर है। जिसकी दीवारोंपर जैन एवं अन्य भित्ति चित्र बने हैं। उसमें रामायण से सम्बन्धित कोई चित्र नहीं है।

### 5. विदर्भ

विदर्भ मध्य भारत का मुख्य प्रांत है। मराठा शासन काल में यह क्षेत्र नागपुरकर भोसलाओं के अधीन था। बाद में अंग्रेजो ने इसे सी.पी. एँड बेरार का हिस्सा बनाया। जो मध्य प्रांत का प्रमुख राज्य था। जिसकी राजधानी नागपुर थी। भारत की स्वतंत्रता पश्चात यह क्षेत्र महाराष्ट्र का हिस्सा बन गया।

### नागपूर

महाराष्ट्र में हिंदवी स्वराज्य की नींव छत्रपति शिवाजी महाराज ने रखी। रघुजी राजे भोसले नागपुरकर इन्होने उसका विस्तार ओडिशा, मध्य प्रदेश, उत्तर प्रदेश, बिहार, झारखंड, बंगाल तक किया। रघुजी राजे भोसला का कुल मूलत: पुणे प्रांत के हिगणी गांव से थे। छत्रपति शाहू ने उन्हें सेना साहेब सुभा यह किताब (पदवी) प्रदान की। फिर उन्होंने देवगढ़, गढ़ा मंडला, चांदा एवं छत्तीसगढ़ सहीत गोंडवाना

अपने कब्जे में ले लिया और नागपुर राजधानी बना दी। बंगाल पर भी उन्होंने कई बार आक्रमण किया। रणसंग्राम, राजनीति तथा मुत्सदीपणा यह उनकी खासीयत थी। रघुजी के बाद जानोजी को सेना साहेब सुभा पद मिला और राजपरिवार खटास आने लगी। जानोजी राजे और मुधोजी राजे आपस में झगड़ने लगे, तब पेशवाओंने भोसला राज्य का विभाजन किया। बाद में कटक तथा बंगाल पर छह बार स्वारी करनेवाले खंडोजी महाराज उपाख्य चिमणाबापू भोसले के कुल के पराक्रमी पुरुष थे। उन्होंनें कई साल शासन चलाया। फिर व्यंकोजी राजे सत्तापर आए। बाद में मुधोजी (तृतीय) आप्पास्वामी का अंग्रेजों से सत्ता संघर्ष चलता रहा। अंग्रेजी सत्ता जब भारत पर स्थापित हुई, तब उन्होंने यहाँ के कई राज्य खालसा किये। फिर भी नागपुरकर भोसले उनको शरण नहीं आए और उन्होंने अंग्रेजों के विरुद्ध अपना संघर्ष जारी रखा। भोसला सेना में तब मराठा, अरब, मुस्लिम, जनजातियों के सैनिक अधिक थे। वे कई स्थानोंपर अंग्रेजों के साथ लड़ते रहे। तब मध्य भारत में अग्निबाण जैसे शस्त्र भोंसलाओं ने विकसित किये थे। सीताबर्डी के पहाड़ियों उनको रखा जाता था। इ.स.1817 के बाद नागपुरकर भोसलो की सत्ता कमजोर होती गई। सीताबर्डी युद्ध के बाद अंग्रेजों ने राघोजी (द्वितीय) को राजा बनाया। जहाँ भोसला सेना का फिर अंग्रेजों ने छल पूर्वक अप्पासाहेब भोसला को बंदी बनाया। आगे ईस्ट इंडिया कंपनी ने नागपुर को अपने कब्जे में ले लिया।

## भोसले पैलेस (राजवाडा)

रघुजीराजे भोसले का राजवाड़ा नागपूर के महाल में स्थित है। संभवत: यह ढाई सौ साल पुराना

*चित्र सं. 5.71*

बताया जाता है। तब इस राजवाड़े को चौदह दरवाजे थे। जिनमें से अब सिर्फ कल्याणेश्वर (काला नगारखाना) , पातालेश्वर द्वार, शुक्रवार दरवाजा, भूता दरवाजा, पत्थरफोड दरवाजा ऐसे प्रवेश द्वार बचे है। सीताबर्डी युद्ध में अंग्रेजो की जीत हुयी। उसके बाद अंग्रेजोने भोसला पैलेस को आग लगाई, जो निरन्तर छह महिने जलता रहा। अंग्रेजों ने राजवाड़ा के अंदर बने कई महलों का विध्वंस किया। (चित्र सं.5.71) मौल्यवान वस्तु तथा आभूषणों की लूट मचायी और उनको इंग्लैंड ले गए। नागपुर राज्य में पहले अठारासों मन्दिर थे। उसमें रुक्मिणी मन्दिर, सक्करदरा मन्दिर, सोनेगाव का राधाकृष्ण मन्दिर, रामटेक मन्दिर एवं शिव मन्दिर प्रमुख थे। जहाँ दीवारों पर काफी सारे भित्ति चित्र बनाए गए थे। मराठा शैली में इसका निर्माण तत्कालीन चितेरोंने किया था, लेकिन समय के साथ वह सब नष्टप्राय: हो गए। अब सिर्फ कुछ मन्दिर, पुरातन मुर्तियाँ और कुछ शिल्प बचे हैं। अभी नागपूर में जो सीनियर भोसला पँलेस है, वहाँ पहले भोसले राजाओं का राजवाड़ा था। इस राजवाड़े के भीतर शस्त्रागार है, वहाँ भोसला कालीन शस्त्र तथा कई पुरातन वस्तुएँ रखी गई है। इसके पीछे विठ्ठल रुक्माई का प्राचीन मन्दिर है, जहाँ काष्ठ तथा शिल्पों के बेहतरीन नमूने बनाये गये है। वहाँ बना मेहराब शैली पूर्ण बनाया गया है। नागपुरकर भोसलों का कुलदैवत प्रभु राम थे। उनका मन्दिर सीनियर भोसला पैलेस के दर्शनीय भाग में स्थित है। यहाँ प्रभु राम, मुधाई देवी की मूर्तियाँ स्थापित की गई है। इस मन्दिर के दीवारोंपर पहले काफी सारे भित्ति चित्र हुआ करते थे। अभी भी यहाँ पुरातन भित्ति चित्रों की प्रतिकृतीयाँ बनायी गई है। (चित्र सं.5.72)

## चिटणवीस वाड़ा

नागपुर के महाल परिसर में चिटणीस वाडा स्थित है। यहाँ के राज्यकर्ता भोंसलाओं के महासचिव को चिटणवीस कहा जाता था। रख्माजी गणेश रणदिवे भोंसला राज दरबार में पहले चिटणवीस थे। राजे रघुजी भोंसले के साथ वे नागपुर आए थे। उन्होंने अपने निवासी हेतु महाल परिसर में वाड़ा बनवाया। मराठा शैली में बना यह वाड़ा पत्थरों के जगतीपर बना है। जिसमें ईट, पत्थर, मिट्टी तथा सागौन के खम्बों का इस्तेमाल किया गया है। इसकी ऊपरी छत खपरेल की है। वाड़े के भीतर कक्ष में चार दीवारों पर भगवान शिव तथा कृष्ण-लीला से सम्बन्धित पुरातन भित्ति चित्र थे, लेकिन वह समय के साथ नष्ट प्राय हो गये। उनकी जगह अब मूल चित्रों की प्रतिकृतियाँ बनायी गई है। यहाँ सिर्फ शिव पार्वती का पुरातन भित्ति चित्र शेष है। (चित्र सं.5.73) रामायण से सम्बन्धित कोई चित्र वहाँ नहीं है।

## पोद्‌दारेश्वर राम मन्दिर

यह नागपुर का ऐतिहासिक मन्दिर है। मन्दिर के गर्भगृह में राम-सीता, लक्ष्मण जी की धातुओं एवं संगमरवरी मूर्तियाँ स्थापित की गई है। यहाँ गुडी पाडवा, रामनवमी जैसे उत्सव उत्साहपूर्वक

चित्र सं. 5.72

चित्र सं. 5.73

चित्र सं. 5.74

मनाया जाते हैं। यहाँ की श्रीराम जन्मोत्सव शोभा यात्रा विख्यात है। मन्दिर के सभा मंडप में बीसवीं सदी के दौरान भित्ति चित्रों का अंकन किया गया है। जिसमें रामायण से सम्बन्धित परिदृश्य चित्रित किये गए हैं। लेकिन यह भित्ति चित्र नये होने के कारण इनका कोई ऐतिहासिक महत्व नहीं है। (चित्र सं.5.74)

## तेल्हारा, जिला अकोला

अकोला जिले में तेल्हारा एक मध्ययुगीन नगर है। बुरहानपुर से नजदीक होने से यहाँ पहले मुगलों की सत्ता थी। बाद में वह नागपुरकर भोसलो के अधिन था। जानोजी राजे भोसले ने यहाँ सैन्य छावणी डाली थी। इस नगर में 18 वीं शताब्दी में कई सारे पुरातन मन्दिर बने हैं। जिसमें बालाजी मन्दिर, राम मन्दिर, सत्यनारायण मन्दिर एवं जैन मन्दिर प्रमुख है। जिसकी दीवारों तथा छत पर पूर्व में काफी सारे भित्ति चित्र अंकित किये गए थे। उसमें से कुछ आज भी बचे हैं। इस नगर में बने गोपीनाथजी मन्दिर के चित्र पूरी तरह लुप्त हो गए हैं। तेल्हारा में बने चित्र राजस्थानी शैली में बनाये गये है। वहाँ के राम मन्दिर के पर प्रवेशद्वार पर राजस्थान में स्थित हवेलियों के तर्जपर भित्ति चित्र अंकित हैं।

## बालाजी मन्दिर

बालाजी मन्दिर का निर्माण भगवान दास बाबा ने इ.स.1818 में किया गया था। तब उन्होंने विदर्भ इलाके में ग्यारह बालाजी मन्दिर बनवाये थे। जिसमें वाशिम, मेहकर, तेल्हारा, मूर्तिजापुर, अकोला आदि प्रमुख थे। तेल्हारा में बना बालाजी मन्दिर दो मंजिला है, जो भगवान बालाजी को समर्पित है। (चित्र सं.5.75) यहाँ स्थापित बालाजी की मूर्ति जयपुर से मंगाकर स्थापित की गई थी। मन्दिर के गर्भगृह में राम की चतुर्भुज रूप में मूर्ति स्थापित की गई है। उसके साथ ही सीता माता, लक्ष्मणजी, राधा कृष्ण, हनुमान तथा बालाजी की चरण पादुकाएँ रखी है। यहाँ निरन्तर बारहमासा कई उत्सव तथा पर्व मनाए जाते हैं। जिसमें परशुराम जयंती, अन्नकूट पर्व, गोकुल अष्टमी, माता यशोदा पालकी उत्सव प्रमुख है। आठ खंभों पर बना यह मन्दिर चौड़ी दीवारों पर स्थापित किया गया है। यहाँ की दीवारें नैसर्गिक तरीके से बनाए गए भित्ति चित्रों से सजी है। इनका निर्माण तब खास घाणेपर तैयार चुना, मेथी, गुड, शीशम, फूल पत्तियों के रंगों से किया गया था। चित्रों के निर्माण हेतु सोने के पानी में किया गया मिनाकाम यहाँ की खासियत है। यहाँ बने भित्ति चित्रों में कृष्ण लीला, गोपीचीर हरण, गोवर्धन पर्वत, पुतना मौसी, सप्तर्षियों का उपदेश, रासलीला, गणेशजी, गोपी नृत्य, वामन अवतार, विष्णु चतुर्भुज रूप, ब्रह्मा-विष्णु-महेश, शेषशायी विष्णु आदि प्रमुख है।

रामकथा से सम्बन्धित भित्ति चित्रों में यहाँ रामकथा का परिदृश्य अंकित किया गया है। यहाँ बने सीता स्वयंवर चित्र में राम-लक्ष्मण कंधेपर धनुष लेकर खड़े हैं। उनके साथ ऋषि वशिष्ठ है। उनके पीछे सिंहासनपर माता सीता विराजमान है। उनके पीछे कुछ राज पुरुष खड़े हैं। (चित्र सं. 5.76) जनक

*चित्र सं. 5.75*

*चित्र सं. 5.76*

*चित्र सं. 5.77*

दरबार में आगे रावण खड़ा है, उसके पीछे कुछ अन्य राजपुत्र है। राम लक्ष्मण के सिरपर मुकुट तथा उन्होंने पीला पितांबर पहना है। राम एक हाथ से धनुष तोड़ रहे हैं। दीवार की नीली सतहपर काले, पीले, कत्थई, लाल रंग से इस चित्र का अंकन किया गया है। रावण को दस मुख है। आगे राम रावण युद्ध के चित्र में राम हाथों में धनुष लेकर बाण से प्रहार कर रहे हैं। उनके पीछे हाथों में हरा पेड़ लेकर जामूवंत खड़े हैं। पीछे एक अन्य योद्धा है। रावण को दस मुख, वीस हाथ है। उसके सिरपर मुकुट तथा कमरपर पीली धोती पहनी है। (चित्र सं.5.77) रावण के पीछे हनुमान हाथों में गदा लेकर प्रहार कर रहे हैं। कुछ अन्य वानर रावण सेना से युद्ध कर रहे हैं। इस चित्र में पीला, हरा, सफेद, कत्थई रंगों का इस्तेमाल किया गया है। अंकन के चौतरफा अलग अलग नक्काशी तथा आकल्पन बने हैं। उससे लगकर युद्ध के कुछ और दृश्य अंकित है, लेकिन वह काफी धुमिल हो चुके हैं। पहले यहाँ कुछ और रामकथा के चित्र अंकित थे, लेकिन वह अब नष्ट हो चुके हैं। इस नगर में बने अन्य मन्दिरों के तुलना में बालाजी मन्दिर के चित्र प्राचीन हैं। उनकी रेखाटन शैली भी अलग तरह की है। कहीं-कहीं दीवारों का पलस्तर उखड़ जाने से चित्र धूमिल हो गए हैं। रंग भी फिके पड़े हैं। फिलहाल मन्दिर की सारी व्यवस्था अब हेमंत द्वारकादास दायमा पुजारी के पास है। जो भित्ति चित्रों की अनमोल विरासत संभालने की कोशिश कर रहे हैं।

## राम मन्दिर

तेल्हारा में ढाई सौं साल पुराने राम मन्दिर का निर्माण पूरनदासजी के पूर्वजों द्वारा किया गया। यह मन्दिर भगवान शिव को समर्पित है। यहाँ गर्भगृह में धातुओं से बनी राम, लक्ष्मण, सीता, कृष्ण भगवान, सुभद्रा, राधा, लड्डू गोपाल की मूर्तियाँ स्थापित है। इस मन्दिर में रोज के दिनक्रम में काकडारती, संध्यारती एवं शयनारती के साथ नित्यक्रम होते हैं। बारहमासा कई पर्व एवं उत्सव मनाए जाते हैं। उसमें सबसे महत्वपूर्ण रामनवमी, अन्नकूट महोत्सव तथा सावन में शिवजी का पाठ होता है। इस मन्दिर के सभा मंडप में शिव की बारात, कृष्ण लीला, रासलीला, बकासुर वध, वराह अवतार, मत्स्य अवतार, विष्णु-ब्रह्मा-विष्णु- महेश, लड्डू गोपाल, दुर्गा माता जैसे भित्ति चित्रों का अंकन किया गया है। मन्दिर प्रवेशद्वार के भीतर जिन कलाकारों ने यह चित्रों का निर्माण किया, उनकी प्रतिकृतियाँ भी अंकित है। (चित्र सं.5.78) हर प्रतिकृति के आजू बाजू में कई आकल्पन हैं। यह चित्रकारी राजस्थानी शैली से प्रभावित है। यहाँ बनी मानव आकृतियां चमकीले रंगों में वस्त्रो, शस्त्रों एवं आभूषणों के साथ बनायी गई है।

यहाँ रामकथा से सम्बन्धित भित्ति चित्रों में राम दरबार का चित्र प्रमुख है। जिसमें राम चतुर्भुज रूप में चित्रित किये गए हैं। उनके हाथों में शंख, चक्र, गदा एवं पद्म है। राम के सिरपर पीला मुकुट तथा गले में सोने का आभूषण है। एक लंबी मोती माला भी उन्होंने पहनी है। हाथों में बाजूबंद है। राम

*चित्र सं. 5.78*

*चित्र सं. 5.79*

ने पिली धोती पहनी है तथा उनके गले में उपर्णा है। पास में माता सीता खड़ी है। उसने मराठी स्त्रियों की तरह नववारी लुगड़ा तथा चोली पहनी है। पैरों में चाल है। सामने हनुमान हाथ जोड़कर नीचे बैठे हैं। (चित्र सं.5.79) आजू- बाजू में लक्ष्मण शत्रुघ्न चवर तथा डंडा लेकर खड़े हैं। दीवार के एक ताक में बना यह चित्र काफी अच्छी अवस्था में है। अन्य चित्र में दो खिड़कियों के बीच बने ताक में हनुमान अंकित किये गए हैं। उनके एक हाथों में गदा तथा दूसरे हाथ में पर्वत है। उन्होंने लंगोट पहना है। वह अपने एक पैर से राक्षस का वध कर रहे हैं। चित्र के चारों तरफ नक्काशी बनायी गई है। सफेद, पीले, काले, हरे तथा कच्चे रंग में बनाए हुए चित्र काफी आकर्षक है।

## सत्यनारायण मन्दिर

तेल्हारा के सराफ गली में सत्यनारायण मन्दिर बना है। यह मन्दिर लगभग दो सौ साल पुराना बताया जाता है। जिसका निर्माण कन्हैयालालजी शर्मा के पूर्वजों द्वारा किया गया था। इस मन्दिर में रामनवमी, शरद पूर्णिमा, अन्नकूट पर्व, जन्माष्टमी, नरसिंह जयंती धूमधाम से मनाई जाती है। यहाँ इंदौर, किशनगढ़, मध्य प्रदेश, राजस्थान से श्रद्धालु आते हैं। मन्दिर के सामने दो मंजिला प्रवेश द्वार बना है। पहली मंजिल पर तीन ताक बने हैं, उसके ऊपर कलश स्थापना की गई है। इस मन्दिर के प्रवेश द्वार पर पहले भित्ति चित्र अंकित थे, लेकिन उनमें से अधिकांश अब रंगों की पुताई करने से मिट

*चित्र सं. 5.80*

चुके हैं। लेकिन अभी भी वहाँ सत्यनारायण भगवान, विष्णुजी, गजलक्ष्मी तथा रागिणीयों के चित्र हैं। (चित्र सं.5.80) द्वार के दोनों तरफ द्वारपाल बने हैं। मन्दिर के भीतर गर्भगृह में लक्ष्मी नारायण की संगमरवरी मूर्ति स्थापित की गई है, जिसे सत्यनारायण जी कहा जाता है। अतीत में मन्दिर के के भीतर सभामंडप में रामायण, महाभारत एवं पौराणिक प्रसंगों पर आधारित कई भित्ति चित्र अंकित थे। साथही हाथी घोड़े, देवी-देवताओं की प्रतिमाएं, झुंबर आदि लगे थे। लेकिन वह सब लुप्तप्राय हो गये है।

## 6. खान्देश

### रंगमहाल, चांदवड, जिला नाशिक

मराठा सरदार मल्हारराव होलकर को दिल्ली के मुगल सल्तनत नें चांदवड की जहाँगिरी प्रदान की थी। उसको पेशवाओं की भी मान्यता थी। तब से चांदवड क्षेत्रपर होलकरों की सत्ता स्थापित हुई। आगे अहिल्याबाई होलकर जब सत्ता में आयी, तो उनको भी चांदवड के प्रति काफी लगाव था। वह अध्यात्म, साहित्य, स्थापत्य, कला एवं संस्कृति का खूब सन्मान करती थी। उनके काल में भारतवर्ष में कई जगहों पर मन्दिरों, घाटों, धर्मशालाओं, महलों, वाड़ो का निर्माण हुआ। उन्होंनें इ.स.1750-65 के दौरान चांदवड में तीन मंजिला महल (वाड़ा) बनवाया। जिसे रंगमहल के नाम से जाना जाता है। यह महल अत्यंत प्रशस्त और कलात्मक ढंग से बनवाया गया। महल को मजबूत प्रवेश द्वार बनाया गया। भीतर राजगद्दी, दरबार हाँल, शयन कक्ष, तैलचित्र, कुँआ (बारव) आदि का निर्माण हुआ। इसी गांव में उन्होंने टकसाल भी बनायी थी। जहाँ सिक्के निर्माण किये जाते थे। देवी अहिल्याबाई ने इस महल को अपने कार्य के अनुरूप बनवाया। कुछ इतिहासकारों का मानना है, कि मल्हारराव होलकर ने इसे पेशवाओं से खरीदा। उसका उपयोग विलासी जीवन तथा आराम के लिए ना करते हुए उसको सत्ता का महत्वपूर्ण केंद्र बनाया। इस महल के भीतर कई भित्ति चित्र पहले से ही मौजूद थे, अहिल्यादेवी ने उसकी मरम्मत की। (चित्र सं.5.81) कुछ नये बनवाये। यह भित्ति चित्र ज्यादातर पौराणिक परिदृश्यों पर आधारित है।

यहाँ बने भित्ति चित्रों में दशावतार, कृष्ण लीला, शेषशायी विष्णु के चित्र सबसे आकर्षक है। रामायण सें सम्बन्धित भित्ति चित्रों में यहाँ सीता स्वयंवर का चित्र सबसे आकर्षक है। एक दीवार की ताक में बने इस चित्र में सीता स्वयंवर का पूरा परिदृश्य चित्रित किया गया है। जिसमें राम लक्ष्मण कंधे पर धनुष लेकर खड़े हैं। उन्होंने सिरपर मुकुट, कानों में बाली, पैरों में पायल, हाथों में बाजूबंद एवं कड़ा पहना हैं। उनके गले में फूलों की मालाएँ तथा आभूषण हैं। उनके सामने हाथी पर सीता विराजमान है। पीछे दासी बैठी है। हाथी अपने सुंड से फूलों की माला राम के गले में डाल रहा है। हाथी को पूरी तरह आभूषणों से सजाया गया है। उसके माथेपर पन्ना, अलंकार, गले में फूलों की मालाएं, पीठपर झूल तथा पैरों में घुंगरू की मालाएं है। पीछे जाजोम पर राजा जनक तथा राजसी

*चित्र सं. 5.81*

पुरुष बैठे हैं। बीच में दस मुखोंवाला रावण जमीन पर पड़ा है। उसको बीस हाथ तथा सिरपर दस मुकुट है। उसके गले में मोती तथा फूलों की मालाएँ है। उसने कई आभूषण तथा धोती पहनी है। उसके ठीक सामने हनुमान उसे ललकार रहे हैं। उनके सिरपर मुकुट तथा कंधे पर गदा है। नीचे दो वराह जयकारा लगा रहे हैं। ऊपरी हिस्से में कुछ सेवक हाथों में फूल मालाएं तथा शस्त्र लेकर गति अवस्था में अंकित किये गए हैं। सफेद सतह पर बना यह चित्र काली रेखाओं से बनाया गया है। (चित्र सं.5.82) जिसमें सफेद, लाल तथा कत्थई रंगों से आकृतियां सजाई गई है। मानव आकृतियों के शरीरपर वस्त्र, आभूषण तथा सिरपर मुकुट बनाए गए हैं। एक चश्म मुखों वाले सभी पात्र अलग अलग दिखाई देते हैं। यहाँ अंकित भित्ति चित्रों में स्त्री, पुरुष मराठा शैली के धोती, पगड़ी, फेटा, साड़ी, चोली तथा पेशवाई आभूषण पहने हैं। पूरे अलंकृत तथा नैसर्गिक रंगों से निर्मित यह अंकश पहले काफी अच्छी अवस्था में थे, लेकिन काफी दिनों से रंगमहल बंद पड़ा है। जिसके कारण दिनोंदिन यह चित्र काफी धुमिल हो रहे हैं।

## देवरगांव, जिला नाशिक

मराठा सरदार दमाजीराव गायकवाड ने इ.स.1734 में बड़ोदा संस्थान की स्थापना की। उनके बाद गायकवाड कुल में अन्य कई राजा हुये। बड़ोदा संस्थान में दिवाण पद का बड़ा महत्व था।

*चित्र सं. 5.82*

इ.स.1856 में खंडेराव महाराज बड़ोदा के राजा बने। उनके कार्यकाल में चतुर राजनितीज्ञ नारायण भाऊ शिंदे प्रधान दिवाण बनाया गया। वे मूलत: देवरगांव के थे। शिवनदी के तटपर बसा देवरगांव देवों की भूमी माना जाता है। यहाँ प्राचीन महादेव मन्दिर है। इस मन्दिर के गर्भगृह में शिवलिंग स्थापित है। मन्दिर के चौतरफा बने शिल्प एवं नक्काशी गुजरात शैली से प्रभावित है। इसी गांव में नारायणभाऊ शिंदे ने अपने निवास हेतु दो मंजिला वाड़ा (महल) बनवाया। जिसको चौतरफा लोहे का कंपाउंड बनाया गया। वाड़े के भीतर कई सारे कमरे, दरबार हॉल, कुआँ, ओसरी, गँलरी बनवायी गयी। नारायणभाऊ शिंदे बहुत कला प्रेमी थे, उन्होंने वाड़े के ऊपरी मंजिलपर बने दरबार हाँल में कई सारे भित्ति चित्र

*चित्र सं. 5.83*

बनवाये। जो पौराणिक तथा लोकजीवन से सम्बन्धित है। यहाँ बने चित्रों में रामायण से सम्बन्धित कुछ चित्र निश्चित थे, जो नष्टप्राय हो गये। अब यहाँ सिर्फ हनुमान का चित्र मौजूद है। (चित्र सं.5.83) यहाँ बने अन्य चित्रों में भगवान शिव, त्रिमुखी दत्त, वीणा वादक महिला, शिकार दृश्य, पेड़-पौधे तथा मानवीय आकृतियाँ के अंकन प्रमुख है।

## 7. उर्वरित महाराष्ट्र

### नासिक

नासिक बड़ी प्राचीन नगरी है। अपने वनवास के दौरान राम-सीता, लक्ष्मण यहाँ कुटिया बनाकर रहती थी। यहाँ से ही रावण ने माता सीता का हरण किया था। मराठा सत्ता काल में यहाँ पेशवाओं तथा अहिल्याबाई होलकर ने गोदावरी तटपर घाटों एवं मन्दिरों का निर्माण किया। जहाँ पहले कई जगह पारंपरिक तरीके से बने भित्ति चित्र तथा नक्काशी चित्रित की गई थी। यहाँ बने भद्रकाली मन्दिर में पहले पुरातन भित्ति चित्र बने थे। जिसका निर्माण गणपतराव दीक्षित पटवर्धन ने किया था। जिसमें महिषासुरमर्दिनी तथा गणपति का चित्र था। लेकिन वह पूरी तरह नष्ट हो चुके हैं। नासिक में स्थित श्रृंगेरी शंकराचार्य मठ का निर्माण पेशवा सवाई माधवराव ने इ.स.1774 में किया था। जिसमें कृष्ण

*चित्र सं. 5.84*

लीला से सम्बन्धित चित्र थे, वे भी नष्ट हो गए। यहाँ बने सरकारवाड़ा की दीवारों पर भी पहले भित्ति चित्र हुआ करते थे लेकिन वे भी अब नष्ट हो चुके हैं। (चित्र सं.5.84)

## चांदोरी, जिला नासिक

नासिक के पास स्थित चांदोरी गांव को रामायण कालीन कई संदर्भ है। ऐसा माना जाता है कि राम अपने वनवास के दौरान चित्रकूट में कुटिया बनाकर रहते थे। एक दिन माता सीताने सुवर्ण मृग के देखा, तो उसकी खाल की चोली पहनने की उसकी इच्छा हुई। यह बात उसने राम को बताई। तब सीता के कहने पर राम सुवर्ण मृग के पीछे धनुष लेकर भागने लगे। तब मृग के मन में इच्छा हुई कि वह राम का मुख दर्शन करें, तब वह इसी स्थानपर गोदावरी नदी के पात्र से दौड़ने लगा। राम के दर्शन मात्र से ही नदी में रास्ता तैयार हो गया। मृग को राम दर्शन हुआ। यहाँ नदी चंद्राकार बन गई। इसीलिए इस स्थल को चांदोरी कहा जाता है। यहाँ राम के हाथों नदी के अंदर बना शिवलिंग भी है, जो हरदम पानी में ही रहता है। इस गांव में यादवकालीन हेमाडपंथी इंद्रदेव मन्दिर, स्वयंभु खंडोबा मन्दिर, नरसिंह तथा अन्य कुछ मन्दिर तथा वाड़े बने हैं। यहाँ गोदावरी नदी के बीच में भगवान शिव, गणपति, शेष नारायण ऐसे आठ-दस मन्दिर बने हैं। जो बारहमासा पानी से घिरे रहते हैं। जिनकों बारह ज्योतिर्लिंगों जैसा महत्व है। इन सबमें गोदावरी नदी तटपर बना सिंधिया का शिव मन्दिर सबके आकर्षक है। जो काले पत्थर में बना है, जहाँ एक नंदी भी स्थापित है। इसके आगे नदी के बीच इंद्रदेव मन्दिर है। जिसमें इंद्रदेव,

*चित्र सं. 5.85*

त्रिशूल शिवलिंग तथा शेष नारायण के शिल्प प्रतिमाएँ स्थापित है। जब भी पानी पूरी तरह सूखता है, तब इसका दर्शन होता है। मराठा सत्ता काल में यह गांव पेशवा सरदार हिंगणे परिवार की सनद था। जो दिल्ली दरबार में पेशवाओं के वकील थे। यहाँ स्थित 18 वीं शताब्दी में बने बालाजी मन्दिर, हिंगणे पैलेस, विठ्ठल-रुक्मिणी मन्दिर तथा कुछ मकानों पर भित्ति चित्र बनाए गए थे। लेकिन अब अधिकांश जगहों से यह चित्र लुप्तप्राय: हो चुके हैं। (चित्र सं.5.85)

## राही रुक्माई विठ्ठल मन्दिर

चांदोरी के राही रुक्माई (विठ्ठल मन्दिर) के सभा मंडप के उत्तरी दीवार पर सरस्वती, विठ्ठल रुक्मिणी, गरुड़, परशुराम, वामन, गणपति, सूर्य, नृसिंह के भित्ति चित्र अंकित किये गये है। यह मन्दिर विठ्ठल रुक्मिणी को समर्पित है। उन्नसवीं सदी के उत्तरार्ध में बना यह मन्दिर सागौन लकड़ी, ईटें, चुने से बना है। यहाँ मन्दिर की बाहरी दीवार पर कई पौराणिक चित्रों का अंकन किया गया हैं। यहाँ रामायण से सम्बन्धित चित्रों में राम-रावण युद्ध का चित्र प्रमुख है। जिसमें राम हाथों से धनुष चलाकर रावण पर प्रहार कर रहे हैं। उनके पीछे लक्ष्मण खड़े हैं। दोनों के सिरपर मुकुट तथा गले में मोती माला, फूलों के हार, बाहों में बाजूबंद एवं वस्त्र प्रावरण बनाए गए हैं। राम के सामने दस मुखों वाला रावण खड़ा है। जिसको एक ही मुकुट बनाया गया है। उसके बीस हाथों में अलग-अलग शस्त्र हैं। (चित्र सं.5.86) चित्र का निचला हिस्सा काफी खराब हो चुका है। उसके आगे दीवार पर बाली-सुग्रीव युद्ध का प्रसंग

वर्णित किया गया है। बाली सुग्रीव दोनो मल्ल युद्ध लढ़ रहे है। बाली के पीछे राम नीचे बैठकर धनुष की प्रत्यंचा खींच रहे हैं। उसका बाण पाली के पीठ में लगा है। बीचमें ताड़ का पेड़ दिखाई दे रहा है। सुग्रीव के पीछे हनुमान खड़े हैं, वह राम को बाण चलाने का इशारा दे रहे हैं। राम, बाली, सुग्रीव, हनुमान तीनों के शरीरपर काफी आभूषण तथा वस्त्र प्रावरण बनाए गए हैं। राम के सिरपर मुकुट है तथा उन्होंने धोती पहनी है। बाली सुग्रीव के मुख वानरों जैसे बनाए गए हैं, उनकी बड़ी-बड़ी पूछे हैं। सफेद दीवार पर बना यह चित्र लाल, लंबी तथा मोटी रेखाओं से अंकित किया गया है। बीच में कोई रंगों का इस्तेमाल नहीं हुआ है। (चित्र सं.5.87)

## सायखेड़ा, जिला नाशिक

नाशिक (पंचवटी) से 25 मील दूरी पर गोदावरी के दक्षिण तटपर बसा सायखेड़ा प्राचीन नगर है। इस नगर को भगवान नृसिंह की नगरी (शामराज क्षेत्र) कहा जाता है। यहाँ नृसिंह मन्दिर में आठसौं साल पुरानी नृसिंह मूर्ति स्थापित है। पहले इस गांव में चांदोरी होकर गोदावरी नदी नौका द्वारा पार करके जाना पड़ता था। शायद इसीलिए इस गाव में एक ही मार्गपर दो प्रवेश द्वार बने है। (चित्र सं.5.88) यह गांव पेशवाओं के सरदार विठ्ठल शिवदेव दानी विंचुरकर कों जागीरदारी में मिला था। उन्होंने इस गांव में अपना निवासस्थान (वाड़ा) तथा उनके कुलदेवता नृसिंह के दो मन्दिर बनवाए। इसके अलावा गांव में कई पुरातन मन्दिर बने हैं। जिसमें गणपति तथा लक्ष्मीनारायण के मन्दिर प्रमुख है। इस मन्दिर से आगे कुछ दूरीपर राम मन्दिर बना है। जिसमें संगमरवरी राम, सीता, लक्ष्मण की मूर्तियाँ स्थापित की गई है। यहाँ बने शनि मन्दिर का महत्व खूब बताया जाता है। हर साल रथसप्तमी को यहाँ शनैश्वर महाराज का उत्सव मनाया जाता है। इस भूमि को बड़ा पावन माना जाता है। यहाँ बने घाटों पर दूर-दूर से लोग आकर पूर्वजों का पिंडदान करते है। इस क्षेत्र में ग्यारह हनुमान के मन्दिर बने हैं। जनश्रुतिओं के अनुसार भगवान राम मारीच वध करके जब वापिस लौट रहे थे, तब लक्ष्मण से उनकी मुलाकात इसी गांव में हुई थी। इस गांव में कई मन्दिरों तथा वाड़ो की दीवारोंपर भित्ति चित्र अंकित किये गये है।

## नृसिंह मन्दिर

गोदावरी तटपर नृसिंह मन्दिर स्थापित है, जिसमें धातुओं से बनी अलग-अलग देवी देवताओं की मूर्तियाँ रखी गई है। मुख्य प्रवेश द्वार के बाजू में नृसिंह अवतार का भित्ति चित्र बना है, लेकिन वह नया है। इसके विपरीत नदी तटपर बनी दीवार पर राम, सीता, लक्ष्मण का वनगमन चित्र है। जिसमें जंगल पहाड़ियों के बीच माता सीता राम लक्ष्मण के साथ पत्थर पर बैठी है। पीछे मयूर नृत्य कर रहा है। (चित्र सं.5.89) मन्दिर के सामने लकड़ी का घोड़ा है। जनश्रुतीयों के अनुसार जब भी नदी का पानी इस घोड़े के मुंह को लगता है, तब वह चिल्लाता है।

*चित्र सं. 5.86*

*चित्र सं. 5.87*

*चित्र सं. 5.88*

*चित्र सं. 5.89*

## लक्ष्मी नारायण मन्दिर

सायखेडा में प्राचीन लक्ष्मी नारायण मन्दिर है। वाड़ा शैली में बना यह मन्दिर भगवान लक्ष्मीनारायण को समर्पित है। इस मन्दिर का निर्माण रामेश्वर गोपालराव बंग ने किया था। अब इस मन्दिर के मालिकाना हक लीलाबाई रामेश्वर बंग तथा उनकी पुत्री कविता, सीमा इनके पास है। जब भी इस मन्दिर में उत्सव होता है, तब लक्ष्मी नारायण जी को सोने चांदी के आभूषणों से अलंकृत किया जाता है। मन्दिर के सामने दो मंजिला प्रवेश द्वार बना है। जिसके बाहरी तथा अंदर के दीवारों पर हनुमान, नृत्यरत स्त्री-पुरूष, हाथ जोड़कर खड़े स्त्री-पुरूष, देवी अष्टभुजा, तलवार चलाते योद्धा, मयुर, पेड़-पौधे, पुष्प-लताओं के भित्ति चित्र अंकित किये गये है। (चित्र सं.5.90) मन्दिर की पिछेवाली दीवार पर भी तलवार चलाते योद्धा, अष्टभुजा देवी का चित्र अंकित किया गया है। लाल सतहपर सफेद रेखाओं से बने यह चित्र पूरी तरह मराठा शैली में बने हैं। जिसमें नीला, सफेद, लाल तथा हरे रंगों का इस्तेमाल किया गया है। इसी मन्दिर के उत्तरी दीवार पर पहले काफी चित्र थे, लेकिन वह अब नष्ट हो चुके हैं। वहाँ लीपापोती करके उसका पुनर्निर्माण किया गया है। इन चित्रों का निर्माण 19 शताब्दी में किया गया था। हालांकि यहाँ के कुछ चित्र बाद में बनाए गए। मन्दिर के ऊपरी मंजिल पर भी भित्ति चित्रों का अंकन किया गया है, लेकिन वहाँ जाने की अनुमति नहीं है।

लक्ष्मी नारायण मन्दिर के गर्भगृह में लक्ष्मी नारायण की मूर्ति स्थापित है। उसके सामने बने सभा मंडप में कई सारे पौराणिक चित्र अंकित किये गए हैं। जिसमें दशावतार, भीष्म पितामह, समुद्र मंथन, जय विजय, शेषशायी विष्णु, नृसिंह अवतार, द्रौपदी स्वयंवर, पार्वती के साथ गणपति, शंकर पार्वती,

*चित्र सं. 5.90*

चित्र सं. 5.91

चित्र सं. 5.92

चित्र सं. 5.93

अष्टभुजा, अर्धनारीश्वर प्रमुख है। (चित्र सं.5.91) यहाँ पहले रामायण, महाभारत से सम्बन्धित कई सारे चित्र अंकित किये गए थे, लेकिन वह नष्ट:प्राय हैं। मराठा शैली में बने यह चित्र चमकीले रंगों द्वारा सजाए गए हैं। चित्रों में रेखांकित आकृतियों को वस्त्रों, आभूषणों से सजाया गया है।

## गोपाल कृष्ण मन्दिर

गोदावरी तट पर बसे शनि मन्दिर के पीछे दो मंजिला गोपाल कृष्ण मन्दिर स्थित है। मन्दिर के गर्भगृह में बंसी बजाते कृष्ण के साथ गोपियों की मूर्तियाँ विराजमान है। बाहरी प्रवेश द्वार पर हनुमान तथा गरुड़ द्वारपाल बने हैं। यहाँ बने सभा मंडप में पहले कई सारे भित्ति चित्र बने थे, लेकिन वह नष्ट हो चुके हैं। अब सिर्फ पहली मंजिल पर कृष्ण लीला से सम्बन्धित चित्र सुरक्षित हैं। जो दीवार की सफेद सतहपर बनाए गए हैं। उसमें कालिया मर्दन, कृष्ण लीला प्रमुख है। रामकथा से सम्बन्धित हनुमान के अलावा यहाँ कोई अन्य भित्ति चित्र नहीं है। (चित्र सं.5.92)

## रामनाश आगीवाल वाडा

यहा बना पेशवेकालीन रामनाश आगीवाल वाड़े की दीवारोंपर भित्ति चित्रों का अंकन किया गया है। इस वाड़े का निर्माण पत्थर एवं लकड़ी को तराश कर किया गया है। जो ज्यादातर बंद ही रहता है। इस कारण यहाँ के भित्ति चित्र धूमिल हो चुके हैं। सायखेड़ा गांव में कुछ और महलों तथा मन्दिरों पर भित्ति चित्र दिखाई देते हैं। लेकिन वह भी खराब हो चुके हैं। (चित्र सं.5.93)

## येवले, जिला नाशिक

नाशिक जिले का येवले सांस्कृतिक दृष्टि सें महत्वपूर्ण नगर है। तकरीबन साड़े तीन सौं साल पहले रघुजी बाबा पाटील ने यह गांव बसाया। उन्होंनें यहाँ गढ़ी बनायी। उसके आजू-बाजू में मन्दिर तथा धर्मशालाओं को जगह प्रदान की। नगर को चौतरफा तटबंदी करके चारों ओर प्रवेशद्वार बनवाये गये। नगर में खंडेराव मन्दिर, राधा वल्लभ मन्दिर, महादेव मन्दिर, जैन मन्दिर ऐसे मन्दिर बनवाये गए। यहाँ व्यापारिक गतिविधियां बढ़ने लगी। कुछ व्यापारी गुजरात, राजस्थान से घोड़े खरीद कर लाते और मराठा शासकों को बेचते थे। मराठा सत्ता काल में खास मराठी शैली में निर्मित पैठणी (साडी) , साडीयाँ, सोवळे-पागोटे, झरदारी वस्त्रों का निर्माण नगर में होने लगा। तभी नगर में महाजन, पटेल, सरंजामदारों ने बाड़े बनवाये। मूलत: गुजरात, राजस्थान से आये पटेल परिवारों ने अपनी मूल संस्कृति बचा के रखी। जब उन्होंने अपने भवनों का निर्माण किया, तो खास राजस्थान से चितेरों को बुलाकर भित्ति चित्रों का निर्माण करवाया। जिसमें रामायण, महाभारत तथा अन्य पौराणिक प्रसंगों के चित्र प्रमुख है। अभी फिलहाल इस नगर में मौजूद चार भवनों में भित्ति चित्र विद्यमान है।

*चित्र सं. 5.94*

## मुकुल पटेल भवन

नगर के बीच मुकुल पटेल पुणेकर का भवन स्थित है। दो मंजिला बने इस भवन के मुख्य कक्ष में कई भित्ति चित्र बने हैं। जिसमें रामायण तथा महाभारत के प्रसंग प्रमुख है। प्रवेश द्वार पर सूर्य-चंद्र अंकित किये गए हैं। अंदर जाते ही शिव-पार्वती, भगीरथ, कैलाश दर्शन, बालाजी, गणपति, हनुमान, गरुड़, राजा शिवाजी, अष्टभुजा ऐसे चित्र अंकित किये गए हैं। यहाँ बने शेषषायी विष्णु के वर्गाकार चित्रों में विष्णु के दस अवतार चित्रित किये गए हैं। यहाँ रामकथा से सम्बन्धित कई दृश्य उत्कीर्ण किये गए हैं। प्रवेश द्वार के ऊपरी ताक में राम दरबार का अंकन है। (चित्र सं.5.94) जिसमें राम-सीता सिंहासन पर विराजमान है। उनके सिरपर छत्र है। सामने हाथ जोड़कर हनुमान बैठे हैं। उनकी पूंछ जमीन पर पड़ी है। पीछे गुरु वशिष्ठ आशीर्वाद दे रहे हैं। राम-सीता के पीछे एक सेवक खड़ा है। जो चवर से हवा कर रहा है। माता सीता ने मराठा स्त्रियों की तरह लुगड़ा, चोली पहनी है। उसके गले में आभूषण है। राम के सिरपर मुकुट सजा है। उनके गले में मोतियों की माला है। हनुमान के सिरपर भी मुकुट है तथा उन्होंने हरा लंगोट लगाया है। पीछे वाले सेवक ने हरा अंगरखा तथा धोती पहनी है। आजू-बाजू में फूल-पत्तियों का आकल्पन बनाया गया है। दत्तात्रय के बाजू में खडा हनुमान श्रृंगारिक पद्धति से बनाया गया है। जिसने लंबी पैरों तक हरी धोती पहनी है। उसके कंधे पर नक्काशी वाला उपर्णा है। वह हाथ जोड़कर खड़ा है। उसके गले में लंबी मोतियों की माला तथा सिरपर मुकुट है। उसकी पूंछ ऊपर तक लंबी दिखाई गई है। ऊपरी ताक की एक बाजू में अशोक

*चित्र सं. 5.95*

वाटिका में बैठी माता सीता तथा हनुमान के साथ अंकित की गयी हैं। माता सीता के सामने हनुमान खड़ा है। वह माता सीता को श्रीराम की अंगूठी प्रदान कर रहा है। सीता के पीछे त्रिजटा खड़ी है। माता सीता ने लुगड़ा तथा चोली पहनी है, उसने सिर के बालों का बुचड़ा बांधा है। (चित्र सं.5.95) उसके हाथों में कंगन तथा गले में मोतियों की माला पहनी है। हनुमान के गले में मोतियों की माला तथा सिरपर मुकुट है, उसकी पूंछ लंबी बनायी गई है। अन्य एक चित्र में वानर तथा रावण सेना का युद्ध प्रसंग चित्रित किया गया है। राम प्रत्यंचा खींचकर धनुष्य बाण चला रहे हैं। उनके आगे हनुमान, पीछे लक्ष्मण और अन्य वानर शस्त्र लेकर प्रहार कर रहे हैं। दूसरी बाजू में धनुष्य लेकर रावण खड़ा है। उनके पीछे कई असुर हाथों में शस्त्र लेकर वानर सेना पर प्रहार करने की तैयारी में है। रावण ने गुलाबी धोती तथा हरा अंगरखा पहना है। उसके गले में मोतियों की माला तथा सिरपर मुकुट है। उसने माथेपर भस्म लगाया है। उसको बड़ी-बड़ी मुछे बनायी गई है। राक्षसों को बड़े बड़े दात तथा उग्र रूप में दर्शाया गया है। राम ने धोती पहनी हैं तथा उन्होंने कंधे पर उपर्णा लिया है। उनके गले में मोतियों की माला है। हर वानर के सिरपर मुकुट बनाकर गले में मोतियों की माला बनायी गई है। रामायण सम्बन्धित अन्य एक दृश्य में इंद्रजित यज्ञ कर रहा है, उसके सामने हनुमान यज्ञ को ध्वस्त कर रहे हैं। पीछे असुर वानर सेना से युद्ध कर रही हैं। इंद्रजित ध्यानस्थ बैठा है, उसके एक हाथों में मानवी सिर है। वह आंखें बंद करके दूसरे हाथ से माला जप रहा है। उसने माथेपर भस्म लगाया है, उसके गले में बड़े-बड़े मानव मुखों की माला पहनी है। वह दूसरे हाथ से मानवी मुख यज्ञ में अर्पण

*चित्र सं. 5.96*

कर रहा है। (चित्र सं.5.96) यहाँ बने सारे चित्र पुष्प-लताओं, पेड़-पौधे, पशु-पक्षी तथा अलंकृत आकल्पनों से सजे हैं।

## भागचंद हिराचंद पटेल (अमर आदित पटेल) भवन

अमर आदित पटेल का दो मंजिला भवन पटेल मोहल्ले में स्थित है। भवन के बैठक कक्ष में चार भित्ति चित्र बने हैं। जिसमें कृष्ण गोपियों की लीला, देवी और असुर संग्राम, वामन अवतार तथा दो द्वारपाल प्रमुख है। यहाँ रामायण से सम्बन्धित सिर्फ हनुमान का भित्ति चित्र दिखाई देता है। (चित्र सं.5.97)

## रामदास घनश्यामदास पटेल भवन

इस भवन का निर्माण खेमचंद रामचंदजी द्वारा किया गया था। काले पत्थर के चबूतरे पर सागौन के खम्बे लगाकर भवन बना है। वाड़ा शैली में बना यह घर काले पत्थरों से निर्माण किया गया है। बीच में काष्ठ से बना प्रवेशद्वार है। घर के सामने कुछ सीढ़ियां बनी है। जिससें सीधे दीवान खाने में प्रवेश होता है। चौकोनी आकार में बना दीवान खाना तब मेहमानों के लिए इस्तेमाल होता था। यहाँ दीवारों पर पौराणिक भित्ति चित्र हैं। जिसमें महाभारत की घटनाएं प्रमुख है। यहाँ बने चित्रों में द्वारपालों के साथ भगवान विष्णु, त्रिमुखी दत्त, अर्जुन-दुर्योधन के बीच भीष्म, कृष्ण लीला, द्रौपदी स्वयंवर, चंद्र-सूर्य, रिद्धि-सिद्धि के साथ गणपति इसी चित्र प्रमुख है। रामायण संबंधी चित्र यहाँ दूसरे दीवार पर अंकित

चित्र सं. 5.97

चित्र सं. 5.98

*चित्र सं. 5.99*

किये गए थे, लेकिन वह पूरी तरह मिटा दिए गए। अब यहाँ रामायण से सम्बन्धित कोई चित्र उपलब्ध नहीं है। (चित्र सं.5.98)

## अवंती पार्श्वनाथ स्वामी जैन मन्दिर

इस नगर में एक सौं चालीस साल पुराना अवंती पार्श्वनाथ स्वामी जी का जैन मन्दिर है। वहाँ की दीवारों पर महावीर स्वामी-चंदनबाला, आदिनाथ भगवान पारणा, पावापुर जल मन्दिर, भरत चक्रवर्ती माता, मेरु पर्वत, इंद्र देवता आज्ञा, गिरनार, गुरु महाराज उपदेश, शिखरजी, अष्टपद पर्वत, उज्जैन नगरी ऐसे परिदृश्य अंकित किये गए हैं।

इसके अलावा नगरसेठ श्रीमान गंगाराम छबीलदास दो मंजिला भवन के बैठक कक्ष में भित्ति चित्र अंकित किये गए हैं। जो शिव लीला, ब्रह्मा-विष्णु-महेश, गणपति, कृष्ण लीला, रामकथा से सम्बन्धित है। (चित्र सं.5.99) लेकिन वहाँ फोटो लेने की अनुमति नहीं है। अतीत में राजीव रघुनाथ पटेल, फुलचंद गुजराथी, हिरालाल गुजराथी, ठाकूरभाई गुजराथी इनके भवनों के बैठक कक्ष की दीवारों पर भित्ति चित्र अंकित थे, लेकिन वह नष्टप्राय: हो गए है।

मध्य भारत के विभिन्न क्षेत्रों में बने यह रामायण सम्बन्धित भित्ति चित्र हमारी संस्कृति की अनमोल धरोहर है। जिसमें संस्कृति के विभिन्न आयाम झलकते है। सहस्त्रों वर्षो से रामायण कथा भारतीय जनमानस में श्रद्धा, भक्ती, भाव, समर्पण के साथ पुरी तरह समाहित है। भगवान राम आदर्श

पुरुष तथा सीता आदर्श नारी के रूप में हमारे जनमानस में इतने घुल मिल गये है, कि उनके शिवाय भारतीय संस्कृति की कल्पना भी नहीं की जा सकती। इसका एहसास हमें भित्ति चित्रों के माध्यम सें निरन्तर होता रहता है।

## संदर्भ


1. सुहास गोटूभाई गुजराती, चांदवड, जिला नाशिक, इनका साक्षात्कार तथा फोटोग्राफी, दि.12/06/2022
2. अनुप राजूरकर, चावके फोटोग्राफी रामटेक, जिला नागपुर
3. डॉ. मुधोजीराजे भोसले, नागपुर, दि.25/06/2022 इनकी मुलाकात
4. युवराज जयसिंगराजे भोसले, नागपुर, दि.25/06/2022 इनकी मुलाकात.
5. प्रसाद पुराणिक, ग्राम सायखेड़ा, जिला नाशिक, इनकी मुलाकात, दि.11/06/2022
6. श्री मुकुल पटेल पुणेकर, येवला जिला नाशिक, इनकी मुलाकात दि.10/06/2022
7. रामदास घनश्यामदास पटेल, येवला जिला नाशिक, इनकी मुलाकात दि.10/06/2022
8. गिरधारी लाल शर्मा, श्रीमती शोभा शर्मा, ग्राम तेल्हारा जिला अकोला महाराष्ट्र, इनका साक्षात्कार दि.30/01/2022
9. मनोज कुमार वैष्णव, शैलेश मनोज वैष्णव, ग्राम तेल्हारा जिला अकोला महाराष्ट्र, इनका साक्षात्कार दि.30/01/2022
10. हेमंत द्वारकादास दायमा पुजारी, बालाजी मन्दिर, ग्राम तेल्हारा जिला अकोला महाराष्ट्र, इनका साक्षात्कार दि.30/01/2022
11. ग्वालियर कलम, लक्ष्मण भांड
12. Apte B.K., Maratha wall paintings (wai, menwali, satara, pune) State board for literature and culture, Bombay, Maharashtra, 1988.
13. Kamal Chavan, Maratha Murals, (Late Medieval Painting of the Deccan : 1650-1850 A.D.) Pune, 1978.

## रामायण भित्तिचित्रों के विशेष

भारतीय उपमहाद्वीप में रामायण विषयक भित्तिचित्रों का विस्तार दूर दूर तक फैला है। रामकथा के अनगिनत आयाम उसमें मुख्य रूप से प्रकट होते है। जिसकी शुरुआत राजा दशरथ के पुत्रकामेष्टि यज्ञ से होती है आगे अयोध्या दरबार, रामजन्म, राम की बाल लीलाएँ, सीता जन्म, राजा जनक, सीता स्वयंवर, राम बारात, राम वनगमन, सीताहरण, राम-हनुमान भेंट, लंकादहन, राम-रावण युद्ध, रामराज्याभिषेक एवं उत्तर रामायण की घटनाएं दृश्यांकित हुयी है। इनमें कई जगह रामकथा के साथ-साथ ब्रह्मा, विष्णु, महेश, पार्वती, लक्ष्मी, गणेश, देवलोक, मन्दिर, स्वर्ग-नर्क, ऋषी-मुनी, संत-सज्जन, असुर- राक्षसों आदि का अंकन प्रमुख रूप से दिखाई देता है। सनातन धर्म में किसी भी शुभ कार्य की शुरुआत गणेश पूजन से की जाती है। इसलिए कई स्थानों पर रामायण चित्र बनाते समय रिद्धि सिद्धि के साथ गणेश को प्रथम अंकित किया गया है। (चित्र सं.6.1) उसके साथ कही कही शिव-पार्वती, अर्धनारीश्वर, हरिहर, गोपीवस्त्र हरण, कृष्ण-लीला जैसी प्रतिमाएँ अंकित हुयी है। सनातन धर्म सम्बन्धित देवी-देवताओं के साथ अयोध्या नगरी, राजप्रासाद, बाग-बगिचे, जंगल, नदियाँ, पहाड़ीयाँ, पशु-पक्षी, पेड़-पौधे, ज्यामितिय अंकन के विभिन्न आयाम अलग-अलग रंग-रूपों में अंकित किये हैं। रामायण विषयक प्रतिमाओं में बलिष्ठ गोल चेहरा, पतले नेत्र, लंबे कान, पतली नासिका, भारी गर्दन में अंकित किये गये है। आकृतियों की भाव मुद्राएं कही शांत मुस्कुराती, तो कहीं रौद्र रूप में परिलक्षित

*चित्र सं. 6.1*

*चित्र सं. 6.2*

की गयी है। खासतौर पर राम-रावण युद्ध के दृश्य में रावण क्रोधित दिखाया गया है। हनुमान का चित्र कई जगह लंबी पूँछ के साथ हाथ जोड़ते हुए दिखाया गया है। राम राज्याभिषेक अंकन में अयोध्या दरबार, रानियों के ठाठ-बाट, राज महल के शयनकक्ष, सेविकाएँ, नौका विहार, नर्तकिया, दरबान, चौकीदार, पंखा झलते सेवक, पहलवान, असुर, लंका युद्ध दृश्य जैसी कई छवियां प्रकट होती है। असुरों के चित्र विद्रूप एवं डरावनी पद्धति के बने हैं। (चित्र सं.6.2)

मानवी प्रतिमाओं में कहीं एक चश्म, तो कहीं दो चश्म चेहरो का अंकन है। स्त्री-पुरुषों के पेहराव राजसी बने है, जिसमें नऊवारी साडी, लुगड़ा, अंबाडा, आभूषणों से सजाई गई है। हर चित्र में केस विन्यास तथा चेहरे की बनावट अलग-अलग तरह से हुई है। जिसके कारण हर व प्रतिमा एक दूसरे से अलग दिखाई देती है। जिसे आसानी से पहचाना भी जा सकता है। चित्रों का निर्माण करते समय रेखाएं केवल एक ही बार खिची की गई है, उसमें पुनरावृत्ति नही दिखाई देती। इसलिए चित्र काफी स्पष्ट तथा आकर्षक बने हैं। रामायण प्रसंगों के सौंदर्य विधान कई अलंकरणों से अंकित किये गए हैं। ज्यामितीय आकल्पनों का प्रयोग काफी मात्रा में हुआ है। भित्ति चित्रों में नवरसों के अनुकूल भावों का चित्रण अभिव्यक्त होता है। साथही सुंदर रंगयोजना, प्राकृतिक सौंदर्य, साजश्रृंगार, नक्काशी, बेलबुटों की सजावट, कमल पुष्प, पशु-पक्षी, दीपमालाएँ, द्वारपाल आदि रामकथा चित्रों को और

सुंदरता प्रदान करते हैं। यह भित्ति चित्र कलाकारों की सर्जनात्मक कल्पना शक्ति और कुशलता का द्योतक है। चितेरों ने रंग-रेखाओं द्वारा उन चित्रों को अनोखा साज चढ़ाया है, जिससे वह भव्य दिव्य बने है। इस संदर्भ में रोचक बात यह भी है की कुछ अपवाद छोड़कर जिन कलाकारों ने इन कृतियों का निर्माण किया, उन्होंने अपने नाम तक का कहीं दर्ज नहीं किया है। वे अपने धर्म एवं कर्म के प्रति समर्पित भावना से कार्य करते रहे। अद्‌भुत कला कौशल का परिचय देते रहे।

भित्ति चित्रों में तत्कालीन समाज में प्रचलित परिधान, वस्त्र, आभूषण, अलंकार, साजशृंगार, केशसज्जा आदि का चित्रण हुआ है। कहीं-कहीं लहरदार वस्त्रों के साथ रत्नाजड़ित आभूषणों को दर्शाया गया है। प्रकृति से जुड़ी हुई चीजें भी बखूबी से इस्तेमाल हुई है। जिसमें चंद्र-सूर्य, धरती-आसमान, पेड़-पौधे, फूल-पत्ती, बेल-बूटे, वृक्ष-पुष्प लताएँ, बेल-बूटे, मेघ-बदरा, जंगल- नदियाँ, खेत-खलिहान, गांव-नगर के दैनंदिन क्रियाकल्प आदि प्रमुख है। प्रकृति का सुक्ष्म रूप का उसमें प्रकट होता है। साथही जंगल, पहाड़ियों में किये जानेवाली बाघ, शेर, सुअर शिकार के दृश्य भी कई चित्रों में दिखाई देते हैं। कुछ भित्ति चित्रों में मयूर, तोता, मैना, हंस, कोयल, चिड़िया, कबूतर, बाज, झील, मोर, सर्प, मछली, नाग आदि का अंकन विशेष रूप से दिखाई देता है। तत्कालीन राजाओं की सेना में हाथी, घोड़े, उँट, बैल, तट्टू, गधों का बड़े पैमाने पर इस्तेमाल होता था। उसका भी चित्रण चित्रों के

*चित्र सं. 6.3*

साथ हुआ है। हर पात्र आभूषण एवं वस्त्रों, अलंकारों से सज्जित किया गया है। स्त्रियों ने अपने सिरपर पल्लू ढक रखा है। कुछ साड़ी तथा घागरा ओढ़नी में दिखाई दे रही है। पुरुषों ने आभूषण, रेशमी वस्त्र, पगड़ी पहनी है। उनके चेहरे पर बड़ी-बड़ी मूछें बनायी गई है। चित्र को चौकोन, पेड़-पौधों तथा आकल्पनों से सजाया गया है। लाल, हरा, नीला, पीला, कत्थई ऐसे लगभग सभी रंगों का इस्तेमाल चित्रों में बखूबी से किया गया है। पूरी बारकाई सें हर परिदृश्य सजाया गया है। (चित्र सं.6.3)

चित्रों को अधिक सफल बनाने के लिए उसमें चमत्कारिक चीजें भी इस्तेमाल हुयी है। कहीं इसमें रंग बिरंगी पत्थर, काँच तथा अन्य चमकीले चीजों का इस्तेमाल किया गया है। येवला में बने भित्ति चित्र पूरी तरह नैसर्गिक रंगों से बनाए गए हैं। जिसमें.परिदृश्य अंकित करते समय सुक्ष्म रंग-रेखाओं का बखूबी से इस्तेमाल किया गया है। कई भित्ति चित्र पुष्प-लताएँ, बेल-बूटी, नक्काशी से बने ताकों के अंदर स्थित है। चित्रों में जहां-जहाँ सुनहरे आभूषण तथा राजसी वस्त्रों को उकेरा गया है, वहाँ सोने का पानी इस्तेमाल हुआ है। हर चित्र एक दूसरे से अलग है। इसमें अंकित किये गए मानवी आकृतियों के चेहरे साक्षात भाव प्रकट कराते हैं। कुछ चित्रोंपर मराठा, बुंदेली, गुजराती तथा राजस्थानी शैलीयों का प्रभाव दिखाई देता है। कुछ रंगों को चमचम डालकर चमकीला बनाया गया है। इतने साल होने के बाद भी इसके रंग फीके नहीं पडे हैं, जो आज भी काफी अच्छे दिखते है। (चित्र सं.6.4)

भित्ति चित्रों में अभिव्यक्त प्रतीक भी महत्त्वपूर्ण हैं। जिसमें ब्रह्मा, विष्णु, महेश की प्रतिमाएँ सृष्टि पालक एवं सहारक शक्तियों के प्रतीक है। पदम प्राण जीवन के तथा चक्र काल का प्रतीक माना गया है। कमल पर विराजमान माता लक्ष्मी संपन्नता का प्रतीक मानी गई है। स्वस्तिक की चारों रेखाएं चारों दिशाओं की प्रतीक है। शिव का वाहन नंदी, विष्णु का वाहन गरूड़ तथा दुर्गा का वाहन सिंह तथा

*चित्र सं. 6.4*

*चित्र सं. 6.5*

गणेश का वाहन मूषक ऐसे प्रतीक अभिव्यक्त हुये है। इसके अलावा कई पशु-पक्षी, पेड़-पौधे शुभ एवं मंगलता के प्रतीक माने गए हैं। कई जगह प्रेम प्रतीकों के रुप में राधा-कृष्ण, पक्षियों की जोड़ी, मेघ, केले और कचनार के पेड़, आम्रवनों, कमल आदि के माध्यम से दर्शाया गया। इसमें अभिव्यक्त अलंकरण भी अत्याधिक महत्त्वपूर्ण है। जिसमें भारतीय संस्कृति से सम्बन्धित सभी चीजों का ध्यान रखकर निर्माण किया गया है। (चित्र सं.6.5)

रामायण सम्बन्धित भित्तिचित्रों का निर्माण नैसर्गिक रंगों से किया गया है। जिसके लिए फ्रेस्को, सेस्को ऐसी दो प्रणालियां (तकनीक) इस्तेमाल की गई है। पहली में चूने के गिले प्लास्टरपर चित्रों का निर्माण किया जाता था , तो दूसरे में सूखे प्लास्टर पर चित्र बनाये जाते। चित्रों में नैसर्गिक रंगों के मूलद्रव्यों का प्रयोग काफी महत्वपूर्ण होता था, इसमें कुमकुम, गेरू, हिरौंजी, हरा ढाबा, सफेदा, स्याही, गुलाली, कोयला, काजल तथा नील जैसे वनस्पतीयों का प्रयोग किया गया है। साथ ही रंगों में चिकनाहट वाली वस्तू मिलाकर संमिश्रित रंगों वाली टेम्पेरा तरीका भी इस्तेमाल हुआ है। कहीं-कहीं वज्रलेप का भी प्रयोग किया गया है। इसके लिए प्राकृतिक खनिज रंग, फूल-पत्ते, गेरू, चुना, चिकनाहट वाला पदार्थ, काजल, बालु, ईट का बुरादा जैसी चीजें इस्तेमाल हुई है। कहीं-कहीं दीवारों की चुना, दही, गुड़ के मिश्रण से लिपाई पुताई करके उसपर पानी छिड़ककर भिगो के उसमें फिर खनिज रंगों का प्रयोग किया गया है। रंगों को स्थायित्व प्रदान करने हेतु उसमें गोंद मिलाया गया है। कहीं-कहीं नारियल के पानी के लेप से चिकना बनाने की प्रक्रिया की गई है। फिर उसपर चित्रों का निर्माण हुआ है। (चित्र सं.6.6) कुछ चित्रों में चटकदार, सुंदर छाया प्रकाश युक्त रंगों का प्रयोग हुआ

चित्र सं. 6.6

चित्र सं. 6.6

*चित्र सं. 6.6*

है। जिसमें अधिकतर लाल, पीले, हरे रंग की आभा दर्शाई गई है। मराठा शैली में बने भित्ति चित्र खनिज एवं वनस्पतिक रंगों से तैयार किये गए हैं। खास गिलहरी के बालों से बना ब्रश उसके लिए इस्तेमाल हुआ है। तब चितेरों द्वारा विभिन्न कुंची या तूलिका बनाकर उससे रेखाटन किया जाता था। इसको कलाकारों ने कितनी मेहनत से किया होगा, इसका अंदाजा भी लगाना मुश्किल है। लेकिन समय के साथ भारत की समृद्ध प्राचीन विरासत का अंग कहे जाने वाले यह भित्ति चित्र नष्टप्राय: हो रहे हैं, जिन्हें बचाने की आवश्यकता है। इनका ऐतिहासिक महत्त्व ध्यान में रखकर उन्हे संजोए रखना सबका परम कर्तव्य है, ताकी हमारी सुनहरी धरोहर नष्टप्राय: ना हो जाये। (चित्र सं.6.7) , (चित्र सं.6.8)